KARL FREY

Berufliche Erstausbildung und Beschäftigungssystem

Beiträge zur angewandten Wirtschaftsforschung

Herausgegeben von Lothar Hübl

Band 15

Berufliche Erstausbildung und Beschäftigungssystem

Bestandsaufnahme und Verfahrensvorschlag zur Berufsfeldabstimmung in der beruflichen Erstausbildung

Von

Privatdozent Dr. Karl Frey

DUNCKER & HUMBLOT / BERLIN

Als Habilitationsschrift auf Empfehlung des Fachbereichs für Erziehungs- und Unterrichtswissenschaften der Technischen Universität Berlin gedruckt mit Unterstützung der Deutschen Forschungsgemeinschaft.

CIP-Kurztitelaufnahme der Deutschen Bibliothek

Frey, Karl:
Berufliche Erstausbildung und Beschäftigungssystem: Bestandsaufn. u. Verfahrensvorschlag zur Berufsfeldabstimmung in d. berufl. Erstausbildung / von Karl Frey. — Berlin: Duncker und Humblot, 1986.
(Beiträge zur angewandten Wirtschaftsforschung; Bd. 15)
ISBN 3-428-06021-0

NE: GT

Druck: Berliner Buchdruckerei Union GmbH, Berlin 61
Printed in Germany

ISBN 3-428-06021-0

Vorwort des Herausgebers

Nach wie vor ist eine umfangreiche Fehlqualifizierung in der beruflichen Erstausbildung zu beobachten. Die mit hohem Einsatz während der Berufsausbildung vermittelten Arbeitsqualifikationen und die auf den regionalen Arbeitsmärkten gebotenen Beschäftigungschancen klaffen häufig auseinander. Das hat vielfache Auswirkungen. So ist Berufsausbildung, hinter der keine realen Beschäftigungsmöglichkeiten stehen, für die betroffenen Jugendlichen als Erwerbsgrundlage von geringem Wert. Demotivation in der Ausbildung und Berufswechsel mit entsprechenden sozialen und beruflichen Abstiegen bzw. auch Arbeitslosigkeit, häufig unmittelbar nach Ausbildungsabschluß, sind zwangsläufige Folgen. Für die Ausbildungsträger bedeutet Fehlqualifizierung Ineffizienz von Ausbildungsleistungen, und darüber hinaus sind erhebliche Folgekosten z. B. in Form von Anlern-, Umschulungs- und sonstigen Sozialkosten vorprogrammiert. Nicht zuletzt sind in diesem Zusammenhang die bekannten Negativwirkungen des Facharbeitermangels auf die Wirtschaft zu nennen. Dabei sind Facharbeitermangel auf der einen Seite und Arbeitslosigkeit auf der anderen Seite nur scheinbare Widersprüche.

Da die Erfahrung gezeigt hat, daß zwischen dem Berufsbildungssektor und dem Beschäftigungsbereich keine ausreichende Selbstregulierung stattfindet, sind wirksame Abstimmungsinstrumente zu entwickeln. Dabei kann es nicht um Ausbildungslenkung im restriktiven Sinne oder gar um die Beschneidung von Berufsbildungsmöglichkeiten bzw. um die Einengung der Berufswahlfreiheit des einzelnen oder der Kompetenzen der Wirtschaft gehen. Vielmehr sind allen Beteiligten für ihre selbst zu treffenden Entscheidungen fundierte und nachvollziehbare Orientierungsdaten an die Hand zu geben.

Mit diesem Buch werden nun die Ergebnisse einer mehr als fünfjährigen Forschungs- und Erprobungsarbeit vorgelegt, die im Auftrag des Niedersächsischen Kultusministeriums durchgeführt wurde. Das Bestreben war, einen praxisrelevanten Beitrag zur Verminderung von beruflicher Fehlqualifizierung und den damit verbundenen tiefgreifenden sozialen und wirtschaftlichen Folgen auf der Ebene der Facharbeiterberufe zu leisten. Von Beginn an lag die Zielsetzung deshalb in der Entwicklung eines Verfahrens zur Verbesserung der berufsstrukturellen Abstimmung zwischen dem Ausbildungs- und dem Beschäftigungssektor. Durch die Umsetzung der

Ausübungsberufe auf die heutigen Ausbildungsberufsfelder wurde dabei erstmals die Möglichkeit einer fachlich-inhaltlichen Verknüpfung der beruflichen Bildung mit den regionalen Beschäftigungschancen eröffnet. Die Ergebnisse der einjährigen praktischen Erprobung des entwickelten Verfahrens in zwei niedersächsischen Landkreisen haben gezeigt, daß aussagekräftige Orientierungsdaten für alle an diesem Prozeß Beteiligten zur Verfügung gestellt werden können, insbesondere Schulträgern, allgemein und berufsbildenden Schulen, Schulverwaltungen, Berufsberatung und Arbeitsverwaltung und der Wirtschaft.

Ich danke allen, die dieses von Herrn Priv.-Doz. Dr. Karl Frey geleitete Forschungsprojekt unterstützt haben, und hoffe, daß dem Ergebnis in der Anwendung guter Erfolg zuteil wird. Der Deutschen Forschungsgemeinschaft gilt Dank für den gewährten Druckkostenzuschuß.

Hannover, im Frühjahr 1986 Lothar Hübl

Inhaltsverzeichnis

Tabellenverzeichnis

Abbildungsverzeichnis

Vorbemerkungen

Mit der Einführung des Berufsgrundbildungsjahres (BGJ) übernahm die öffentliche Verwaltung von der Wirtschaft die bildungspolitische Verpflichtung zur Bereitstellung eines in quantitativ-struktureller und qualitativer Hinsicht ausreichenden Ausbildungsplatzangebots für den Eintritt der Schulentlaßjahrgänge in die berufliche Erstausbildung. Die Gewährleistung der Ausbildungsfortsetzung in den anerkannten Ausbildungsberufen nach Abschluß des BGJ erfordert eine vorausschauende Abstimmung der BGJ-Ausbildungsstrukturen mit dem Ausbildungsplatzangebot der Betriebe, das nach wie vor in alleiniger Zuständigkeit der Wirtschaft liegt.

Zukünftig obliegt es den berufsbildenden Schulen, in der beruflichen Grundbildung die Voraussetzungen für die Besetzung der betrieblichen Ausbildungsplätze zu schaffen und erste Weichenstellungen für die berufliche Zusammensetzung der nachrückenden Jahrgänge verantwortlich vorzunehmen. Die vorliegende Untersuchung greift diese Problematik im Gesamtrahmen einer verbesserten strukturellen Abstimmung zwischen Ausbildungs- und Beschäftigungsbereich auf.

Im Zentrum der Betrachtungen steht die Frage, wieviele Jugendliche in den Berufsfeldern ausgebildet werden sollen. Hinter der Schlichtheit dieser Frage verbirgt sich bei näherer Betrachtung ein Bündel von Einzelproblemen. So z. B.: Welches ist die anzustrebende Berufsstruktur der Auszubildenden? Nach welchen Kriterien wäre eine solche 'Idealstruktur' zu ermitteln und wer befindet über diese Kriterien? Unter welchen Gesichtspunkten hat ggfs. die Hinführung der Jugendlichen zu bestimmten Berufen zu erfolgen? Welche Instrumente sind dafür geeignet und welche zulässig? Auf welche Weise können die Rechte und Interessen der Beteiligten am besten gewahrt werden? Bietet sich eine zentrale oder eine dezentrale Problemlösung an?

Ein wesentliches Kriterium für die Ausbildungsstrukturen der nachrückenden Jahrgänge werden die beruflichen Verwertungsaussichten der zu erlernenden Kenntnisse und Fertigkeiten sein. Nun ist die Notwendigkeit einer Beschäftigungsorientierung der Berufsausbildung, was — wenn man einmal von der inhaltlichen Gestaltung der Ausbildungsgänge absieht — vor allem die Ausrichtung der Ausbildungsberufsstruktur an den Beschäftigungsmöglichkeiten bedeutet, kein Problem, das erst heute erkannt wird.

Dennoch zeigen die bestehenden Ungleichgewichte zwischen der Ausbildungs- und der Beschäftigungsstruktur, daß Ausbildung auf der Angebotsseite in der Realität offensichtlich weniger unter dem Gesichtspunkt absehbarer Verwertbarkeit als vielmehr nach opportunen Aspekten aktueller Ausbildungsmöglichkeiten und Ertragsaussichten betrieben wird.

Das BGJ, das das erste Jahr der herkömmlichen betrieblichen Berufsausbildung ersetzen soll, wirft jedoch nicht nur Abstimmungsprobleme auf, sondern es hat auch die Bedingungen für eine mögliche Problemlösung verändert. In der schulischen Form des BGJ erfolgt die Einstellung der Jugendlichen nicht mehr durch die Betriebe in Einzelberufe, sondern durch die berufsbildenden Schulen nach Berufsfeldern. Erst nachdem die Schüler ein Jahr lang auf eine definierte Anzahl von 'verwandten' Ausbildungsberufen fachlich vorgeprägt wurden, treffen sie auf das Lehrstellenangebot der Betriebe, das berufsfachlich keinesfalls von vornherein mit der Ausbildungsstruktur im BGJ übereinstimmen muß. Folge eines unabgestimmten BGJ könnte sein, daß wegen der Nichtanerkennung infolge berufsfeldfremder Fachstufenausbildung in den Betrieben und damit auch an den Berufsschulen trotz BGJ ein 1. Ausbildungsjahr geführt wird. Dies wäre geeignet, das BGJ im Sinne in Frage zu stellen.

Mit der Einrichtung des BGJ wird also der bisher gegebene Einfluß der regionalen Wirtschaft auf Anzahl und berufliche Zusammensetzung der Ausbildungsanfänger im Prinzip aufgehoben. Damit wird der Ausbildungsbereich vom späteren Verwertungsbereich weiter abgekoppelt. Die Gefahr, daß vom Ausbildungssystem im Sinne des Wortes 'unnütze' — d. h. nicht verwertbare — Arbeitsqualifikationen geschaffen*, daß die Erwerbskompetenz der Absolventen sinkt und daß der Wirtschaft nicht die benötigten Qualifikationen zugeführt werden, steigt dadurch. Letztlich ist damit eine Effizienzverminderung des kostenintensiven Ausbildungsbereichs wie auch des Gesamtsystems verbunden.

Gleichzeitig bieten sich mit dem BGJ aber auch neue Chancen zur Verbesserung der Abstimmung zwischen dem Bildungs- und dem Beschäftigungssystem. Bevor nun diese Möglichkeiten mit dem Ziel, einen konkreten Lösungsvorschlag zu unterbreiten, im einzelnen diskutiert werden, sollen das Bildungswesen und der Beschäftigungsbereich unter dem thematisch vorgegebenen Blickwinkel in ihren Merkmalen und Verknüpfungen betrachtet werden. Dies vor allem deshalb, um die Einbettung des Problems in das Systemumfeld zu kennzeichnen und um die Randbedingungen möglicher Lösungen aufzuzeigen.

* Abgesehen von den kulturell-emanzipatorischen Bildungsfunktionen.

I. Bestandsaufnahme und Problemdarstellung

1. Zur Situation von Berufsausbildung

a) Berufsbildung im Gesamtschema des Bildungssystems

Seit dem Beginn der 60er Jahre ist eine tiefgreifende Veränderung des Bildungswesens der Bundesrepublik Deutschland zu verzeichnen. Damals wurden zum Abbau des Rückstandes in der Bildungsentwicklung gegenüber vergleichbaren Industrienationen und zur Begegnung eines aus ökonomischer Sicht drohenden Fehls an hochqualifizierten Arbeitskräften von der Bildungspolitik Maßnahmen zur Erhöhung der Übergangsquoten auf weiterführende Schulen — vor allem mit dem Ziel der Studierfähigkeit — eingeleitet. Im heutigen Resultat gesehen, wurden damit Prozesse in Gang gesetzt, die die Zahl der Schüler an weiterführenden Schulen und die Studentenzahlen auf weit mehr als das Doppelte emporschnellen ließen[1].

Nachdem in den 60er Jahren das Hauptaugenmerk der expansiven Bildungspolitik auf der gymnasialen Bildung lag, fand in den 70er Jahren eine deutliche Verlagerung zum berufsbildenden Bereich hin statt[2]. Kapazitätsprobleme im Hochschulsektor und eine kritische Diskussion zur bildungspolitischen Benachteiligung der Mehrzahl der Jugendlichen, die außerhalb

[1] Im Wintersemester 1960/61 waren in der Bundesrepublik 226 399 deutsche Studenten und im Wintersemester 1977/78 704 642 deutsche Studenten (ohne Fachhochschulstudenten) eingeschrieben.

Quelle: Statistisches Bundesamt Wiesbaden (Hrsg.): Bildung im Zahlenspiegel 1978, S. 75; vgl. auch Hessischer Kultusminister (Hrsg.): Zum Verhältnis von Bildungs- und Beschäftigungssystem, Bildungspolitische Information Nr. 1/78, S. 5 f. Der Anteil der Abiturienten an den jeweiligen Altersjahrgängen stieg von 6,9 v.H. im Jahre 1962 auf 23,1 v. H. in 1976. Für Niedersachsen lauten die entsprechenden Werte 6,6 und 20,2 v. H. Quelle: Statistisches Bundesamt Wiesbaden (Hrsg.): Grund- und Strukturdaten 1977.

[2] An Reformversuchen hatte es im Berufsbildungsbereich auch vorher nicht gefehlt. Vgl. hierzu bspw. Adolf Kell u. Antonius Lipsmeier: Berufsbildung in der Bundesrepublik Deutschland, Analyse und Kritik, erschienen als Bd. 38 der Reihe 'Schriften zur Berufsbildungsforschung' des Bundesinstituts für Berufsbildungsforschung, Hannover 1976, S. 104 ff. Dennoch erwies sich das Duale System der Berufsausbildung über lange Zeit als reformresistent, wofür u. a. die Kompetenzzersplitterung und der Konsenscharakter des Dualen Systems als wesentliche Ursachen angenommen werden können.

universitärer Bildungschancen verblieben, lösten diese Wende aus. Zum Ende der 60er Jahre förderte der aufgestaute Reformdruck die Probleme der beruflichen Bildung offen zutage, die von da an auch als öffentliches Anliegen akzeptiert wurden. Die ausbildungsmäßige Versorgung der Jugendlichen ohne Ausbildungsvertrag, eine breit angelegte berufliche Grundbildung für alle Auszubildenden und der Ausbau des Berufsfach- und Fachschulwesens unter dem Leitgedanken vertikaler Durchlässigkeit[3] wurden zu vorrangigen bildungspolitischen Zielsetzungen. Daran wird deutlich, daß diese Reformphase wesentlich auch von gesellschaftspolitischen Leitideen geprägt und mitgetragen wurde.

Insbesondere konnten mit der Einführung der Orientierungsstufe und des Berufsgrundbildungsjahres bedeutende Veränderungen eingeleitet werden, die die weitere Entwicklung des Bildungswesens in den nächsten Jahrzehnten bereits vorprägen[4].

Den heutigen schematischen Aufbau des Bildungswesens[5] veranschaulicht Abb. 1. Deutlich zeigt sich die Position der beruflichen Erstausbildung an der Naht zwischen Bildungs- und Beschäftigungsbereich. Dabei bestimmt nicht so sehr die graphische Randlage im Bildungsbereich als vielmehr die Zentralposition im Gesamtbild von Bildungs- und Beschäftigungssystem Aufgabe und Bedeutung dieses Bildungssektors.

Nach dem zeitlichen Durchlauf der Schüler betrachtet, grenzt die berufliche Erstausbildung in der Graphik nach oben hin an den Erwerbssektor und gleichzeitig an aufbauende Bildungsgänge in zumeist vollzeitschulischen

---

[3] Vertikale Durchlässigkeit versucht durch ein gestuftes System von Abschlüssen, sowie durch Rücksichtnahme bei der Curriculaauswahl auf das soziale Umfeld der Schüler, vor allem die Chancen der Real-, Haupt- und Sonderschüler zu verbessern. In den beruflichen Bildungsgängen können die Jugendlichen heute alle Abschlüsse der allgemeinbildenden Schulen nachträglich, z. T. auch in Verbindung mit beruflichen Abschlüssen in sog. doppeltqualifizierenden Bildungsgängen erwerben. Vgl. dazu Lotte Herkommer: Doppelt profilierte und doppelt qualifizierende Bildungsgänge unter Einbeziehung des derzeitigen Dualen Systems? in: Die Deutsche Berufs- und Fachschule, 3 (1975), S. 229 ff. u. Verordnung des Niedersächsischen Kultusministers über die Vorläufige Ordnung der Abschlüsse der berufsbildenden Schulen vom 25. Juli 1977, Nds. GVBl. S. 278.

[4] Dies neben der gestuften vertikalen Neugliederung des Bildungssystems in Elementar-, Primar-, Sekundar- u. Tertiärbereich und der neugefaßten gymnasialen Oberstufe.

[5] Die länderspezifischen Ausformungen des Bildungswesens weisen Schulformbezeichnungen auf, die hier nicht vollständig aufgenommen sind. Die Vielfalt der möglichen Bildungswege erforderte weiterhin eine Beschränkung auf die wesentlichen Merkmale der Positionierung von Schulformen im Bildungssystem. Vgl. zum beruflichen Bildungsweg im Bildungssystem auch Armin Hegelheimer: Reformtendenzen des beruflichen Bildungswesens in der Bundesrepublik und der DDR, in: MittAB 4 (1981), Heft 1, S. 63.

Abb. 1: Der Bereich beruflicher Erstausbildung im Gesamtbildungssystem

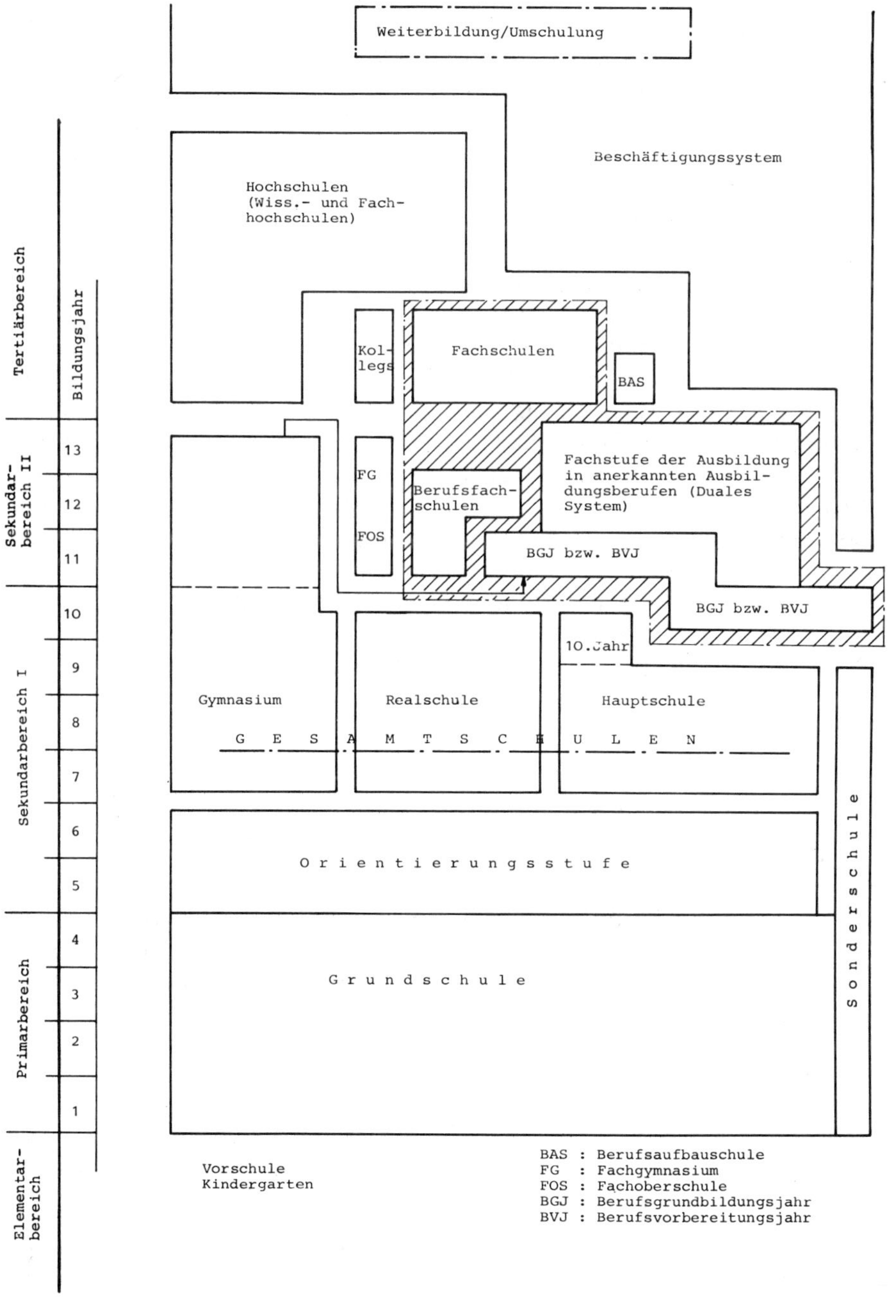

Berufsbildungseinrichtungen. Seitlich wird der Berufsbildungsbereich bei dieser Betrachtungsweise unmittelbar vom Erwerbssystem tangiert. Innerhalb der beruflichen Erstausbildung bestehen zwischen dem BGJ und der betrieblichen Fachstufe außerdem Übertrittsmöglichkeiten in schulische Bildungsgänge. Mit dem allgemeinbildenden Schulwesen hat der Berufsbildungsbereich über die Schülerströme zu allen Schulformen der Sekundarstufen I und II Berührungsflächen.

Allgemein- und Berufsbildung

Sowohl im formellen wie auch im allgemeinen Sprachgebrauch wird die Berufsbildung von der Allgemeinbildung nach wie vor getrennt. Der vermeintliche Wesensunterschied, der in der Vergangenheit eine Integration dieser beiden Bereiche nachhaltig verhindert hat, wurde vor allem in ihrem jeweiligen spezifischen Beitrag zur Bildung von Menschen gesehen. Näher betrachtet liegt der Unterschied heute jedoch eher im Grad ihrer Ausrichtung auf die berufliche Verwertung der dem Schüler vermittelten Qualifikationen. Die Nähe der Bildungsinhalte zur Berufswelt wurde systemkennzeichnendes Merkmal[6]. Hierin ist allerdings nicht nur ein Merkmal der Unterscheidung zu sehen, sondern auch und gerade ein verbindendes Element, das in der Zuführungsfunktion des allgemeinbildenden Schulwesens für den Berufsbildungsbereich, d. h. in der Vorbereitung der Schüler auf die Berufsausbildung und spätere Erwerbstätigkeit, seinen Ausdruck findet. Zur leichteren Kennzeichnung der zeitlichen Komponente von Bildungsverläufen wird im folgenden dennoch auf die formale Differenzierung in allgemeinen- und beruflichen Bildungsbereich zurückgegriffen.

Begriffe des Berufsbildungssektors

Bevor nun zum Berufsbildungsbereich als dem hier vorrangig zu betrachtenden Segment des Gesamtbildungssystems übergeleitet wird, sollen einige Begriffsabgrenzungen vorgenommen werden. Berufsbildung soll die Gesamtheit der formalisierten und institutionalisierten Bildungsprozesse umfassen, die auf die Vermittlung von erwerbsmäßig verwertbaren Qualifikationen gerichtet sind[7]. Nach dieser Abgrenzung zählen dazu sowohl die

[6] Nach G. S. Becker könnte hier zwischen allgemeinen und speziellen Qualifikationen differenziert werden, die sich nach ihrem Beitrag zur Erhöhung der Grenzproduktivität für alle Arbeitsplätze bzw. für einen bestimmten Arbeitsplatz unterscheiden. Vgl. G. S. Becker: Investment in Human Capital, in: Journal of Political Economy, Vol. 70 (1962), S. 12 und 17.

[7] Das Berufsbildungsgesetz faßt unter den Begriff 'Berufsbildung' „... die Berufsausbildung (in geordneten Ausbildungsgängen, Anm. d. V.), die berufliche Fortbil-

schulischen Berufsbildungsgänge wie die betriebliche Berufsausbildung und auch die berufliche Fortbildung und Umschulung. Nicht erfaßt sind trotz ihrer umfänglichen ökonomischen und sozialen Relevanz die am Arbeitsplatz durch Einarbeitung und Erfahrung erfolgende Qualifizierung und die teilweise ebenfalls planvoll und systematisch betriebene Qualifikationsvermittlung in den sogenannten Anlernberufen.

Der Begriff 'Qualifikationsbestand' steht für die Summe der in erwerbsgerichteten Tätigkeiten verwertbaren Kenntnisse, Fähigkeiten und Verhaltenseigenschaften, ohne nach den Umständen der Erlangung zu unterscheiden. Insofern ist 'Bildung', ohne die kulturellen und emanzipatorischen Funktionen zu verkennen, hier weniger unter konsumtiven Aspekten als vielmehr vor dem Hintergrund beruflicher Verwertung zu sehen.

Zentraler Gegenstand der nachstehenden Betrachtungen ist die berufliche Erstausbildung und insbesondere die Berufsausbildung in anerkannten Ausbildungsberufen als Teilbereich des Berufsbildungswesens. Begriffe, wie betriebliche Berufsausbildung, Duales System oder auch kurz Berufsausbildung und Ausbildung stehen synonym für diesen Sektor und erfassen die zugehörigen Ausbildungsprozesse an den Lernorten Betrieb, Schule und überbetriebliche Ausbildungsstätte. Da die Einführung des Berufsgrundbildungsjahres nicht als Aufhebung, sondern als Ergänzung und Weiterentwicklung bzw. Anpassung des herkömmlichen Dualen Systems an veränderte Ausbildungsanforderungen anzusehen ist, wird auch das BGJ unter diese Begriffe gefaßt.

Das mit dem Abschluß in einem anerkannten Ausbildungsberuf verbundene formale Qualifikationsniveau wird hier auch für die in Angestelltentätigkeiten einmündenden Ausbildungsberufe mit dem Begriff Facharbeiterniveau gekennzeichnet. Entsprechend soll 'Facharbeiter' der Sammelbegriff für alle Absolventen des Dualen Systems einschließlich derer in sogenannten Angestelltenberufen sein.

Weiterhin findet keine Unterscheidung von Jungarbeitern, Jungangestellten und mithelfenden Familienangehörigen statt[8]. Diese Personengruppen werden als Jugendliche ohne Ausbildungsvertrag zusammengefaßt.

Bei den Schulentlaßjahrgängen zeichnen die begrifflichen Unterschiede zwischen Schulentlassenen, Schulabgängern und Schulabsolventen hier nicht die von den Schulen zu treffende Entscheidung über Abschluß und

---

dung und die berufliche Umschulung." Berufsbildungsgesetz vom 14. Aug. 1969, BGBl. I S. 1112, § 1 (1).

[8] „Personen, die ohne Lohn oder Gehalt in einem landwirtschaftlichen oder nichtlandwirtschaftlichen Betrieb mitarbeiten, der von einem Familienmitglied als Selbständigem geleitet wird." Niedersächsisches Landesverwaltungsamt - Statistik -, (Hrsg.): Statistisches Jahrbuch für Niedersachsen 1973, Hannover 1973, S. 86.

Abgang nach, sondern meinen — ggfs. nach Schulformen unterschieden — alle Jugendlichen, die innerhalb eines bestimmten Zeitraumes die Schulen verlassen.

Zur formalen Einbindung von Berufsausbildung

Berufsausbildung ist in einen umfassenden Rahmen von Gesetzen und Verordnungen eingespannt, die z. T. als Vorgaben für mögliche Lösungen des Abstimmungsproblems zu beachten sind. Zu nennen sind vor allem das Berufsbildungsgesetz[9], die Handwerksordnung[10], das Ausbildungsplatzförderungsgesetz[11], das Jugendarbeitsschutzgesetz[12], das Betriebsverfassungsgesetz[13] und die Schulgesetze der einzelnen Bundesländer[14]. Eine Vielzahl von Verordnungen, Erlassen und Verfügungen füllt den gesetzlich-normativen Rahmen feinmaschig aus.

Das Berufsbildungsgesetz spricht bei der Berufsausbildung von einem „geordneten Ausbildungsgang", der sich in eine „breit angelegte berufliche Grundbildung" und in die Vermittlung der „für die Ausübung einer qualifizierten beruflichen Tätigkeit notwendigen fachlichen Fertigkeiten und Kenntnisse" gliedert[15]. Die Ausbildung selbst findet in der Zuständigkeit von Wirtschafts- und Berufskammern, von Behörden und Kirchen[16] in anerkannten Ausbildungsberufen[17] auf der Grundlage eines schriftlichen Berufsausbildungsvertrages[18] zwischen dem Auszubildenden und dem Ausbildenden

[9] Berufsbildungsgesetz vom 14. Aug. 1969.

[10] Gesetz zur Ordnung des Handwerks (Handwerksordnung) vom 28. Dez. 1965, BGBl. 1966 I, S. 1; zuletzt geändert am 24. Aug. 1976, BGBl. I, S. 2525.

[11] Gesetz zur Förderung des Angebots an Ausbildungslätzen in der Berufsausbildung (Ausbildungsplatzförderungsgesetz) vom 7. Sept. 1976, BGBl. I, S. 2658.

[12] Gesetz zum Schutze der arbeitenden Jugend (Jugendarbeitsschutzgesetz) vom 12. Apr. 1976, BGBl. I, S. 965.

[13] Betriebsverfassungsgesetz vom 15. Jan. 1972, BGBl. I, S. 13.

[14] In Niedersachsen: Niedersächsisches Schulgesetz (NSchG) in der Fassung vom 18. Aug. 1975, Nieders. GVBl. S. 255.

[15] Berufsbildungsgesetz, § 1 (2). Lernorte sind nach diesem Gesetz die Betriebe der Wirtschaft und von Freiberuflichen, Einrichtungen des Öffentlichen Dienstes, sonstige Berufsbildungseinrichtungen und die berufsbildenden Schulen. Vgl. ebd. § 1 (5).

[16] Vgl. ebd. §§ 74, 75, 78, 79, 84, 84a, 87, 89, 91 und 93.

[17] Diese werden vom Bundesminister für Wirtschaft oder den zuständigen Fachministern im Einvernehmen mit dem Bundesminister für Bildung und Wissenschaft durch Rechtsverordnung geschaffen. Die Ordnungsmittel enthalten neben der Berufsbezeichnung und der Ausbildungsdauer das Berufsbild, den Rahmenplan der Ausbildung und die Prüfungsanforderungen. Vgl. ebd. § 25.

[18] Vgl. ebd. § 3.

statt[19]. Organisationsformen, Inhalte und Durchführung des Berufsgrundbildungsjahres als Eingangsstufe betrieblicher Berufsausbildung werden durch Rahmenvereinbarungen der Länderkultusminister geregelt[20].

Wie komplex sich die formalen Zuständigkeiten im Bereich der beruflichen Bildung darstellen, zeigt Abb. 2.

Die Zuständigkeit der Wirtschaft und der im Ausbildungsumfang schwergewichtige Lernort Betrieb sind Ausdruck der engen Anbindung der Berufsausbildung an das unmittelbare Produktionsgeschehen. In diesem Zusammenhang ist bedeutsam, daß sich die zeitlichen Anteile der dualen Ausbildung in Betrieb und Schule etwa 4 zu 1 verhielten. Nach Einführung eines obligatorischen schulischen Berufsgrundbildungsjahres verschiebt sich das Verhältnis auf etwa 2 zu 1.

Eine nur auf die Darstellung der inneren Formalstruktur der Berufsbildung beschränkte Analyse ist an dieser Stelle jedoch unzureichend, da die betriebliche Berufsausbildung wie auch das BGJ vielfältige formelle Verbindungen und funktionale Verknüpfungen über die Schülerströme mit den übrigen Bereichen des Gesamtbildungssystems aufweisen und eben wegen dieser Einbettung auch nicht isoliert gesehen werden können. Allein der unmittelbar angrenzende Bereich berufsbildender Schulen, der sich von der Beschulung der Jugendlichen ohne Ausbildungsvertrag über z. T. doppelt qualifizierende Berufsfach- und Fachschulen bis hin zur Fachoberschule und zum Fachgymnasium erstreckt, erweitert die Berufsausbildung durch horizontale und vertikale Anknüpfungsmöglichkeiten zu einem für den 'Benutzer' heute unübersichtlichen System von Ausbildungsgängen, Abschlüssen und Berechtigungen.

Betrachtet man die formale Entwicklung von Berufsausbildung in den vergangenen zwei Jahrzehnten, so fallen insbesondere zwei Tendenzen auf. Erstens wird sowohl der schulische wie auch der betriebliche Bereich in organisatorischer, funktionaler und inhaltlicher Hinsicht immer lückenloser durch regulierende Vorschriften erfaßt. Das BBiG, das APlFG sowie eine Vielzahl von enggefaßten Lehrplänen, Richtlinien und Ausführungsbestimmungen sind Beispiele dafür.

---

[19] Die generelle Zuständigkeit in Grundsatz- und Koordinierungsfragen liegt bei der Bundesregierung. Sie wurde 1972 von den Fachministern auf den Bundesminister für Bildung und Wissenschaft übertragen. Vgl. Berufliche Bildung, Hrsg. DGB, Heft 10 (1972), S. 199.

[20] Kultusministerkonferenz: Rahmenvereinbarung über das Berufsgrundbildungsjahr, Beschluß der Kultusmininisterkonferenz vom 6.9.1973. Dies war die erste Vereinbarung der Länderkultusminister zum BGJ. Vgl. hierzu auch die diesbezügliche Rahmenvereinbarung vom 19.5.1978.

Abb. 2: Die Kompetenzverteilung in der beruflichen Bildung (nach BBiG und AP1FG)

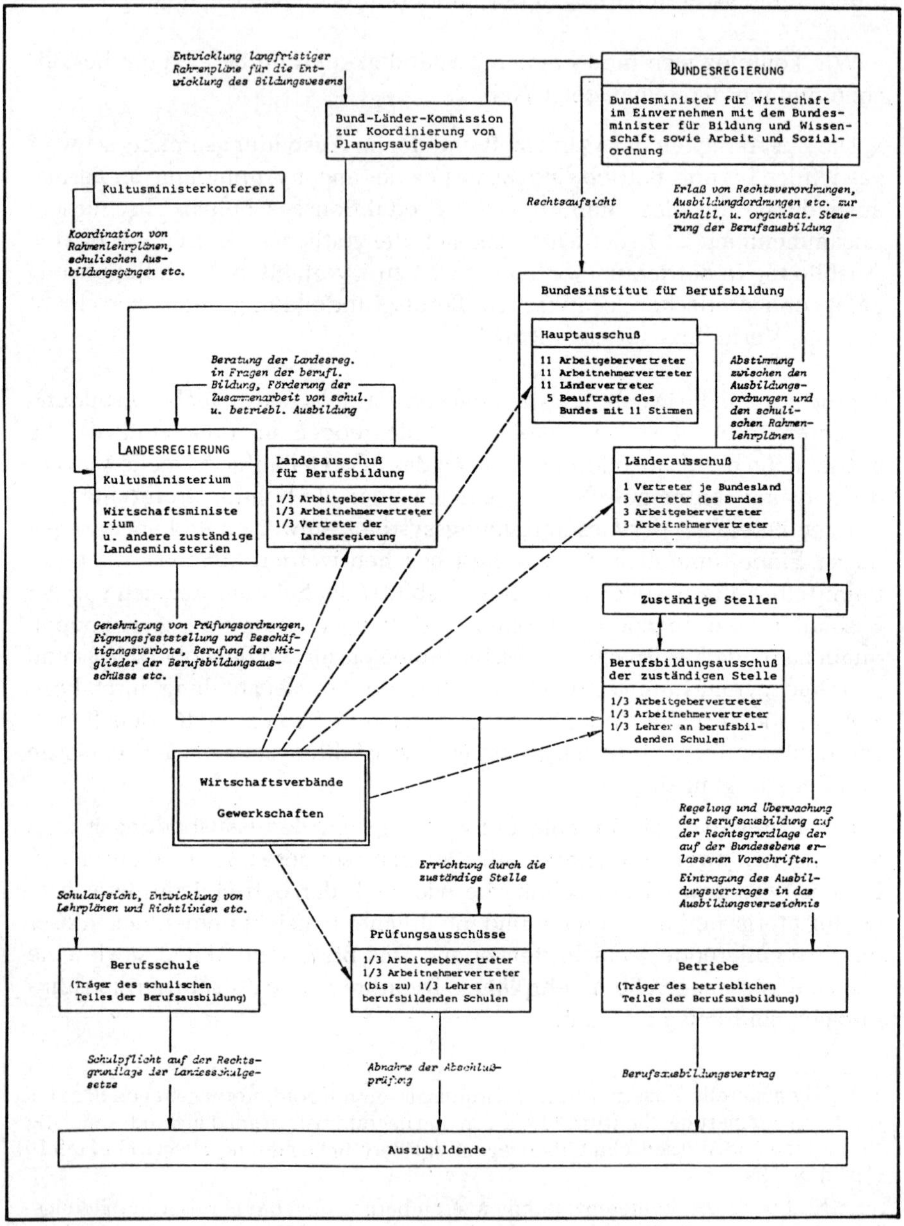

Quelle: H. Heller: Wirtschaftspolitische Entscheidungsprozesse und Verwaltungshandeln bei der Einführung des Berufsgrundbildungsjahres, Berlin 1979, S. 98.

Zweitens wird die Formalstruktur nicht nur des Berufsbildungssektors, sondern auch des allgemeinen Bildungswesens durch Ausdifferenzierung in der Abschluß- und Berechtigungsstruktur immer komplexer, was u.a. die Eignungsbeurteilung der Absolventen für den einstellenden Betrieb zunehmend erschwert.

Die sich verengende organisatorische und inhaltliche Reglementierung des Berufsbildungsbereichs bietet dem Staat vor allem zwei Vorteile. Zum einen ist damit die Möglichkeit verbunden, sich im eigenen Verantwortungsbereich rückzuversichern und zum anderen wird so ein wirksames Fangnetz gegen mögliche Desorganisationstendenzen geknüpft[21]. Allerdings wird gerade unter diesen Beweggründen die Basis für neue Friktionen gelegt, denn zwangsweise verliert das Berufsbildungssystem mit jeder zusätzlichen regulierenden Vorschrift einen Teil seiner notwendigen Flexibilität. Es benötigt jedoch ein möglichst hohes Maß an Beweglichkeit, um der dynamischen Entwicklung seines Bezugssystems — der realen Arbeitswelt — begegnen zu können. Dies tut Berufsausbildung infolge der vornehmlich in den schulischen Ausbildungsteilen unvermeidlichen mehr oder minder starken Abkoppelung von der Berufswelt ohnehin nur mit erheblicher Verzögerung. Im Endeffekt birgt expansive Reglementierung[22] die Gefahr, daß noch vorhandene Freiräume in Organisation und Inhalt der Ausbildung versperrt und damit die erforderlichen dezentralen Anpassungsmöglichkeiten an Entwicklungen im Beschäftigungssystem vollends blockiert werden[23].

---

[21] Vgl. Claus Offe: Berufsbildungsreform, Eine Fallstudie über Reformpolitik, Frankfurt a. M. 1975, S. 17.

[22] Bspw. in Form von ausdifferenzierten Lernzielkatalogen. Die Markierungspunkte der Bundesregierung sehen außerdem vor, daß die berufliche Weiterbildung zukünftig ebenfalls auf gesetzlicher Grundlage durch eine staatliche Fortbildungsordnung geregelt und vereinheitlicht werden soll. Vgl. Bundesregierung: Markierungspunkte für die berufliche Bildung; von der Bundesregierung verabschiedet am 15. Nov. 1973, in: W. D. Winterhager: Reform der Berufsausbildung, Berlin 1974, S. 28 f.

[23] Darüberhinaus hat Reglementierung eine quantitative Wirkung auf das Bildungsgeschehen. Das Ifo-Institut für Wirtschaftsforschung, München, führte Ende 1978 eine repräsentative Untersuchung zur Ausbildungssituation in der Industrie, zum Bauhauptgewerbe sowie dem Groß- und Einzelhandel durch. Dabei zeigte sich für die Industrie, daß Gesetze und Vorschriften ein umso größeres Ausbildungshemmnis darstellen, je kleiner der Betrieb ist. Immerhin 32 v. H. der Betriebe mit 20 — 49 Beschäftigten empfindet die bestehenden rechtlichen Regelungen als ausbildungshemmend. Insgesamt vertraten 13 v. H. aller befragten Industriebetriebe und 35 v. H. der Handelsunternehmen diesen Standpunkt. Hierbei ist die unterschiedliche Betriebsgrößenstruktur von Handel und Industrie zu beachten.

Mangelnde Vorqualifikation der Bewerber wurden mit 8 v. H. bzw. 7 v. H. und die Ausbildungskosten mit 10 und 24 v. H. als weitere ausbildungshemmende Faktoren hingegen deutlich weniger genannt. Vgl. W. Friedrich: Ausbildungsplätze in Industrie, Bauhauptgewerbe und Handel, in: Berichte und Analysen, ifo-Schnelldienst 14/79, S. 7 und 11.

Auch der Versuch, das gegenüber dem Beschäftigungsbereich relativ grob strukturierte Berufsbildungswesen durch Ausdifferenzierung in Ausbildungsgängen und Abschlüssen hauptsächlich im Bereich der Vollzeitschulen[24] flexibler zu gestalten, kann zu einer Belastung für dessen Funktion werden; in dem Moment nämlich, wenn permanente Reformunruhe und Unübersichtlichkeit der Strukturen des Bildungssystems die notwendige Identifikation der Bevölkerung mit dem Bildungswesen behindern. Außerdem besteht die Gefahr, daß sich mit zunehmender Komplexität des Systems die Ausbildungseffizienz verringert. Es werden zusätzliche klammernde und kontrollierende Systemteile benötigt wie z. B. koordinierende Funktionsstellen, Beratungsdienste und betriebswirtschaftliche Kostenerfassung. Nicht zuletzt wächst aber mit der Ausdifferenzierung in Bildungsgänge und der Spezifität der Abschlüsse das Problem der strukturellen Abstimmung zwischen der Absolventenschaft des Bildungssystems und den Aufnahmekapazitäten des Beschäftigungsbereichs prinzipiell an[25].

Insbesondere im Hinblick auf den Abbau der Bildungsbenachteiligung bestimmter Gruppen von Jugendlichen, deren Problematik sich mit dem Begriff 'Jungarbeiter' in bekannter Weise verknüpft, und zur Verbesserung der Chancengerechtigkeit im allgemeinen durch Diversifikation des Bildungsangebots, war und ist die „juristische und institutionelle Sicherung der Rahmenbedingungen des Lernens durch formales Recht"[26] jedoch von hoher Bedeutung. Dies gilt auch für Aspekte des Jugendarbeitsschutzes.

Es darf bei der Betrachtung der Ausformung des Berufsbildungswesens auch nicht übersehen werden, daß die Ausdifferenzierung in Schulformen und die gesetzliche Erfassung des Systems in vielen Fällen Instrumente des Bemühens waren, die berufliche Bildung aus dem Schatten der allgemeinen Bildung herauszulösen und ihr einen bedeutungsgemäßen Platz im Gesamtbildungswesen zu verschaffen.

---

[24] Als Beispiel für den Bereich der betrieblichen Berufsausbildung kann hierzu die Fortschreibung von Berufsbildern genannt werden. Eine statische Auflistung von Fertigkeiten und Kenntnissen soll eine in dynamischer Wandlung befindliche Berufswirklichkeit beschreiben.

[25] Will man Berufsbildung insgesamt gesehen ständig der Entwicklung der Arbeitswelt, als dem System, auf das hin schließlich ausgebildet wird, anpassen, so sind sprunghafte Veränderungen umso häufiger und von umso höherer Intensität erforderlich, je starrer das Bildungssystem reglementiert ist. Das Ergebnis sind immer neue Verwerfungen in den Strukturen des Bildungsbereichs, die u. a. Bildungsabschlüsse in der Bedeutung für ihren Träger von vornherein dadurch mindern, als daß er davon ausgehen kann, daß dieser spezielle Bildungsgang bzw. Abschluß im Zuge der Dauerreform bald wieder aus der Bildungslandschaft verschwindet und damit ohne dauerhafte berufliche und gesellschaftliche Relevanz bleibt.

[26] Günter Wiemann: Ansätze zur Lösung des Jungarbeiterproblems, Göttingen 1975, S. 11.

b) Struktur und Problem des Dualen Systems der Berufsausbildung

Wenn sich nach wie vor mehr als 60 v. H. eines Schulentlaßjahrgangs[27] für eine Ausbildung im Dualen System entscheiden, bzw. wenn im Bundesgebiet ca. 1,4 Mill. Auszubildende gezählt werden[28], kann die Ausbildungsleistung und die Bedeutung betrieblicher Berufsausbildung sowohl im wirtschaftlichen als auch im gesellschaftlichen Raum nur schwerlich überschätzt werden. Dies zumal eine betriebliche Berufsausbildung für die Sonderschulabsolventen und für ca. 90 v. H. der Hauptschüler[29] die einzige Ausbildungs- und Berufsperspektive darstellt.

Das Verhältnis von Angebot und Nachfrage nach betrieblichen Ausbildungsplätzen ist unter den bestehenden bildungspolitischen Zielsetzungen als ungünstig zu bezeichnen. Seit 1975 übersteigt die Nachfrage in der Summe das Angebot. 1977 betrug der Nachfrageüberhang 0,3 v. H. und 1978 0,7 v. H.[30]. Analysiert man den Berufsbildungsbereich näher, so zeigt sich im wesentlichen folgendes Bild:

---

[27] Zum 30.9.1976 schlossen in Niedersachsen 64,2 v. H. und auf Bundesebene 62,4 v. H. der Schulabgänger einen Ausbildungsvertrag ab. Hingegen strebten 1978 im Bundesgebiet 64,4 v. H. (männlich 68,9 v. H.; weiblich 53,6 v. H.) der Abgänger aus allgemeinbildenden Schulen eine Ausbildung im Dualen System an, während Niedersachsen mit 54,9 v. H. die geringste Quote von allen Bundesländern aufwies.

Quellen: Bundesinstitut für Berufsbildungsforschung (Hrsg.): Berufliche Ausbildung im interregionalen Vergleich — Eine Auswertung nach Arbeitsamtsbezirken —, vervielfältigtes Manuskript o. O. und Jg., S. 114 u. 119, eigene Berechnung und Bundesminister für Bildung und Wissenschaft (Hrsg.): Berufsbildungsbericht 1979, Bonn 1979, S. 66 und 100.

[28] Bezugsjahr 1977; Quelle: Bundesministerium für Wirtschaft (Hrsg.): Leistung in Zahlen '77, Bonn 1978, S. 32 und Berufsbildungsbericht 1979, S. 92 f.

Die Zahl der Hochschulstudenten betrug im Wintersemester 1978/79 dagegen zum Vergleich nur 0,95 Mill. Quelle: Statistisches Bundesamt (Hrsg.): Statistisches Jahrbuch 1979 für die Bundesrepublik Deutschland, Wiesbaden 1979, S. 348.

[29] Vgl. Bundesminister für Bildung und Wissenschaft (Hrsg.): Berufsbildungsbericht 1977, Bonn 1977, S. 10. Das waren in der Bundesrepublik 1977 ca. 440 000 Jugendliche und allein in Niedersachsen 1978 fast 50 000 Jugendliche. Quelle: Stastistisches Bundesamt Wiesbaden (Hrsg.): Bildung im Zahlenspiegel 1978, S. 42 und Niedersächsisches Landesverwaltungsamt — Statistik — (Hrsg.): Statistische Berichte, Allgemeinbildende Schulen am 1. September 1977, Teil 1: Schulen, Klassen, Schüler, Hannover 1978, S. 16; eigene Berechnung.

[30] Quelle: Bundesminister für Bildung und Wissenschaft (Hrsg.): Berufsbildungsbericht 1978, Bonn 1978, S. 70 und ders.: Berufsbildungsbericht 1979, S. 7 und 74. Dabei sind allerdings sowohl auf der Nachfrageseite wie auch auf der Angebotsseite nur die den Arbeitsämtern gemeldeten Fälle erfaßt! In Niedersachsen waren im September 1977 noch 2961 Ausbildungsplatzbewerber unversorgt. Vgl. Berufsbildungsbericht 1978, S. 66.

Die Aufteilung der neuabgeschlossenen Ausbildungsverhältnisse nach Ausbildungsbereichen stellte sich 1978 folgendermaßen dar: Industrie und Handel 46,4 v. H., Handwerk 38,2 v. H., Landwirtschaft 3,0 v. H., Öffentlicher Dienst 3,4 v. H. und Sonstige 8,8 v. H.[31]. Die Ausbildungsbeteiligung der Betriebe betrug im gleichen Jahr in der Industrie (ab 20 Beschäftigte) 70 v.H. Im Bauhauptgewerbe bilden 62 v. H. der Betriebe aus und im Handel 37 v. H.[32]. Von den Handwerksbetrieben beteiligen sich 44,6 v. H.[33].

Der Anteil der Mädchen an den Auszubildenden insgesamt betrug im Jahre 1977 auf Bundesebene 36,5 v. H. Ca. die Hälfte aller Auszubildenden lernte in dem Jahr in 15 von 451 anerkannten Ausbildungsberufen. Auf die 29 am stärksten besetzten Berufe konzentrierten sich bereits gut zwei Drittel der Auszubildenden. Vier Fünftel der weiblichen und rd. drei Fünftel der

---

Bis zum Anfang der 70er Jahre wurde infolge des bis dahin im Vergleich zur Nachfrage überproportional hohen Ausbildungsplatzangebots die Zahl der Ausbildungsverhältnisse im Bundesgebiet von der Nachfrageseite her bestimmt. Dann war bei zunehmender Stärke der Schulentlaßjahrgänge eine vorrangig durch Abnahme des Lehrstellenangebots gekennzeichnete Entwicklung zu beobachten. Seit 1975 steigt die Anzahl der neuabgeschlossenen Ausbildungsverträge sowohl in der Bundesrepublik insgesamt als auch in Niedersachsen wieder an. Der Gesamtbestand an Berufsschülern mit Ausbildungsvertrag stieg in Niedersachsen von 1974 mit 151 113 Schülern stetig auf 173 777 Schüler im Jahre 1977 und 200 662 im Jahre 1978 zuzüglich 10 531 BGJ-Schüler. In der ersten Hälfte der 70er Jahre fand zudem eine starke Expansion der vollzeitschulischen Berufsbildungsgänge statt. In Niedersachsen erfuhren allein die Berufsfachschulen von 1971 bis 1975 eine Ausweitung um ca. 72 v. H. und die Schulen für das Gesundheitswesen um ca. 48 v. H. Der in gleicher Zeit erfolgte Rückgang der Berufsaufbauschulen um ca. 36 v. H. wurde zahlenmäßig von der angeführten Expansionsentwicklung weit überkompensiert.

Quellen: Berufsbildungsbericht 1977, S. 17; Wolfgang Meyer: Ursachen des Lehrstellenrückgangs, Untersuchung zur quantitativen Entwicklung der Ausbildung in anerkannten Ausbildungsberufen in Niedersachsen 1964 - 1974, erschienen als Bd. 4 der Reihe: Beiträge zur angewandten Wirtschaftsforschung, Hrsg.: Lothar Hübl, Berlin 1977, S. 19 ff.; Niedersächsisches Landesverwaltungsamt — Statistik — (Hrsg.): Statistische Berichte, Berufsbildende Schulen am 15. November (versch. Jg.); H. Pohl unter Mitarbeit von H. Kallsen: Regionale Qualifikationschancen und berufliche Mobilität, — Empirische Problemstudie zum Bildungs- und Beschäftigungssystem in Niedersachsen —, Hrsg.: Institut für Regionale Bildungsplanung: Materialien zur Regionalen Bildungs- und Entwicklungsplanung, Bd. 103, Braunschweig 1977, S. 15 f.

[31] Quellen: Berufsbildungsbericht 1978, S. 24 und 106 und ebd. 1979, S. 88; eigene Berechnung.

[32] Vgl. W. Friedrich: Ausbildungsplätze in ..., a.a.O., S. 6 und 9. Berücksichtigt man auch die Industriebetriebe mit weniger als 20 Beschäftigten, so beteiligen sich 35 v. H. aller Industriebetriebe aktiv an der Berufsausbildung.

[33] Vgl.: Information für Ausbilder, Offizielles Organ des Zentralverbandes des Kraftfahrzeughandwerks in Verbindung mit dem 'autofachmann', Nr. 6, Januar 1980, S. 3.

männlichen Auszubildenden befinden sich dabei in jeweils 20 der von der Geschlechtergruppe am stärksten besetzten Ausbildungsberufe[34].

Berufswechsel — Symptom struktureller Mängel

In der Folge der hohen Berufskonzentration in der Ausbildung treten u. a. Arbeitskräfteüberschüsse in bestimmten Berufen und Facharbeitermängel in anderen Tätigkeitsbereichen auf[35]. Für die Jugendlichen, die in ihrer Abhängigkeit vom regionalen Ausbildungsplatzangebot der Wirtschaft, Ausbildungen in Berufen absolvieren, hinter denen keine ausreichenden Beschäftigungsmöglichkeiten stehen, heißt das, daß ein Teil von ihnen von vornherein zum Berufswechsel gezwungen ist. Wie eine im Rahmen des vorliegenden Projektes durchgeführte Untersuchung zur rückblickenden Bewertung von Ausbildungsentscheidungen und zum Verbleib in Ausübungsberufen ergeben hat[36], plant ca. ein Drittel aller Auszubildenden schon in den Abschlußklassen des Dualen Systems, d. h. vor Beendigung ihrer Ausbildung, unmittelbar nach dem Ausbildungsabschluß den Beruf zu wechseln. Da sie in der Regel dabei keine erneute vollständige Berufsausbildung durchlaufen, sondern in den Arbeitsmarkt für un- und angelernte

---

[34] Auf Bundesebene. Anzahl der Ausbildungsberufe nach dem Verzeichnis von 1979. Quellen: Berufsbildungsbericht 1978, S. 38 und 191 ff.; ebd. 1979, S. 90 f. und Bundesinstitut für Berufsbildungsforschung (Hrsg.): Berufliche Ausbildung im . . ., a.a.O., S. 42.

Ähnlich hohe Konzentrationen sind auch in den einzelnen Ausbildungsbereichen festzustellen. 1974 konzentrierten sich fast 60 v. H. der Auszubildenden des Handwerks auf nur neun der insgesamt 125 Berufe dieses Wirtschaftszweiges. Diese waren: Kraftfahrzeugmechaniker, Elektroinstallateure, Friseure, Gas- und Wasserinstallateure, Lüftungstechniker, Radio- und Fernsehtechniker, Landmaschinenmechaniker, Büromaschinenmechaniker und Fotografen. Vgl. Dieter Kleine: Ausbildung und Beschäftigung in ausgewählten Dienstleistungsgewerben, in: MittAB, 10. Jg. (1977), Heft 3, S. 374 f.

[35] Unabhängig von bereichsweisen Ungleichgewichten können globale Störungen in der Versorgungslage mit Facharbeitern auftreten. Von den Organen der Wirtschaft werden in der aktuellen Diskussion einzelne Engpässe angeführt und z. T. generelle Mangellagen für die Zukunft befürchtet. Gut ein Viertel der Industriebetriebe ab 20 Beschäftigte gab 1979 an, daß ihr Facharbeiterbestand nicht ausreichend sei, wobei der Anteil der Betriebe mit Facharbeitermangel umso höher ist, je größer die Beschäftigtenzahl ist. Vgl. W. Friedrich: Ausbildungsplätze in . . ., a.a.O., S. 10.

[36] Die Untersuchung wurde in den Jahren 1980/81 im Rahmen des vorliegenden Gesamtprojektes an Berufsbildenden Schulen in Gifhorn und Braunschweig durchgeführt. Die Ergebnisse wurden veröffentlicht als Karl Frey, Hartmut Heller: Ausbildungs- und Umschulungsentscheidungen im Bereich der anerkannten Ausbildungsberufe und deren Bedeutung für den Arbeitsmarkt, Diskussionspapiere des Fachbereichs Wirtschaftswissenschaften der Universität Hannover, Serie C, VWL Nr. 51, Hannover 1982, vgl. auch S. 100 ff. der vorliegenden Arbeit.

Arbeitskräfte eintreten, wird nicht nur ein Großteil ihrer erworbenen Arbeitsqualifikationen entwertet, sondern aufgrund der Merkmale dieses Teilarbeitsmarktes auch ihr individuelles Beschäftigungsrisiko erhöht[37].

Diese Ergebnisse werden durch frühere Untersuchungen des Instituts für Arbeitsmarkt- und Berufsforschung gestützt[38]. Dabei ergab sich weiterhin, daß der Berufswechsleranteil nach den Ausbildungsbereichen Industrie, Handwerk und Übrige kaum Unterschiede aufweist. Insgesamt muß davon ausgegangen werden, daß sogar ein noch weit höherer Anteil der Erwerbspersonen mit einer betrieblichen Berufsausbildung in der ersten Dekade ihres Berufslebens mindestens einmal den Beruf wechselt[39]. Diese Zahlen zeigen eindringlich die strukturellen Disparitäten zwischen Ausbildungs- und Beschäftigungsbereich, aber auch den immensen Fehlaufwand an Ausbildungsleistungen, denn die Hälfte der Berufswechsler gab an, wenig, sehr wenig oder nichts ihrer Kenntnisse und Fertigkeiten aus dem Abgangsberuf wieder verwenden zu können[40].

Ursachen, die zu der Auseinanderentwicklung von Bildungs- und Beschäftigungssystem geführt haben, dürften vor allem in der historisch bedingten und noch heute erkennbaren Verhaftung des Dualen Systems in handwerklichen Produktionsstrukturen sowie in der unterschiedlichen Entwicklungsdynamik der Systeme, d. h. in der Schwerfälligkeit des Berufsbildungswesens gegenüber der Vitalität des Produktionsbereichs liegen. Außerdem wird die prinzipielle Bindung des quantitativen und qualitativen Ausbildungsinter-

---

[37] Vgl. Gero Lenhardt: Jugendarbeitslosigkeit und Berufsbildungspolitik, in: Leviathan, 3. Jg. (1975), S. 598.

[38] Vgl. Hans Hofbauer: Strukturdiskrepanzen zwischen Bildungs- und Beschäftigungssystem im Bereich der betrieblichen Berufsausbildung für Facharbeiterberufe, in MittAB, 10. Jg. (1977), Heft 2, S. 252 und 254 und weiterhin Hans Hofbauer, Paul König: Berufswechsel bei männlichen Erwerbspersonen in der Bundesrepublik Deutschland, in: MittAB, 6. Jg. (1973), Heft 1, S. 46.

Bei den Berufswechslern in der Zeit von 1955 bis 1970 waren die Arbeiterberufe mit 35 v. H. deutlich stärker betroffen als die Angestelltenberufe mit 21 v. H. Vgl. ebd.

[39] Erwerbspersonen und Nichterwerbspersonen bilden nach der statistischen Definition die Wohnbevölkerung. Als Nichterwerbspersonen gelten alle, die keiner auf Erwerb gerichteten Tätigkeit nachgehen. Die Erwerbspersonen gliedern sich wiederum in Erwerbstätige und Erwerbslose. Vgl. Niedersächsisches Landesverwaltungsamt — Statistik — (Hrsg.): Statistisches Jahrbuch für Niedersachsen 1973, a.a.O., S. 86.

[40] Vgl. Hans Hofbauer, Paul König: a.a.O., S. 45. Von den Berufswechslern, die eine Ausbildung im Handwerk absolviert haben, waren 41,6 v. H. anschließend als un- oder angelernte Arbeitskräfte beschäftigt. Für den Ausbildungsbereich Industrie betrug dieser Anteil 31,8 v. H. und im Mittel 38 v. H. Dies zeigt, daß der Berufswechsel von im Handwerk ausgebildeten Facharbeitern überdurchschnittlich hoch mit Qualifikationsentwertung einhergeht. Vgl. ebd. S. 55 und Hans Hofbauer: Strukturdiskrepanzen . . ., a.a.O., S. 256 f.

esses der Wirtschaft an einzelbetrieblichen Rentabilitätsüberlegungen[41] dazu beigetragen haben. Darüberhinaus sind in der immer intensiveren Arbeitsteilung, deren Feindifferenzierung Berufsbildung unter vertretbarem Aufwand nicht zu folgen vermag und unter pädagogischen Qualifikationsaspekten auch nicht folgen sollte, sowie in der langzeitlichen bildungspolitischen Hintanstellung des Berufsbildungssektors wesentliche Bedingungen für die Schere zwischen Ausbildung und Beschäftigung zu suchen[42].

Einschränkend bleibt anzumerken, daß nicht jeder Berufs- oder Betriebswechsel[43] wegen der Gefahr einer möglichen Teilentwertung von Qualifikationen unerwünscht ist. Vielmehr ist auch der mit Wechselvorgängen gekoppelte berufliche Aufstieg ein Teil beruflicher Mobilität[44]. Ein allgemeines Berufswechselrisiko im negativen Sinne kann für die Ausbildung im Dualen System daher ohne nähere Differenzierung nach der Art des Wechsels und nach Berufs- und Wirtschaftsbereichen nicht vermerkt werden. Dennoch ist der hohe Berufswechsleranteil, insbesondere die unmittelbar nach dem Lehrabschluß oder in den ersten Jahren danach erfolgende Aufgabe des erlernten Berufes eines der Hauptsymptome für die Schwächen des herkömmlichen Dualen Systems. In der Berufswechslerquote offenbart sich

---

[41] Vgl. Claus Offe: a.a.O., S. 105 ff.

[42] Bzw. auch Automatisierung und Veränderungen in der Arbeitsorganisation. Vgl. Armin Hegelheimer: a.a.O., S. 69 f.

[43] Über die Hälfte der männlichen Ausgebildeten verlassen bereits im Verlauf des ersten Jahres nach dem Ausbildungsabschluß ihren Lehrbetrieb, davon 93 v. H. aus eigenem Entschluß. Vgl. Hans Hofbauer, Hermine Kraft: Betriebliche Berufsausbildung und Erwerbstätigkeit, in: MittAB, 7. Jg. (1974), Heft 1, S. 47 und 53.

Der sehr hohe Anteil freiwilliger Wechsler deutet u.a. daraufhin, daß die Ausbildungs- und Berufsplanung des einzelnen den Betriebs- oder auch Berufswechsel nach Abschluß der Ausbildung bereits vorsieht. Daneben kommen eine Reihe anderer Gründe wie z. B. Unzufriedenheit mit dem Lehrbetrieb, Wahrnehmung von Aufstiegschancen bzw. günstigeren Arbeitsbedingungen und gesundheitliche Aspekte in Frage. Eine weitere Berufswechselursache dürfte insbesondere für den unfreiwilligen Wechsel im unmittelbaren Anschluß an die Ausbildungszeit darin liegen, daß Betriebe z. B. aus Ertragsgründen oder um sich Wahlmöglichkeiten zwischen den Absolventen zu verschaffen, über den geplanten Eigenbedarf an Facharbeitskräften hinaus ausbilden.

[44] Zwei Drittel der zwischen 1955 und 1970 in das Erwerbsleben eingetretenen Ausgebildeten, die den Betrieb gewechselt haben, begründen die Veränderung mit weiterer Ausbildung, der Absicht, eine andere Firma kennenlernen zu wollen oder mit einer beruflichen Verbesserung. Immerhin konnten 34 v. H. aller Ausgebildeten als angestellte Meister und als sonstige Angestellte bis hin zu leitenden Positionen sowie als Beamte und Selbständige einen beruflichen Aufstieg verzeichnen. Vgl. Hans Hofbauer, Hermine Kraft: a.a.O., S. 52 f. und auch Martin Baethge u.a.: Ausbildungs- und Berufsstartprobleme von Jugendlichen unter den Bedingungen verschärfter Situationen auf dem Arbeits- und Ausbildungsstellenmarkt, Göttingen 1978, S. 50.

nicht nur die mangelnde Orientierung der Ausbildung an den Beschäftigungsmöglichkeiten, sondern auch die persönliche Unzufriedenheit der Jugendlichen mit dem Ausbildungsgang als solchem, mit Lehrberuf und Lehrbetrieb[45] zu einem nicht unerheblichen Anteil.

Zudem engt die betriebsspezifische und in der Tendenz häufig sogar maschinen-, anlagen- oder verfahrensspezifische Ausrichtung der beruflichen Erstausbildung den Mobilitätsspielraum der Ausgebildeten ein[46]. Die Verminderung der beruflichen Mobilität und der Aufbau von Bindungskräften an den Betrieb sind dabei zwei Seiten des gleichen Sachverhalts, der betrieblichen Spezialisierung von Berufsausbildung. Generell kann die Ursache hierfür in der engen Bindung von Ausbildung an betriebliche Produktionsvorgänge gesehen werden. Durch diesen Umstand werden vor allem in hochspezialisierten Klein- und Mittelbetrieben ohne gesonderte Lehrabteilungen zwangsläufig methodische und inhaltliche Ausbildungsbedingungen geschaffen, die die überbetrieblichen Verwendungschancen der dort erworbenen Qualifikationen von Anfang an in Frage stellen. Diesem Nachteil kann sich der Ausgebildete nur durch Betriebstreue oder durch Umlernen entziehen.

Regionale Unterschiede des Ausbildungsangebots

Sowohl hinsichtlich des Umfangs als auch in der Breite des Berufsspektrums — zwei der Hauptmerkmale zur Kennzeichnung regionaler Versorgungslagen — zeigen sich erhebliche Schwankungen des Ausbildungsplatzangebots[47]. Abb. 3 veranschaulicht beispielhaft die räumlichen Ungleichgewichte der Berufsbildungssituation in den niedersächsischen Landkreisen anhand des Anteils der Jugendlichen ohne Ausbildungsvertrag an den Berufsschülern insgesamt. Dieser Anteil spiegelt etwa das Fehl an Ausbildungsplätzen wieder.

---

[45] In der 'Hamburger Lehrlingsstudie' gaben von den Auszubildenden im 3. Lehrjahr 51 v. H. der Befragten an, daß sie ihren Lehrberuf kein zweites Mal wählen würden und sogar 55 v. H. trafen diese Feststellung für ihren Lehrbetrieb. Vgl. Jürgen Daviter: Der Lehrling im Betrieb, Hamburger Lehrlingsstudie, Bd. II, München 1973. Die Problematik des Berufswechsels und seine Indikatorfunktion für die Fehlstrukturierung von Berufsausbildung sind, wie z. B. Dams aufzeigt, seit langem in der Diskussion. Vgl. Theodor Dams: Berufliche Bildung — Reform in der Sackgasse, Freiburg im Breisgau 1973, S. 45 ff.

[46] Vgl. auch Wolfgang Meyer: a.a.O., S. 64 und Claus Offe: a.a.O., S. 144 ff.

[47] Vgl. z. B. U. Schwarz und F. Stooß: Zur regionalen Ungleichheit der beruflichen Bildungschancen und Vorschläge zum Abbau des Gefälles, in: MittAB, 6. Jg. (1973), Heft 2, S. 121 ff. und Wolfgang Meyer: a.a.O., S. 47.

Abb. 3: Anteil der Jugendlichen ohne Ausbildungsvertrag an den Berufsschülern in den niedersächsischen Landkreisen am 15. Nov. 1978[1]

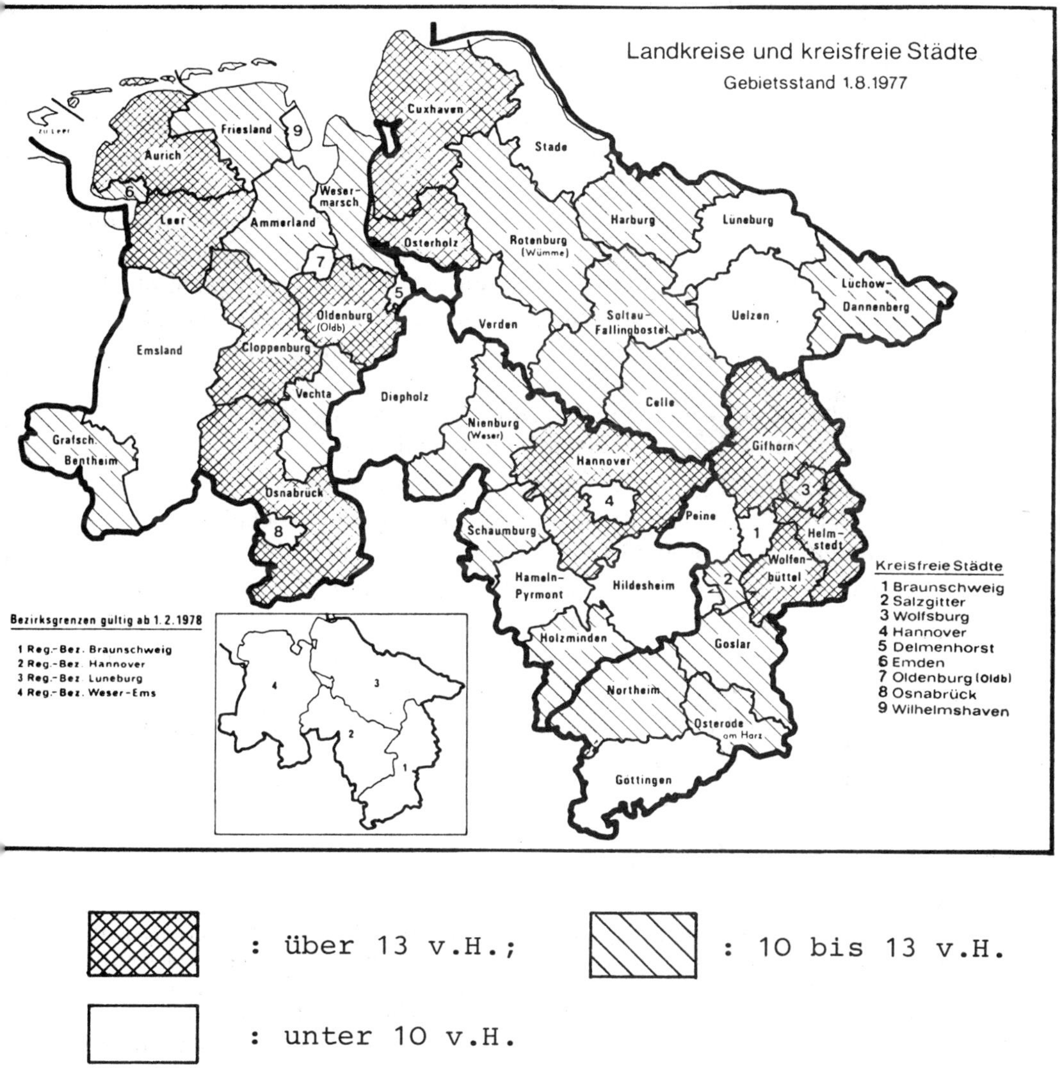

Quelle: Niedersächsisches Landesverwaltungsamt — Statistik — (Hrsg.): Statistische Berichte, Berufsbildende chulen am 15. Nov. 1978, a.a.O. und ders.: Zusammenstellung der Erhebungsbogen für Berufsschulen vom 15. Nov. 78 auf Kreisebene; eigene Berechnung.

[1] Berufsschüler hier ohne Pflegevorschüler und ohne Schüler in der praktischen Ausbildung zur Vorbereitung auf nen weiteren Schul oder Hochschulbereich (Vorpraktikanten).

Es fällt auf, daß die Werte nach Landkreisen und kreisfreien Städten zwischen 1,5 v. H. (Oldenburg, Stadt) und 24,8 v. H. (Cuxhaven) in weiter Spanne schwanken. Mädchen stellen mit bis zu 83,7 v. H. (Verden) und im Landesmittel 59,3 v. H. den Hauptanteil an den Jugendlichen ohne Ausbildungsvertrag[48].

Ob in einer Region eine ausreichende Anzahl von betrieblichen Ausbildungsplätzen zur Verfügung steht und wie sich das Ausbildungsplatzangebot auf Ausbildungsberufe verteilt, ist von wirtschaftlichen Gegebenheiten abhängig. Anzahl, Art und Größe der Betriebe in einer Region sowie die wirtschaftliche Lage bestimmen unter relativ kurzfristigen Produktionsgesichtspunkten dominant die Berufsbildungssituation — weit mehr als die räumlich, zeitlich und berufsfachlich differenziert zu sehende Ausbildungsnachfrage der Bevölkerung oder als spätere Beschäftigungsmöglichkeiten.

Zusammenfassend lassen sich unter Versorgungsaspekten folgende Hauptprobleme heutiger Berufsausbildung anführen[49]:

- Unstetes Ausbildungsplatzangebot ohne zureichend gesicherte Berücksichtigung der Ausbildungsnachfrage und späterer Beschäftigungsmöglichkeiten in der Region.
- Sehr hohe Berufskonzentration, die nicht reibungslos vom Beschäftigungssystem verarbeitet werden kann.
- In der Folge tritt ein massiver Berufswechselprozeß auf, der mit einer umfangreichen Qualifikationsentwertung einhergeht.
- Zunehmende Wertminderung der beruflichen Erstausbildung als individuelle Erwerbsgrundlage.

---

[48] In Niedersachsen lag der Versorgungsgrad mit betrieblichen Ausbildungsplätzen und Berufsfachschulplätzen mit 104,3 und 108,7 deutlich über dem Bundesmittel = 100. (Versorgungsgrad: Quotient aus Platzangebot zu Schulabgängern; hier in Relation zum Bundesdurchschnitt.) Vgl. Berufsbildungsbericht 1979, S. 37.

[49] Dabei soll von den nicht minder problematischen Umständen, unter denen Berufsausbildung z. T. stattfindet, wie mangelnde inhaltliche Systematisierung, pädagogische Mängel, unzureichende gegenseitige Abstimmung von schulischen und betrieblichen bzw. von theoretischen und praktischen Ausbildungsinhalten sowie ausbildungsirrelevanten Zeitanteilen, hier abgesehen werden. Das ökonomisch-gesellschaftliche Risiko, das sich in Fehlentwicklungen der Ausbildungsqualität verbirgt, ist allerdings dem quantitativer Ungleichgewichte zumindest ebenbürtig. Vgl. hierzu auch Wolf-Dietrich Greinert: Das Berufsgrundbildungsjahr — Ansatzpunkt für ein realistisches bildungspolitisches Konzept, in: Die berufsbildende Schule, 28. Jg. (1976), Heft 6, S. 372 und Martin Beathge u.a.: a.a.O., S. 11.

c) Einflußfaktoren und Mechanismen des regionalen Ausbildungsmarktes

Für die strukturelle und quantitative Ausformung eines regionalen Lehrstellenmarktes kommen vielfache Ursachen und Einflüsse in Betracht. Die Vielfalt der Bestimmungsgründe und ihre komplexen Beziehungen machen erhebliche Vereinfachungen bei modellhaften Betrachtungen des regionalen Lehrstellenmarktes unumgänglich. Soziale, politische und ökonomische Faktoren stehen auf beiden Seiten des Marktes in enger Wechselwirkung. So z. B. die demographische Entwicklung in der Region, die soziale Struktur in der Bevölkerung, Art und Umfang des sonstigen Bildungsangebots, die Betriebs- und Arbeitsplatzstruktur, die Berufsstruktur der Erwerbstätigen, die konjunkturelle Situation, bildungspolitische und arbeitsrechtliche Maßnahmen, technologische Neuerungen, Mobilitätsvorgänge, die Markttransparenz usw.. Dieses Bündel von Faktoren bildet den Hintergrund für das Handeln der beiden Marktseiten, den jugendlichen Ausbildungsnachfragern und den Betrieben als Anbietern von Ausbildungsstellen.

Das Geschehen auf dem Ausbildungsmarkt wird nun seit etwa Anfang der 70er Jahre wegen eines deutlichen Nachfrageüberhangs vor allem durch das Verhalten der Betriebe bestimmt. Aus diesem Grunde ist die Betrachtung typischer Verhaltensmuster der Angebotsseite hier von besonderem Interesse[50]. Z. B. ergaben sich die Veränderungen in der Anzahl der realisierten Ausbildungsverhältnisse in der ersten Hälfte der 70er Jahre vor allem über das Marktangebot, in dem die Betriebe trotz steigender Nachfrage weniger Lehrstellen zur Verfügung stellten.

Grundsätzlich wirken innerbetriebliche und außerbetriebliche Bedingungen und Einflüsse auf die Entscheidungen der Angebotsseite ein. Dabei kommen nicht nur Marktkräfte zum Tragen, sondern darüberhinaus werden institutionelle Interessen von Verbänden, Kammern, Gewerkschaften usw. wirksam. Nach den Ergebnissen der Untersuchung von W. Meyer[51] zu den

[50] Über die Bestimmungsgründe von Umfang und Struktur des betrieblichen Lehrstellenangebots liegen einige empirische Untersuchungen vor. Beispielsweise Hasso von Henninges: Bestimmungsgründe für die Veränderung des Umfangs der Facharbeiternachwuchsausbildung in der Industrie, in: MittAB, 8 (1975), H. 4; Wolfgang Meyer: Ursachen des Lehrstellenrückganges, Untersuchung zur quantitativen Entwicklung der Ausbildung in anerkannten Ausbildungsberufen in Niedersachsen 1964 - 1974, erschienen als Bd. 4 der Reihe 'Beiträge zur angewandten Wirtschaftsforschung', Hrsg. L. Lübl, Berlin 1977; Sabine Steinbach: Analyse der Konjunkturabhängigkeit der betrieblichen Berufsausbildung in der Bundesrepublik Deutschland, Studien und Materialien der Sachverständigenkommission, Kosten und Finanzierung der beruflichen Bildung, Bd. 2, Bielefeld 1974; vgl. auch Berufsbildungsbericht verschiedene Jahrgänge.

[51] Vgl. hierzu W. Meyer: a.a.O., S. 94 ff.

Ursachen des Lehrstellenrückganges in Niedersachsen für den Zeitraum 1964 bis 1974 kommt dem Wandel der Beschäftigungsstruktur dabei relativ große Bedeutung zu. Vorausgesetzt, daß die Betriebe ihre Ausbildungstätigkeit an ihrem absehbaren Qualifikationsbedarf ausrichten, kann auf diese Weise die mittel- und langfristige Entwicklung des Lehrstellenangebots z. T. erklärt werden. Veränderungen in der Technologie und in der Arbeitsorganisation führen beispielsweise dazu, daß der Umfang der vor allem in den industriellen Fertigungsberufen und in der Büro-, Verwaltungs- und Handeltätigkeit benötigten Fachqualifikationen rückläufig ist[52]. Hinzu kommt, daß der ständig unanschaulicher werdende Produktionsprozeß eine direkte Berufsausbildung am Arbeitsplatz immer schwieriger und risikoreicher werden läßt[53], was ebenfalls restriktiven Einfluß auf das Ausbildungsplatzangebot hat.

Das quantitative Ausbildungsverhalten der Betriebe ist weiterhin in begrenztem Umfange reagibel auf Veränderungen rechtlicher Rahmenbedingungen, wie sie z. B. im Zuge der bildungspolitischen Bemühungen um eine Reform der beruflichen Bildung erfolgten, hier insbesondere die Anhebung der qualifikatorischen Anforderungen an betriebliche Ausbildung[54].

Eine andere relevante Einflußgröße auf das Lehrstellenangebot ist die konjunkturelle Entwicklung der Arbeitskräftenachfrage. Dabei beeinflußt der Konjunkturverlauf weniger den Gesamtumfang der Angebotsseite[55], als

---

[52] Dies wird auch durch die Ergebnisse der angesprochenen IAB-Untersuchung von Henninges gestützt, wobei außerdem die Betriebsgrößenstruktur als Einflußfaktor gesehen wird. Auch W. Lenhardt sieht in dem Verhalten der Betriebe eine Strategie der Dequalifizierung. G. Lenhardt: Berufliche Qualifikation und Arbeitslosigkeit, in: Leviathan 3/75, S. 375.

Entwicklungen in anderen Sektoren, z. B. des Dienstleistungsgewerbes, können allerdings gegenläufig wirken.

[53] Kosten und Aufwand für gesonderte Lehrwerkstätten konkurrieren für den Betrieb dabei mit den Anwerbe- und Einarbeitungskosten für ausgebildete Fachkräfte vom Arbeitsmarkt.

[54] Vgl. W. Meyer: a.a.O., S. 102 ff. Dabei ist interessant, daß gerade in dem Bereich mit zuvor relativ niedrigen Qualitätsstandards der Ausbildung, wo also ein verhältnismäßig hoher Anpassungsaufwand betrieben werden mußte, die Ausbildungsplatzzahlen dennoch zunahmen. Im Zuständigkeitsbereich der Industrie- und Handelskammern dagegen ging die Zahl der angebotenen Lehrstellen zurück. Vgl. ebd. S. 109.

[55] Das Gesamtvolumen des Ausbildungsangebots bzw. der zum Abschluß gelangten Ausbildungsverhältnisse ist eher an die Stärke der Schulentlaßjahrgänge gekoppelt. Vgl. G. Lenhardt/Karin Schober: Jugendarbeitslosigkeit und Lehrstellenmarkt, in: Max-Planck-Institut für Bildungsforschung, Projektgruppe Bildungsbericht (Hrsg.): Bildung in der Bundesrepublik Deutschland, Daten und Analysen, Bd. 2, Stuttgart 1980, S. 961.

vielmehr die Berufsstruktur des Angebots. In deutlicher Ausprägung verläuft das Ausbildungsvolumen des Handwerks dabei antizyklisch und das der Industrie prozyklisch zur wirtschaftlichen Konjunktur[56].

Diese Befunde fügen sich gut in ein Strukturmodell des Ausbildungsstellenmarktes ein, wie es von S. Steinbach beschrieben wird[57]. Innerhalb der Angebotsseite, die den Lehrstellenmarkt dominant bestimmt, ist demnach hinsichtlich der Wirkungen auf das Marktgeschehen noch einmal ein primärer und ein sekundärer Angebotsteil zu unterscheiden. Die Ausbildung im sekundären Angebotssektor findet überwiegend unmittelbar im Arbeitsvollzug statt, enthält einen relativ hohen produktiven Anteil und ist aus diesen Gründen kostengünstig. Hierzu zählen vor allem Betriebe aus dem Zuständigkeitsbereich der Handwerkskammern. Im Unterschied dazu bilden die Industriebetriebe i. d. R. in gesonderten Lehrwerkstätten aus. Diese Ausbildung ist stärker vom eigentlichen Produktionsprozeß abgesetzt, beinhaltet nur geringe produktive Anteile und ist deshalb mit höheren Kosten verbunden. Da dem letzteren Marktsektor in der Einschätzung der Ausbildungsnachfrager die höhere Attraktivität zukommt[58], hat das industrielle Lehrstellenangebot eine weitgehend marktbestimmende Position, während dem quantitativ gewichtigen Sektor handwerklicher Berufsausbildung unter Marktgesichtspunkten eher eine Restfunktion zufällt[59]. In diesen Zusammenhängen ist eine wesentliche Ursache für die strukturellen Abweichungen zwischen dem Ausbildungs- und dem Beschäftigungsbereich zu sehen.

Die Einführung eines obligatorischen Berufsgrundbildungsjahres dürfte zwar die genannten Markteinflüsse kaum beeinträchtigen, stellt aber einen zusätzlichen Faktor dar, der die Funktionen des Marktes teilweise außer Kraft setzt. Der Berufsbildungsmarkt wird durch das schulische Pflicht-BGJ dabei in zwei verschiedene Marktformen zerlegt. Nach der Schulentlassung trifft die Ausbildungsnachfrage zunächst einmal auf das BGJ-Berufsfeldangebot der berufsbildenden Schulen. Grob vereinfacht ergeben die Stärke der Schulentlaßjahrgänge und ihre Vorbildungsstruktur sowie die Neigungen und Ausübungsberufswünsche der Jugendlichen die Ausbildungsnachfrage nach Art und Umfang. Das schulische Ausbildungsangebot hat sich dieser Nachfrage unter rechtlichen Aspekten prinzipiell anzugleichen. Auf diese

[56] Vgl. W. Meyer: . . . a.a.O., S. 120 ff.

[57] Sabine Steinbach: . . . a.a.O., insbes. S. 34.

[58] Ausschlaggebend dafür sind vorrangig die Ausbildungsqualität selbst, wie auch die späteren Beschäftigungs- und Einkommensaussichten.

[59] Diese Wirkungszusammenhänge konnten auch für die niedersächsische Region Salzgitter nachgewiesen werden. Vgl. W. D. Greinert: Das Berufsgrundbildungsjahr, Weiterentwicklung oder Ablösung des 'dualen' Systems der Berufsausbildung?, Frankfurt/Main, New York 1984.

Weise handelt es sich um einen eindeutigen Nachfragemarkt. Zusätzlich ist der Übergang in die berufliche Grundbildung dadurch gekennzeichnet, daß weder auf der Angebots- noch auf der Nachfrageseite die vorrangig qualitativen Vorzüge des Konkurrenzprinzips wirksam werden. Wettbewerb als eines der Grundmerkmale von Märkten findet nicht statt.

Die unter diesen Bedingungen gebildete Absolventenschaft des BGJ stellt dann wieder das Nachfragepotential auf dem betrieblichen Ausbildungsmarkt dar. Anzahl und Berufsfeldstruktur der BGJ-Absolventen auf der einen und das regionale Lehrstellenangebot auf der anderen Seite bilden diesen Markt, dessen wesentliche Kennzeichen die dominante Stellung des Angebots und das Konkurrenzprinzip sind. Das Geschehen auf dem Markt selbst ist wegen der fachlichen Berufsfeldbindung der Ausbildungsnachfrager, die anderenfalls die Anrechnung des BGJ auf die Ausbildungszeit verlieren, in der Flexibilität und den Ausgleichsmöglichkeiten allerdings beeinträchtigt[60]. Wesentliche Zielsetzung der vorliegenden Arbeit ist es, die durch die Zwischenschaltung des BGJ zusätzlich entstandenen Marktunvollkommenheiten näher zu analysieren und soweit möglich durch ein Abstimmungsverfahren aufzufangen.

Als nächstes sind nun die unter den Bedingungen des BGJ bestehenden Aktionsparameter der Marktteilnehmer im Hinblick auf eine strukturelle Zusammenführung der Berufsausbildung mit dem Beschäftigungsbereich zu untersuchen.

2. Das Berufsgrundbildungsjahr — Ansatz zur Lösung wesentlicher Berufsausbildungsprobleme

a) Sozialchancen als Zielpunkt beruflicher Bildung

Berufsausbildung wird in aller Regel nicht um ihrer selbst willen nachgesucht und betrieben, sondern sie erfolgt unter der konkreten Zielsetzung, eine reale Erwerbschance in einer Region zu begründen bzw. zu verbessern[1].

---

60 Insgesamt gesehen, weitet sich das Marktvolumen wegen der verkürzten betrieblichen Durchlaufzeiten im Prinzip aus.

1 „... Die Schüler sollen fähig werden, ... sich im Berufsleben zu behaupten!" Niedersächsisches Schulgesetz, a. a. O., § 2. Oder: „... daß auch die berufliche Bildung den Anspruch des einzelnen auf Förderung und Entfaltung seiner Begabungen, Neigungen und Fähigkeiten erfüllt und ihn dadurch befähigt, sein persönliches, berufliches und soziales Leben selbstverantwortlich zu gestalten. Zugleich soll sie berufliche Mobilität und damit bessere soziale Chancen sichern, eine bessere Einfü-

Unter diesem Aspekt erfährt Berufsbildung neben allen emanzipatorischen Ansprüchen ihre Sinnerfüllung schließlich durch Anwendung und Nutzung der erworbenen resp. der vermittelten Arbeitsqualifikationen. Mit anderen Worten: Die vermittelten ,Fachkompetenzen'[2] bleiben ohne die Chance der erwerbsmäßigen Verwertung irrelevant. Das bedeutet, daß sie die ihnen zugedachte oder von ihnen erhoffte Wirkung auf die Positionierung ihres Trägers im sozialen Gesellschaftsgefüge nicht erfüllen können[3]. Da nun Sozialchancen heute für die Mehrzahl der Bevölkerung an ihren Beruf gekoppelt sind, erlangt die Ausrichtung der Ausbildung an den Beschäftigungsmöglichkeiten als eine Voraussetzung für die Anwendung der Fachqualifikationen zunehmendes Gewicht. Die Forderung, einer möglichst großen Anzahl von Jugendlichen eine qualitativ möglichst hochwertige Ausbildung zu vermitteln, ist deswegen um des Effektes willen dahingehend zu ergänzen, daß dies beschäftigungsbezogen geschehen sollte.

Dadurch können sich allerdings einige der Widersprüche zwischen bildungspolitischen Prämissen und gesellschaftlich-ökonomischen Gegebenheiten und Ansprüchen verstärken[4].

Keinesfalls ist das Problem heutiger Fehlqualifizierung durch rein quantitative Maßnahmen oder ausschließlich über breite Grundqualifikationen lösbar. Leistungsbestimmtes Spezialistentum und die Vielfalt der Arbeitsaufgaben mit ihrem intensiven Wandel gegenüber einem begrenzten

---

gung in den wirtschaftlichen Prozeß ermöglichen und dem einzelnen die Chance eröffnen, den Leistungsanforderungen einer modernen Industriegesellschaft gerecht zu werden. Die berufliche Bildung muß Lernziele und Lerninhalte umfassen, die zu kritischem Verständnis und verantwortungsbewußtem Handeln befähigen. Damit wird es möglich, die unterschiedliche Bewertung theoretischer und praktischer Ausbildung zu überwinden. Der einzelne muß im Prozeß des ,lebenslangen Lernens' zu Kreativität, Spontaneität, Mündigkeit und Selbstbestimmung ermutigt werden." Bundesregierung: Markierungspunkte . . ., a. a. O., S. 14 f.

[2] Vgl. Deutscher Bildungsrat (Hrsg.): Empfehlungen der Bildungskommission, Zur Neuordnung der Sekundarstufe II, Konzept für eine Verbindung von allgemeinem und beruflichem Lernen, Bonn 1974, S. 30.

[3] Ausgemacht wird die soziale Lage des einzelnen durch einen ganzen „. . . Komplex verschiedener Einzeltatbestände wie Einkommen und Konsummöglichkeiten, soziale Wertschätzung und Prestige, soziale und materielle Sicherheit, physiologische Lebensumstände, äußere Umstände und psychische Wirkungen der Arbeitstätigkeit, . . ." u. ä. Dieter Fröhlich: Arbeit, Beruf und Bildungsverhalten, in MittAB, 7. Jg. (1974), Heft 4, S. 316 f.

[4] Vgl. hierzu Deutscher Bildungsrat (Hrsg.): Empfehlungen der Bildungskommission: Strukturplan für das Bildungswesen, Stuttgart 1971, S. 31 f. und 179. Vor allem sind hier die Grundprinzipien der freien Entfaltung der Persönlichkeit, der freien Berufswahl und der Chancengerechtigkeit angesprochen, die mit einer an den Beschäftigungsgegebenheiten und -erfordernissen ausgerichteten Ausbildungsstruktur in Konflikt geraten könnten.

menschlichen Lern- und Leistungsvermögen und begrenzter Flexibilität lassen dies nicht zu. Es scheint vielmehr erforderlich, beschäftigungsorientierte Ausbildungsstrukturen in fachlicher Hinsicht und eine breite Qualifikationsbasis anzustreben und dies durch systematisierte berufliche Weiterbildung zu ergänzen. Bezüglich der Beschäftigungsorientierung besteht dabei das Problem, daß die Unsicherheit von Langfristprognosen es nicht gestattet, Ausbildungs-und Berufsstrukturen für die Dauer eines Erwerbslebens vorzuplanen. Unter dieser Voraussetzung muß sich die Ausrichtung von Ausbildung an den Beschäftigungsmöglichkeiten darauf beschränken, den Übergang der Nachwuchsjahrgänge in das Beschäftigungssystem möglichst reibungsarm zu gestalten. Die jeweils aus dem Erwerbsleben ausscheidenden Altersjahrgänge mit z. T. überholten Ausbildungen können so jährlich durch ‚richtig' ausgebildete Berufsanfänger ersetzt werden. Den trotz dieser iterativen Anpassung ständig neu entstehenden Bestand an nicht mehr einsetzbaren Fachqualifikationen zu ersetzen, ist eine der Aufgaben beruflicher Weiterbildung.

Bildungspolitische Intentionen des BGJ

Nachdem die Bildungsplanungsdiskussion in den 60er Jahren anfangs den Qualifikationsbedarf der Wirtschaft als Leitidee favorisiert hatte, rückte später der Gedanke der Chancengleichheit bei den Bildungsmöglichkeiten als Konstruktionsvorgabe für das Bildungssystem in den Vordergrund[5]. Seither wird der Konflikt zwischen dem Anspruch, zur Ausübung eines Berufes zu befähigen und der Berufswirklichkeit[6], in den Berufsausbildung vom herkömmlichen Zuschnitt[7] zunehmend hineingewachsen ist, mit dem Schlüssel ‚Chancengleichheit' zu lösen versucht. Das geeignete Mittel hierfür schien die Integration von beruflicher und allgemeiner Bildung zu sein. Wie ein roter Faden zieht sich diese Formel seit etwa 1969 ebenso durch die wissenschaftliche Diskussion wie auch durch die Beschlüsse und Verlaut-

---

[5] Vgl. auch Hessischer Kultursminister (Hrsg.): Zum Verhältnis von Bildungs- . . ., a. a. O., S. 6.

[6] Die Diskussionsbeiträge hierzu widmeten sich insbesondere den gesellschaftlichen und ökonomischen Ursachen im historischen Ablauf und möglichen Reformgedanken, wobei im Rückblick z. T. der Eindruck entsteht, daß der Schwerpunkt der Bemühungen in den ersten Jahren nach 1969 nicht so sehr bei der Analyse der Situation betrieblicher Berufsausbildung lag, sondern weit mehr auf die Ausarbeitung von Reformkonzepten gerichtet war. Vgl. hierzu u. a. Reinhard Crusius, Wolfgang Lempert und Manfred Wilke (Hrsg.): Berufsausbildung — Reformpolitik in der Sackgasse?, Reinbek bei Hamburg 1974.

[7] Hier verstanden als die Ausildung in anerkannten Ausbildungsberufen im Dualen System.

barungen von Verbänden, Parteien und Regierungen[8]. Ob jedoch mit der im Grunde selbstverständlichen Realisierung von Chancengleichheit oder besser Chancengerechtigkeit[9] die Strukturkrise der Berufsausbildung an den wesentlichen Ursachen und im Schwerpunkt richtig bekämpft wird, scheint fragwürdig.

Die Symptome der Krise, wie der häufige Berufswechsel nach dem Ausbildungsabschluß, die beiderseitige Unzufriedenheit von Auszubildenden und Ausbildenden, die Lehrstellenverknappung, das Problem der Jugendlichen ohne Ausbildungsvertrag, die Jugendarbeitslosigkeit u. ä. deuten viel eher darauf hin, daß die Ursachen der Krise nur zu einem Teil in unverwirklichten demokratischen, bildungspolitischen und pädagogischen Grundsätzen und zu einem Gutteil in der Kluft von beruflicher Bildung und Berufswirklichkeit zu suchen sind. Dies sowohl hinsichtlich der Beschäftigungsmöglichkeiten als auch hinsichtlich der Arbeitsbedingungen innerhalb der Tätigkeiten.

Die langfristige disharmonische Entwicklung von Bildungs- und Beschäftigungssystem hat offensichtlich dazu geführt, daß ein Großteil der Ausge-

---

[8] So z. B.: „Die Integration der Berufsbildung und der Allgemeinbildung ist zu fördern." Niedersächsisches Schulgesetz, a. a. O., § 12 (8). Oder: „Die Chancengleichheit verlangt für die berufliche Bildung den gleichen Rang, wie ihn andere Bildungsbereiche haben." Regierungserklärung des zweiten Kabinetts Brandt/Scheel vom 18. Jan. 1973 und ebenso in ‚Berufsbildung, Ziele und Maßnahmen' vom Parteivorstand der SPD am 16. 3. 1973 als Diskussionsgrundlage beschlossen. Oder: „Die CDU bekennt sich zum Leistungsprinzip und zu der im Grundgesetz festgelegten Pflicht des Staates, allen jungen Menschen gleiche Chancen im Bildungswesen zu sichern." Beschluß des 22. Bundesparteitages der CDU vom 19. 11. 1973; „Sie (die Berufsausbildung, d. Verf.) soll allen Jugendlichen die gleichen Chancen geben, ihre Fähigkeiten und Interessen zu entwickeln und sich Kenntnisse anzueignen." Beschluß des Bundesvorstandes der FDP vom Okt. 1973. Oder: „Die Integration (von allgemeiner und beruflicher Bildung, d. Verf.) soll ein Höchstmaß an Chancengleichheit durch ein umfassendes und differenziertes Lernangebot für alle Jugendlichen sichern." Deutscher Gewerkschaftsbund, Forderungen zur beruflichen Bildung vom April 1972 und „Gerade die Eigenständigkeit des beruflichen Bildungswesens garantiert der Reform Chancengleichheit, soziale Gerechtigkeit und Durchlässigkeit..." Deutscher Industrie- und Handelstag, DIHT-Markierungspunkte zur beruflichen Bildung vom 5. Nov. 1973.

Die Forderung nach Integration von beruflicher und allgemeiner Bildung kann dabei als operationalisierte Form des Rufs nach Chancengleichheit interpretiert werden.

Die Zitate sind im Original z. T. gesperrt gedruckt. Originalquellen abgedruckt in Ingo von Münch (Hrsg.): Aktuelle Dokumente, Reform der Berufsbildung, Aktuelle Programme und Initiativen von Bundesregierung, Parteien, Sozialpartnern und Wissenschaftlern, zusammengestellt von Wolfgang Dietrich Winterhager, Berlin und New York 1974.

[9] Vgl. Wolf-Dietrich Greinert: Das Berufsgrundbildungsjahr — Ansatzpunkt..., a. a. O., S. 360.

bildeten mit den erworbenen Qualifikationen am Arbeitsmarkt bzw. im Berufsleben nicht mehr zurechtkommt. Insgesamt gesehen kann die betriebliche Berufsausbildung den Qualifikationsbedarf der Wirtschaft weder im Niveau noch in der Struktur und auch im Umfang nicht abdecken[10].

Unter diesen Umständen und dem bisherigen berufsbildungspolitischen Leitsatz der quantitativen Ausweitung von Berufsbildung insgesamt bei inhaltlicher Verbesserung vornehmlich im Sinne von berufsübergreifender Qualifikation[11] und anschließender Spezialisierung innerhalb eines Ausbildungsganges war es konsequent, die Eingangsstufe der betrieblichen Berufsausbildung zu reformieren. Damit konnten im wesentlichen folgende Ziele mit relativ guten Realisierungsaussichten angestrebt werden[12]:

— höhere berufliche Flexibilität für einen längeren Zeitraum durch entspezialisierte Ausbildung in einem Berufsfeld;
— Aufwertung beruflicher Bildung durch die Verbindung von allgemeinem und beruflichem Lernen sowie durch qualitative Verbesserung z. B. über die exaktere Abstimmung von theoretischen und praktischen Berufsbildungsinhalten;

---

[10] Der hohe Anteil der in Anlerntätigkeiten beschäftigten Arbeitskräfte, der bei den gewerblichen Arbeitnehmern in der Industrie auf mindestens 40 v. H. geschätzt wird (vgl. B. Lutz: Prognosen der Berufsstruktur, Methoden und Resultate, in Deutscher Bildungsrat (Hrsg.): Gutachten und Studien der Bildungskommission, Bd. 11,Zur Situation der Lehrlingsausbildung, Stuttgart 1969, S. 336) und allein bei den männlichen Erwerbspersonen mit betrieblicher Berufsausbildung mehr als 20 v. H. beträgt (vgl. Hans Hofbauer: Strukturdiskrepanzen . . ., a. a. O., S. 252), sowie die Klagen der Wirtschaft über Facharbeitermangel, die trotz der gestiegenen Auszubildendenzahlen aufgekommen sind, können hierfür als weitere Indizien gewertet werden. Vgl. hierzu auch Dietrich Schönwitz: Der Wandel der sektoralen und beruflichen Beschäftigungsstruktur in der Bundesrepublik Deutschland, in Heinz Lampert (Hrsg.): Arbeitsmarktpolitik, Stuttgart und New York 1979, S. 56 ff. und insbes. S. 66.

[11] Vgl. für Niedersachsen z. B. Niedersächsischer Kultusminister: Berufliche Bildung in Niedersachsen, Antwort der Landesregierung auf eine Große Anfrage der Fraktion der SPD im Niedersächsischen Landtag, betr.: Bereitstellung von schulischen und betrieblichen Ausbildungsstätten für die geburtenstarken Jahrgänge, Hannover 1977; und auch Günter Wiemann: Berufliche Bildung in Niedersachsen, in: Die berufsbildende Schule, 29. Jg. (1977), Heft 4, S. 211.

Die bildungspolitischen Zielsetzungen Chancengleichheit, Mobilität und Mündigkeit aus der Zeit vor und um 1970 stellen dazu den Hintergrund dar. Mündigkeit sollte den bisherigen berufspädagogischen Bildungsbegriff um die Dimension des ‚Hinterfragens' als Selbstreflexion und Reflexion erweitert. Vgl. Adolf Kell und Antonius Lipsmeier: Berufsbildung in der . . ., a. a. O., S. 41.

[12] Vgl. hierzu auch Karl Frey, Günter Wiemann: Einführung des Berufsgrundbildungsjahres in den Regionen in Niedersachsen, in Bundesforschungsanstalt für Landeskunde und Raumordnung (Hrsg.): Informationen zur Raumentwicklung, Heft 8. 1979, Bonn 1979, S. 497 ff.

— Berufswahl auf einer erweiterten Informationsgrundlage durch die Berufsfelderfahrung im BGJ und
— Sicherung einer Minimalausbildung auch für die bisherige Gruppe der Jungarbeiter.

Obzwar dieser Zielkatalog zwischenzeitlich teilweise zu relativieren ist[13], kann von der Einführung eines schulischen Berufsgrundbildungsjahres, das für alle Jugendlichen, die nicht in die gymnasiale Oberstufe oder in einige bestimmte Berufsfach- und Fachschulen eintreten, als Pflichtschule geführt wird, gegenüber der bisherigen Ausbildung eine Kapazitätsausweitung des Berufsbildungswesens, die qualitative Aufwertung des ersten Ausbildungsjahres und eine Verbesserung der Jungarbeiterausbildung nach wie vor erwartet werden. Überdies scheint die berufsfeldbreite Grundbildung geeignet, der regionalen Austrocknung einzelner Ausbildungsberufe tendenziell entgegenzuwirken.

Vor allem aber ist mit dem BGJ zum ersten Mal ein konkreter Reformschritt getan, der die Chance einer verbesserten strukturellen Abstimmung von Bildungs- und Beschäftigungssystem ermöglicht. Dafür spricht:

a) Beim Eintritt in die Berufsausbildung kann in Orientierung an den regionalen Arbeitsmarktverhältnissen eine bewußte Abstimmung nach Berufsfeldern relativ günstig erfolgen. Dies wird formal durch die Abkoppelung der Eingangsstufe vom betrieblichen Ausbildungsplatzangebot ermöglicht, während der mit dem schulischen BGJ verbundene Gewinn an Ausbildungskapazität in den Betrieben faktische Voraussetzungen bietet.
b) Die im Bereich der beruflichen Grundkenntnisse auf Berufsfeldebene verbreiterte Ausbildung erleichtert die Anpassung der Ausgebildeten an die Beschäftigungsmöglichkeiten sowohl beim Erwerbsbeginn als auch im weiteren Berufsleben.
c) Ein gestufter Berufswahlprozeß begünstigt die Durchführung.

Die Zusammenfassung von Ausbildungsberufen zu Berufsfeldern — ein Wesensmerkmal des BGJ — war im übrigen der Auslöser für die von der

[13] So z. B. wegen der Aufspaltung der Berufsfelder durch Schwerpunkte und Erhöhung der Anzahl von ehemals 11 auf 13, wegen der Verringerung des wöchentlichen Stundenanteils für theoretische Lerninhalte, wegen der in den Bundesländern unterschiedlichen Organisationsformen entweder in rein schulischer Form oder aber mit Verlagerung des Praxisanteils in die Betriebe, wegen der in einzelnen Berufen unvollständigen Anrechnung auf die Ausbildungszeit u. ä.

An kritischen Stimmen hat es ohnehin nicht gefehlt. Vgl. z. B. Gustav Grüner: Das Berufsgrundbildungsjahr . . ., in: Die berufsbildende Schule, 6. Jg. (1975), S. 343 ff. und Wolf-Dietrich Greinert: Das Berufsgrundbildungsjahr — Ansatzpunkt . . ., a. a. O., S. 373.

privaten Wirtschaft gesehenen Probleme[14] hinsichtlich der Anrechnung des BGJ als erstem Ausbildungsjahr[15]. In dem Fortfall einzelberuflicher Ausbildung im ersten Jahr zugunsten berufsübergreifender Qualifizierung wurde bzw. wird die Gefahr einer qualitativen Verschlechterung der Gesamtausbildung vermutet[16]. Darüberhinaus werden die Distanz schulischer Ausbildung zur Berufswirklichkeit und die gegenüber dem bisherigen Zustand erhöhten Zeitanteile für den theoretischen Unterricht als qualitätshemmende Faktoren genannt. Weiterhin wurden auch die Probleme der mengenmäßigen Abstimmung zwischen einem schulischen BGJ und dem betrieblichen Ausbildungsplatzangebot sowie die Problematik zukünftig brachliegender Lehrwerkstätten und unterbeschäftigem Ausbildungspersonal der Betriebe angeführt. Außerdem ist festzustellen, daß die Wirtschaft mit dem BGJ einen Teil ihres bisherigen Einflusses und ihrer bisherigen Zuständigkeiten in der beruflichen Ausbildung einbüßt, was zu der z. T. reservierten Haltung einzelner Wirtschaftsverbände gegenüber dem BGJ beigetragen haben kann.

b) Zu Form und Inhalt des Berufsgrundbildungsjahres

Das Niedersächsische Schulgesetz sagt es so: „In der Berufsschule werden Schüler während ihrer beruflichen Erstausbildung im ersten Jahr in der

---

[14] Zu den von den Betrieben befürchteten Problemen beruflicher Grundbildung im BGJ vgl. u. a. Gerhard P. Bunk, Reinhard Zedler: Das Berufsgrundbildungsjahr, Konzepte, Versuche, Ergebnisse, in Institut der deutschen Wirtschaft (Hrsg.): Beiträge zur Gesellschafts- und Bildungspolitik, 10 (1976), S. 9 ff. und 43 ff.

[15] Vgl. Saine Adler, Tibor Adler: Überlegungen zur Neuschneidung der Berufsfelder, in: Die Deutsche Berufs- und Fachschule (1975), Heft 1, S. 73.

[16] Z. B. äußerte das Kraftfahrzeughandwerk auch nach der Zusage eines eigenen fachlichen Schwerpunktes innerhalb des Berufsfeldes Metalltechnik Bedenken hinsichtlich des BGJ-Curriculums und seiner Vereinbarkeit mit der bestehenden Ausbildungsordnung. Erklärtes Ziel war dabei die Errichtung eines eigenen Berufsfeldes ‚Fahrzeugtechnik'. Man befürchtete, daß mit den verbleibenden zwei betrieblichen Ausbildungsjahren die Qualität der Ausbildung nicht gehalten werden könne. Kfz-Betriebe im Raum Salzgitter schlossen daher auch nach der verbindlichen Einführung des BGJ-Metalltechnik in dieser Region im Sommer 1977 mit 57 Auszubildenden Lehrverträge in der alten Form ab.

Eine Reihe der Bedenken der Wirtschaft wurde in der Neufassung der Berufsfeldschneidung mit der Anrechnungsverordnung vom 17. Juli 1978 berücksichtigt, indem die Anrechnung des BGJ u. a. für die Ausbildungsberufe Kraftfahrzeugmechaniker und -elektriker auf ein halbes Jahr reduziert wurde. Vgl. Information für Ausbilder, Offizielles Organ des Zentralverbandes des Kraftfahrzeughandwerks in Verbindung mit dem ‚autofachmann', Okt. 1977, Okt. 1978 u. Febr. 1979 sowie Verordnung über die Anrechnung auf die Ausbildungszeit der gewerblichen Wirtschaft — Anrechnung des Besuchs eines schulischen Berufsgrundbildungsjahres und einer einjährigen Berufsfachschule (Berufsgrundbildungsjahr-Anrechnungs-Verordnung) vom 17. 7. 1978, BGBl, Jg. 1978, Teil I, S. 1061 ff.

Grundstufe und in den weiteren Jahren in der Fachstufe unterrichtet. Der Unterricht in der Grundstufe wird als Vollzeitunterricht auf Berufsfeldbreite (Berufsgrundbildungsjahr) erteilt; der Unterricht in der Fachstufe wird als Teilzeitunterricht oder als Vollzeitunterricht in zusammenhängenden Teilabschnitten (Blockunterricht) erteilt."[17]

Die wesentlichste organisatorische Veränderung der Berufsausbildung liegt beim schulischen Berufsgrundbildungsjahr in der Verlagerung des gesamten ersten Ausbildungsjahres in die Berufsschule. Dort werden die Schüler in einem berufsfeldübergreifenden Lernbereich mit zentralen allgemeinen Fächern und in einem berufsfeldbezogenen Lernbereich — aufgeteilt in Fachtheorie und Fachpraxis — betriebsunabhängig ausgebildet[18]. Damit verbunden ist, daß sich der Jugendliche am Beginn seiner Berufsausbildung nicht mehr wie bisher für einen bestimmten Beruf entscheiden muß, sondern er wählt in einem ersten Schritt ein Berufsfeld. Diese sind aus ‚verwandten' Berufen zusanmmengestellt[19]. Z. Zt. sind von den insgesamt 451 anerkannten Ausbildungsberufen 214 zu 13 Berufsfeldern zusammengefaßt. Einzelne

---

[17] Niedersächsisches Schulgesetz, a. a. O., § 12 (1). Im folgenden wird — sofern nicht gesondert angemerkt — auf die schulische Form des BGJ Bezug genommen. Die daneben bestehende Alternativform des kooperativen BGJ beläßt den praktischen Teil der Ausbildung wie bisher den Betrieben und stellt daher im wesentlichen eine auf den ausgeweiteten Theorieanteil des ersten Ausbildungsjahres reduzierte Form beruflicher Grundbildung dar. „Die berufliche Grundbildung ist die erste Stufe der Berufsbildung und wird — in vollzeitschulischer, — kooperattver Form (Duales System) durchgeführt." Kultusministerkonferenz: Rahmenvereinbarung über ..., a. a. O., 1. Satz. Zu den Problemen bei der Erarbeitung und Weiterentwicklung der ersten Rahmenvereinbarung vom Sept. 1973 vgl. Heinz Weete: Zur Entstehung der ‚Anrechnungsverordnung' und der KMK-Rahmenvereinbarung zum Berufsgrundbildungsjahr, in: Die berufsbildende Schule, 29. Jg. (1977), Heft 4, S. 228 bis 232; vgl. weiterhin Bund-Länder-Kommission für Bildungsplanung (Hrsg.): Bildungsgesamtplan, Bd. I, S. 28.

[18] Als generelle Regelung sieht die Rahmenvereinbarung vom 19. 5. 1978 vor, daß pro Woche 26 Stunden im berufsfeldbezogenen Lehrbereich und im berufsfeldübergreifenden Lernbereich 6 Unterrichtsstunden plus eine Fremdsprache, Religionslehre und Stütz- und Förderkurse nach landesrechtlichen Bestimmungen erteilt werden. Vgl. Kultusministerkonferenz: Rahmenvereinbarung über das ... vom 6. 9. 1973, a. a. O., Abs. 1.3.3.

[19] Hier liegt ein kritischer Punkt in der Konstruktion des BGJ. Nicht weniger als sechs Bezugsgrößen für Gemeinsamkeiten gelangen bei der Berufsfeldschneidung zur Anwendung: das Material (Metall, Holz, Farbe, Papier), die Branche (Wirtschaft, Verwaltung, Agrar), der Gegenstand (Bekleidung), der Arbeitsort (Bau, Raum), die Wissenschaftsnähe (Chemie, Physik, Biologie) und die Funktion (Druck, Körperpflege). Diese Heterogenität dürfte kaum die Dauerhaftigkeit besitzen, die es aufweisen müßte, um den erwünschten Langzeitwirkungen der berufsfeldbreiten Ausbildung gerecht zu werden.

Vgl. hierzu Gustav Grüner: Das Berufsgrundbildungsjahr ..., a.a.O., S. 344.

Berufsfelder sind für die Ausbildung im zweiten Halbjahr in Schwerpunkte unterteilt[20].

Nach der Anrechnungsverordnung vom 17. Juli 1978 werden folgende Berufsfelder und Schwerpunkte unterschieden:

I Wirtschaft und Verwaltung
- A Absatzwirtschaft und Kundenberatung
- B Bürowirtschaft und kaufmännische Verwaltung
- C Recht und öffentliche Verwaltung

II Metalltechnik
- A Fertigungs- und spanende Bearbeitungstechnik
- B Installations- und Metallbautechnik
- C Kraftfahrzeugtechnik

III Elektrotechnik

IV Bautechnik

V Holztechnik

VI Textiltechnik und Bekleidung

VII Chemie, Physik und Biologie
- A Laboratoriumstechnik
- B Produktionstechnik

VIII Drucktechnik
- A Druckvorlagen- und Druckformherstellung
- B Drucktechnik und Druckverarbeitung / Buchbinderei

IX Farbtechnik und Raumgestaltung

X Gesundheit

XI Körperpflege

XII Ernährung und Hauswirtschaft
- A Gastgewerbe und Hauswirtschaft
- B Back- und Süßwarenherstellung
- C Fleischverarbeitung

XIII Agrarwirtschaft
- A Tierischer Bereich
- B Pflanzlicher Bereich

[20] Vgl. Bundesinstitut für Berufsbildung (Hrsg.): Die anerkannten Ausbildungsberufe, Ausgabe 1979, Bielefeld 1979 sowie die Anlage 2 zur Verordnung über die Anrechnung auf die Ausbildungszeit . . ., a. a. O., S. 1064 ff. und für Niedersachsen: Durchführung des Berufsgrundbildungsjahres, Erlaß des Niedersächsischen Kultusministers vom 8. 8. 1978, 402-32 171/100/a — 9/78.

Abb. 4: Die Grobstruktur des Ausbildungsganges bisheriger Konzeption und nach Einführung des Berufsgrundbildungsjahres am Beispiel des Berufsfeldes Metalltechnik

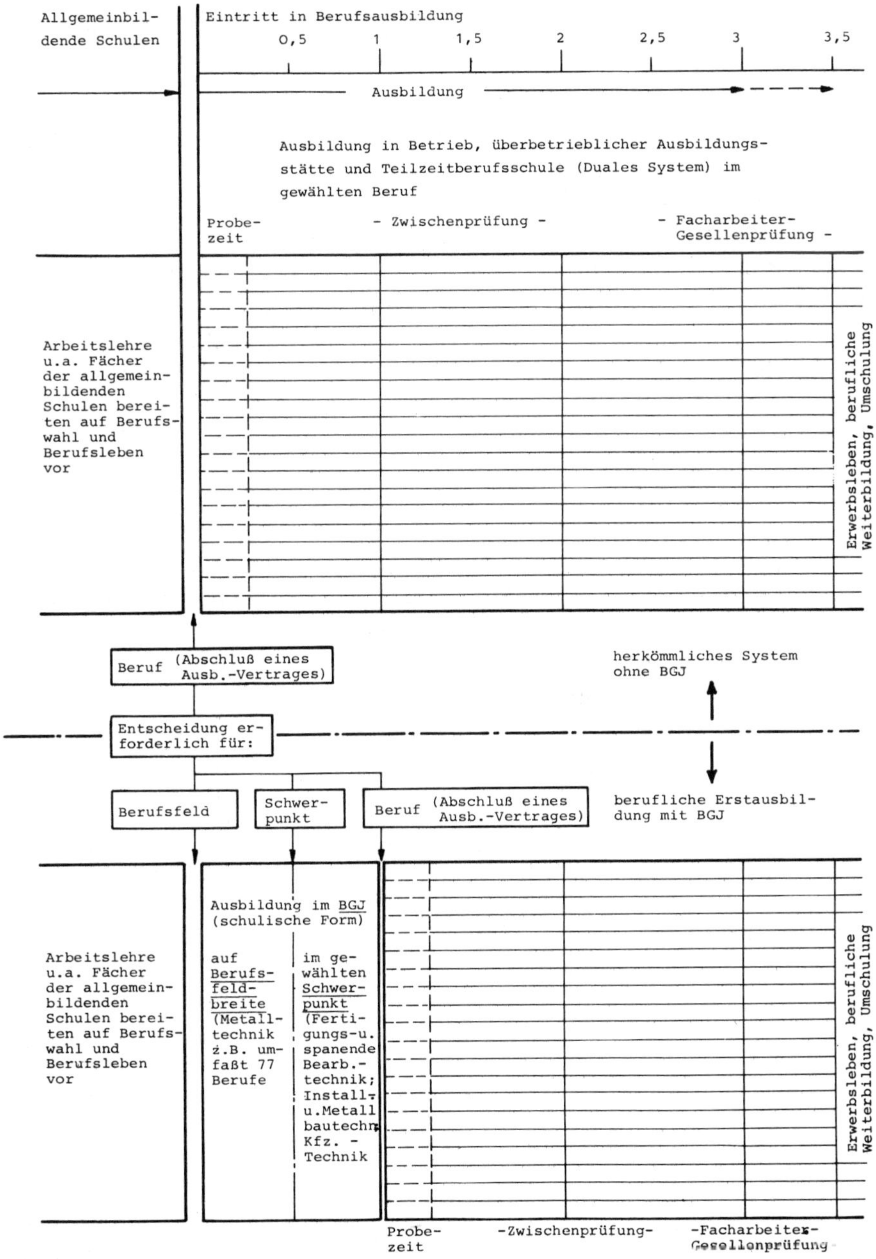

Das BGJ wird bei erfolgreichem Abschluß in den Ausbildungsberufen, die dem betreffenden Berufsfeld zugeordnet sind, als erstes Ausbildungsjahr angerechnet[21]. Schülern, die das Ziel des BGJ nicht erreichen, steht die Möglichkeit zur Wiederholung mit oder ohne Berufsfeldwechsel offen. Weiterhin können sie in das erste Ausbildungsjahr einer Berufsfachschule eintreten oder aber, da die Schulpflicht mit dem BGJ abgegolten ist, direkt in das Erwerbsleben überwechseln.

Das bisherige systemtragende Prinzip der Dualität von Betrieb und Schule bleibt auch nach der Einführung des BGJ für die berufliche Erstausbildung im Ganzen erhalten. Ebenso ist die Zuständigkeit der Selbstverwaltungsorgane der Wirtschaft für die Organisation und Durchführung der Fachstufenausbildung einschließlich der Prüfungen unberührt. Das gilt auch für die Gestaltung des Ausbildungsplatzangebotes durch die Betriebe.

In der vorstehenden Abb. 4 sind die wesentlichen ausbildungsorganisatorischen Neuerungen des BGJ im Vergleich zum bisherigen System noch einmal am Beispiel des Berufsfeldes Metalltechnik schematisch dargestellt.

Das Berufsvorbereitungsjahr — Sonderform des BGJ

Für Jugendliche, deren Entwicklungsstand nicht erwarten läßt, daß sie ein reguläres BGJ erfolgreich durchlaufen können, werden BGJ-Sonderformen eingerichtet. In Niedersachsen ist dies das Berufsvorbereitungsjahr (BVJ), das ab 1. 8. 1980 als einjährige Vollzeitschule landesweit in Pflichtform geführt wird[22]. Vorrangiges Ziel des BVJ ist es, die Jugendlichen soweit zu

---

[21] Zu den Ausnahmen vgl. Fußnote 1 zu Abschnitt 3.a. Als erfolgreicher Abschluß gilt unter Einbezug der Ausgleichsregelung ein mindestens ausreichender Leistungsstand in allen Fächern. Mit dem erfolgreichen Abschluß des BGJ kann Schülern ohne Hauptschulabschluß gleichzeitig die Hauptschulreife zuerkannt werden. Vgl. dazu Kultusministerkonferenz: Rahmenvereinbarung über . . ., a. a. O., Pkt. 1. und 1.4. sowie für Niedersachsen: Niedersächsischer Kultusminister: ‚Verordnung über die vorläufige Ordnung der Abschlüsse der berufsbildenden Schulen nach § 12 des Niedersächsischen Schulgesetzes', vom 25. Juli 1977, Nieders. GVBl. Nr. 27/1977, S. 278 ff.

[22] Vgl. Niedersächsisches Schulgesetz, a. a. O., § 163. Mit der Einrichtung des Berufsvorbereitungsjahres wird in Niedersachsen die bisherige Form der Jungarbeiterbeschulung bzw. der Beschulung von Jugendlichen ohne Ausbildungsvertrag in der Teilzeitberufsschule und in den berufsvorbereitenden Fördermaßnahmen der Bundesanstalt für Arbeit abgelöst. Nordrhein-Westfalen hat bereits zum Schuljahr 1976/77 ein BVJ eingerichtet. Vgl. Heinrich Isfort: Das Berufsvorbereitungsjahr als Maßnahme gegen die Jugendarbeitslosigkeit, in: Die berufsbildende Schule, 31. Jg. (1979), Heft 2, S. 72 ff.

In anderen Bundesländern werden oder sind BGJ-Sonderformen z. T. unter anderen Bezeichnungen eingeführt. Vgl. hierzu die Übersicht in: B. Biermann-Berlin, H. Biermann, H. Schild, K.-D. Wernecke: ‚Behinderte' in Schule und Berufsausbildung,

Abb. 5: Schema des Systems beruflicher Erstausbildung mit Berufsvorbereitungsjahr während der Einführung des Berufsgrundbildungsjahres

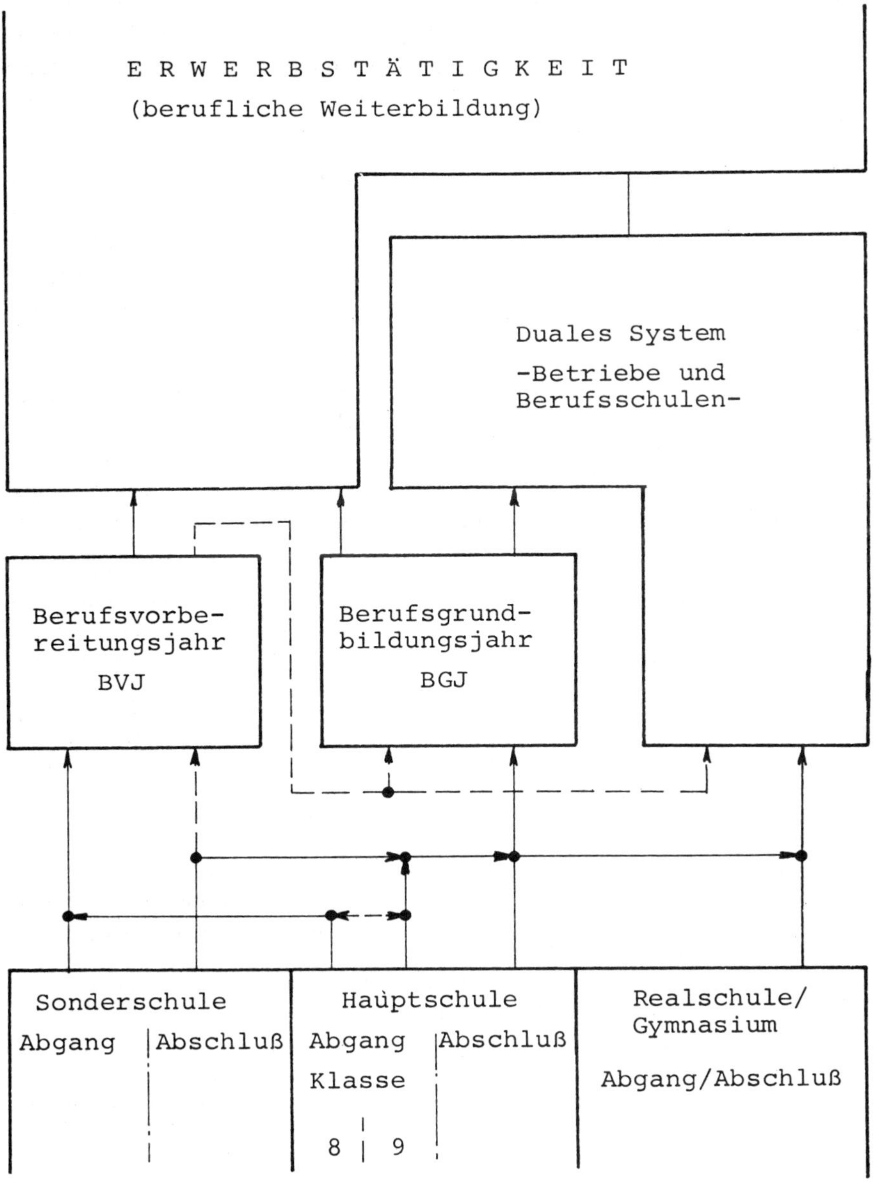

Vgl. Fußnote 8.

fördern, daß sie in die Lage versetzt werden, danach entweder in ein BGJ bzw. während der Einführungsphase des BGJ auch in ein betriebliches Ausbildungsverhältnis einzutreten oder aber, mit einem Grundstock an (Teil-)Qualifikationen versehen, eine Erwerbstätigkeit aufzunehmen[23]. Damit ergibt sich für die Übergangszeit bis zur vollständigen Einrichtung des BGJ in Niedersachsen das in der nachfolgenden Abb. 5 einschließlich der zu erwartenden Schülerströme dargestellte Strukturschema beruflicher Erstausbildung[24].

Unter den genannten Zielsetzungen wird sich das BVJ inhaltlich eng an die Gegebenheiten des regionalen Arbeitsmarktes anlehnen müssen, um den Schülern eine wirkliche Erwerbsperspektive innerhalb ihres Mobilitätskreises zu eröffnen. Darüberhinaus erfordern die besonderen pädagogischen Aufgabenstellungen dieser Schulform eine curriculare Orientierung an den Individualinteressen der Schüler.

Die Schüler werden sich vornehmlich aus dem Kreis der bisherigen sog. ‚Ausbildungsverzichter' rekrutieren. Das sind die Jugendlichen, die nach dem Besuch der allgemeinbildenden Schule als mithelfende Familienangehörige, Jungarbeiter oder als Jungangestellte direkt in das Erwerbsleben eintreten bzw. als jugendliche Arbeitslose vollends unversorgt bleiben[25]. Mit

---

in: Sonderdienst 6/78, Hrsg.: Gewerkschaft Erziehung und Wissenschaft (GEW), Landesverband Niedersachsen in Zusammenarbeit dem Deutschen Gewerkschaftsbund (DGB), Landesbezirk Niedersachsen, S. 42 f. und weiterhin Bund-Länder-Kommission für Bildungsplanung (Hrsg.): Stufenplan zu Schwerpunkten der beruflichen Bildung, Stuttgart 1975, S. 35 f.

[23] Vgl. auch B. Biermann-Berlin u. a.: ‚Behinderte' . . ., a. a. O., S. 54. Nach den Vorstellungen der Bund-Länder-Kommission für Bildungsplanung sollen die BGJ-Sonderformen den „Jugendlichen ohne hinreichenden schulischen Abschluß und/oder ohne Ausbildungsvertrag

— eine breite berufliche Grundbildung vermitteln,
— zum Erwerb zusätzlicher Qualifikationen motivieren,
— zur Entscheidung für einen Beruf innerhalb eines Berufsfeldes

— unter Beachtung der besonderen Gestaltungsmöglichkeiten für diese Jugendlichen (§ 48 BBiG) — vorbereiten." Bund-Länder-Kommission für Bildungsplanung (Hrsg.): Stufenplan zu . . ., a. a. O., S. 30.

[24] Ohne weiterführende schulische Berufsbildungsmöglichkeiten. Vgl. hierzu B. Biermann-Berlin u. a.: ‚Behinderte' . . ., a. a. O., S. 55.

[25] In der Berufsschulstatistik wird diese Gruppe als Schüler ohne Ausbildungsvertrag geführt. Ihre Anzahl betrug im November 1978 in Niedersachsen 17 135 Schüler, davon 6191 im 1. Berufsschuljahr. Mädchen waren in der Gesamtzahl von 56 v. H. beteiligt. Der Anteil der Jugendlichen ohne Ausbildungsvertrag an den Auszubildenden, Praktikanten, Pflegevorschülern und ihnen insgesamt betrug ca. 8,5 v. H. Hieran wird deutlich, daß es sich auch um ein quantitativ bedeutsames Problem handelt.

Quelle: Niedersächsisches Landesverwaltungsamt — Statistik — (Hrsg.): Statistische Berichte, Berufsbildende Schulen am 15. November 1978, Hannover 1979, S. 12 f. und eigene Berechnung.

der Zuständigkeit für diese Gruppe wirkte das BVJ darauf hin, den Kreis der Jugendlichen, die ohne jede (formale) berufliche Erstqualifikation mit dem Erwerbsleben konfrontiert werden, zu minimieren bzw. aufzufangen. Hierin liegt eine der wohl bedeutendsten bildungspolitischen Aufgabenstellungen der Gegenwart[26].

Voraussetzung des Gelingens ist dabei, den Reproduktionskreis der Jungarbeiter[27], der dazu führt, daß die Grundmuster beruflicher Werdegänge oder besser Benachteiligungen in den unteren Sozialschichten von Generation zu Generation schablonenhaft weitergetragen werden, aufzubrechen[28]. Dies läßt sich erreichen, wenn den betreffenden Jugendlichen zu ihren beruflichen Qualifikationen, sofern davon gesprochen werden kann, eine reale Verwertungschance geboten wird. Dafür ist wiederum eine an den Beschäftigungsmöglichkeiten orientierte Ausbildung erforderlich. Die Nutzung von Qualifikationen in dauerhaften Erwerbsverhältnissen, verbunden mit beruflicher Weiterbildung, scheint der einzige auf lange Sicht erfolgversprechende Weg zur nachhaltigen Beseitigung der sozialen und materiellen Bildungshemmnisse.

---

[26] Vgl. auch Dieter Mertens, Jürgen Kühl: Dimensionen, Aktionsfelder und Instrumente der Arbeitsmarktpolitik, in: Heinz Lampert (Hrsg.): Arbeitsmarktpolitik, Stuttgart u. New York 1979, S. 140. Immerhin waren 1970 in der Bundesrepublik noch gut 27 v.H. der männlichen Erwerbspersonen ohne formalisierte Berufsausbildung. Vgl. Hans Hofbauer, Hermine Kraft: Betriebliche Berufsausbildung und . . ., a. a. O., S. 45.

[27] Benachteiligte soziale Lagen von Familien stellen häufig den Bedingungsrahmen für relativ geringe formale Abschlüsse im allgemeinbildenden Schulwesen. Handlungsfähigkeit und Motivation für weitere Ausbildung werden kaum entwickelt. Von den Betroffenen selbst nicht zu verantwortende Zurücksetzungen verdichten sich im Wechselspiel mit Umweltreaktionen bzw. -sanktionen so zu oft schwerwiegenden Beeinträchtigungen. Das führt zu Berufen, deren Merkmale in der Regel wiederum wenig soziales Ansehen, geringes Einkommen, kaum Aufstiegsmöglichkeiten, ungünstige Zukunftsaussichten, ein hohes Beschäftigungsrisiko u. ä. sind. Die Folge ist der Verbleib der Kinder im sozialen Herkunftsfeld.

Vgl. hierzu auch Günter Wiemann: Ansätze zur Lösung . . ., a.a.O., S. 20 ff. und Bundesregierung: Markierungspunkte für die berufliche Bildung, a. a. O., S. 26 f.

[28] Eine Untersuchung zum Verbleib der Entlaßschüler des Sekundarbereichs I sowie von berufsbildenden Vollzeitschulen und der berufsvorbereitenden Maßnahmen der Arbeitsverwaltung des Jahres 1977 im Landkreis Aurich ergab z. B., daß ca. 84 v. H. der Jugendlichen, die in keine Ausbildung eintraten, aus Familien kamen, in denen der Vater Arbeiter oder arbeitslos war. In 43 v. H. der Problemfälle hatten die Jugendlichen keinen Hauptschulabschluß und stammten aus Arbeiterfamilien mit 5 und mehr Kindern! Vgl. Niedersächsischer Kultusminister (Hrsg.): Lothar Hübl, Karl Frey, Hartmut Heller, Wolfgang Meyer, Walter Schepers: Ausbildungsverhalten Jugendlicher: Gründe für die Nichtaufnahme einer Berufsausbildung, Hannover 1978, S. 24 ff. und Karen Schober-Gottwald: Der Weg in die Arbeitslosigkeit, in: Thomas Kutsch und Günter Wiswede (Hrsg.): Arbeitslosigkeit I, Sozialstrukturelle Probleme, Hain 1978, S. 173.

Bei der Abstimmung zwischen dem Ausbildungs- und dem Beschäftigungsbereich wird es vor allem interessieren, wie hoch der jahrgangsweise Anteil der Entlaßschüler ist, der nach der vollständigen Einrichtung des BGJ von der Schulform des BVJ Gebrauch machen wird, bzw. inwieweit es die bisherigen Ausbildungsverzichter bei ohnehin verpflichtender einjähriger schulischer Berufsausbildung vorziehen, in ein BGJ einzutreten. Dabei stellt sich die Frage nach den Kriterien, die für eine Beratung in das BVJ oder in ein BGJ zugrundegelegt werden sollen[29].

Hinsichtlich der Attraktivität des BVJ ist der fehlende Anreiz formaler Abschlüsse — abgesehen von der Schulpflichterfüllung —[30] zu bedenken. Das BGJ dürfte gegenüber dem BVJ auch für denjenigen, der keine Fachstufenausbildung plant, inhaltlich interessanter sein, so daß der Kreis der BVJ-Schüler mit der Einführung des Pflicht-BGJ immer geringer werden wird, gemessen an der Gruppe der bisherigen Jugendlichen ohne Ausbildungsvertrag einschließlich der Teilnehmer an Förderungsmaßnahmen der Bundesanstalt für Arbeit. Diese Gruppe verkörperte angenähert den Nachfrageüberhang gegenüber dem Ausbildungsplatzangebot der Wirtschaft, und eben dies wird nach der vollständigen Installation des BGJ im ersten Ausbildungsjahr nicht mehr möglich sein.

3. Berufsfeldabstimmung — ein zentrales Problem des BGJ

a) Die zwei Ebenen des Abstimmungsproblems

Bevor die Berufsfeldabstimmung insbesondere als Problem des schulischen BGJ betrachtet wird, sollen die Argumente, die für eine verbesserte Abstimmung zwischen dem Bildungs- und dem Beschäftigungsbereich spre-

[29] Formale Voraussetzungen für den Eintritt in ein BGJ, in ein BVJ oder in eine einjährige Berufsfachschule bestehen in Niedersachsen nicht. „Da der Besuch — des Berufsgrundbildungsjahres, — des Berufsvorbereitungsjahres oder — der einjährigen Berufsfachschule keinen bestimmten Abschluß voraussetzt, treffen die Jugendlichen bzw. ihre Erziehungsberechtigten die Entscheidung, welche der genannten Schulen ... besucht werden soll, grundsätzlich selbst." Erlaß des Niedersächsischen Kultusministers vom 27. 2. 1980, -402-31035/10-4/80: Einführung einjähriger vollzeitschulischer Bildungsgänge für Jugendliche ohne Ausbildungsvertrag ab 1. 8. 1980.

Für die Beratung der Jugendlichen ist jedoch vorgesehen, daß Sonderschüler ohne Abschluß und Hauptschüler, die aus der 8. oder einer darunterliegenden Klasse entlassen werden, in ein BVJ eintreten sollen. Vgl. ebd.

[30] Mit dem Besuch eines BVJ oder BGJ gilt in Niedersachsen die nach der Entlassung aus einer allgemeinbildenden Schule bis zum Pflichtmaß von 12 Schuljahren verbliebene Schulpflicht als abgegolten. Vgl. Derselbe: Erfüllung der Schulpflicht durch den Besuch berufsbildender Schulen, Erlaß vom 2. 5. 1975, -401-241/75.

chen, noch einmal zusammenfassend angeführt werden. Es sind dies vor allem die Verringerung der Qualifikationsentwertung durch den Abbau der ,Fehlqualifikation' von Jugendlichen in der Berufsausbildung oder auch die effektivere Mittelverwendung im immer aufwendigeren Bildungsbereich. Die Problematik der Jugendarbeitslosigkeit und nicht zuletzt die Bedeutung einer strukturell abgestimmten Berufsausbildung für die Funktion der Wirtschaft und für die Berufschancen des einzelnen sind weitere Gründe, die in diesem Zusammenhang zu nennen wären.

Für einen solchen Versuch bietet sich das BGJ an. Die Verlagerung der Grundausbildung und damit der beruflichen Erstkanalisierung von den Betrieben in die Schulen schafft günstige organisatorische Voraussetzungen für eine Abstimmung. Neben den institutionellen Gegebenheiten sind das vor allem die fachliche Gliederung des BGJ nach Berufsfeldern und die noch während des gesamten ersten Ausbildungsjahres bestehende Flexibilität in der beruflichen Einzelentscheidung.

Mit der Chance, auf die Berufsfeldstrukturen der BGJ-Schüler im Sinne der Abstimmung mit den regionalen Beschäftigungsmöglichkeiten bzw. zur Verbesserung der individuellen Beschäftigungsaussichten der Schüler einzuwirken, geht aber die Gefahr einher, daß sich strukturelle Disparitäten zwischen dem schulischen BGJ und der betrieblichen Fachstufe der Ausbildung ergeben können. Konkret hieße das, daß nicht für alle Schüler eines bestimmten Berufsfeldes ein entsprechender Ausbildungsplatz in einem Betrieb zur Verfügung steht und daß andererseits in anderen Berufen oder Berufsfeldern vorhandene Fachstufenplätze unbesetzt bleiben. Hintergrund dieser für alle Beteiligten, d. h. Schüler, Schulen und Betriebe nachteiligen Situationen ist die mit dem BGJ nunmehr doppelte Dualisierung der Berufsausbildung und die veränderte Verteilung der Kompetenzen im Berufsbildungssystem. Entschied sich der Ausbildungssuchende bisher für einen bestimmten Ausbildungsplatz, d. h. auch für einen bestimmten Beruf, so war er per Vertrag für die gesamte Dauer der Ausbildung versorgt. Abb. 6 verdeutlicht schematisch die Zusammenführung von Ausbildungsnachfrage und -angebot im herkömmlichen Dualen System ohne BGJ. Die Frage einer berufsstrukturellen Abstimmung im obigen Sinne zwischen Berufsschulen und den Betrieben stellte sich nicht. Den Betrieben kam mit ihrem freiwilligen Ausbildungsplatzangebot die bestimmende Rolle zu, während sich die Schulen dem durch die Berufsentscheidungen der Jugendlichen realisierten Ausbildungsangebot der Betriebe fachlich anpaßten.

Anders sieht es nach der flächendeckenden Einführung des BGJ aus, da die Schüler dann nicht mehr unmittelbar in das betriebliche Ausbildungsplatzangebot eintreten, sondern die Ausbildung in einem Berufsfeld an einer berufsbildenden Schule aufnehmen. Mit der Entscheidung für ein Berufsfeld

Abb. 6: Grobschema der strukturellen Abstimmung von Ausbildungsplatzangebot und -nachfrage im Dualen System ohne BGJ

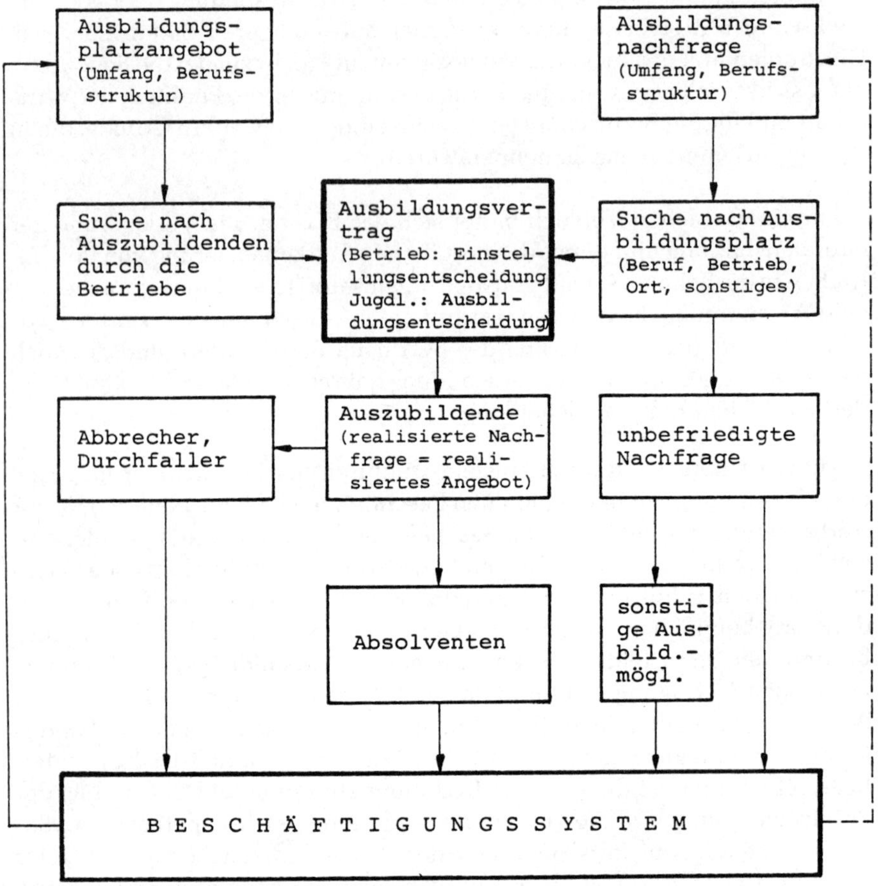

und ggfs. dann noch einmal innerhalb einzelner Berufsfelder für einen bestimmten Schwerpunkt sind die Schüler für den zweiten Teil der Ausbildung fachlich vorgeprägt. Wenn sie die Anrechnung des BGJ als erstes Jahr der Ausbildung nicht verlieren wollen[1], sind sie gezwungen, die Fachstufe in

[1] Die Anrechnungsverordnung vom 17. Juli 1978 sieht vor, daß ein bestandenes BGJ nur in den zugeordneten Berufen des jeweiligen Berufsfeldes voll auf die Gesamtausbildungszeit anzurechnen ist. Ausnahmen bilden die Berufe Verkäufer(in) und die sonstigen zweijährigen Ausbildungsberufe sowie Kraftfahrzeugmechaniker, Kraftfahrzeugelektriker und Radio- und Fernsehtechniker. Bei diesen Berufen muß eine Anrechnung des BGJ nur zu einem halben Jahr erfolgen, was allgemein auch bei

einem der Berufe zu absolvieren, die dem betreffenden Berufsfeld zugeordnet sind[2]. Da nun kein selbstätig wirksam werdender Abstimmungsmechanismus zwischen der Struktur des BGJ und der Fachstufe vorhanden ist, kann ein reibungsloser Übergang der BGJ-Absolventen in das betriebliche Lehrstellenangebot nicht von vornherein erwartet werden. Vielmehr sind an dieser Nahtstelle des Ausbildungssystems ohne eine präventive Abstimmung Disparitäten mit der Folge wahrscheinlich, daß ein Teil der BGJ-Schüler die begonnene Berufsausbildung zumindest nicht ohne Verzögerungen fortsetzen kann. Wenn sie nicht auf einen berufsfeldzugehörigen Fachstufenplatz warten wollen, so bleibt ihnen innerhalb des Dualen Systems in dem Fall nur die Möglichkeit, auf ein anderes Berufsfeld auszuweichen, was mit dem zeitlichen Verlust des zuerst durchlaufenen BGJ gleichbedeutend ist.

Damit stellt sich das Abstimmungsproblem auf zwei Ebenen. Zum einen ist es A) die berufliche Orientierung der Ausbildungsanfänger an den absehbaren Beschäftigungsmöglichkeiten für die Absolventen in der Region und zum anderen ist es B) der Ausgleich des Ausbildungsvolumens der Berufsfelder zwischen dem BGJ und der Fachstufe innerhalb des Ausbildungsverlaufs. Obwohl diese beiden Teilprobleme in ihrer Darstellung und den Lösungsmöglichkeiten sowie Erfolgsaussichten verschieden sind, sollen sie im weiteren aus verfahrenstechnischen Gründen unter dem Begriff Abstimmungsproblem als Ganzes gesehen werden[3]. Der davon erfaßte Bereich ist die Ausbildung im BGJ und die Fachstufenausbildung in den anerkannten Ausbildungsberufen. Die alternativen (schulischen) Berufsbildungsmöglichkeiten z. B. in Berufsfach- und Fachschulen sind zu berücksichtigen.

Das Justierungsproblem kann, wie bereits angedeutet, dabei nicht als alleinige Aufgabenstellung des Bildungssystems bzw. der Bildungspolitik gesehen werden. Vielmehr handelt es sich infolge des ausgedehnten Wirkungskreises von Berufsbildungsmaßnahmen, insbesondere der zwischen dem Bildungs- und dem Beschäftigungssystem bestehenden Verflechtungen, ebenso um ein Problem der Wirtschafts- und Sozialpolitik. Vor allem aber ist es ein Problem der betroffenen Jugendlichen selbst und der Betriebe, auf denen nach wie vor das Schwergewicht beruflicher Ausbildung ruht und die die späteren Arbeitsplätze bereithalten.

---

schwerpunktfremder Fachstufenausbildung innerhalb desselben Berufsfeldes gilt. Vgl. Verordnung über die Anrechnung auf die Ausbildungszeit . . ., a. a. O., § 2.

2 Siehe Anhang

3 Dort, wo eine Unterscheidung innerhalb der Abstimmung nach den Bestimmungsgrößen Beschäftigungsmöglichkeiten (A) und Ausbildungsplatzangebot (B) erforderlich ist, wird dies gesondert angemerkt.

Zum Verhältnis von Bildungs- und Beschäftigungssystem

Das Bildungswesen und vornehmlich der Berufsbildungsbereich steht mit dem Beschäftigungssystem in einem engen Verhältnis gegenseitiger Abhängigkeiten. In globaler Sicht werden im Bildungsbereich die von der Wirtschaft zur Durchführung der geplanten Produktion benötigten Arbeitsqualifikationen geschaffen, während u. a. das wirtschaftliche Geschehen nicht nur sinnerfüllend für die Tätigkeit des beruflichen Bildungswesens ist, sondern auch die materielle Basis für Ausbildung stellt. Auf individueller Ebene ist das Beschäftigungssystem schließlich der Ort, an dem die Verwertung der im Bildungssystem erworbenen Qualifikationen geschieht.

Gegenseitige Abhängigkeiten zwischen Bildungs- und Beschäftigungssystem bestehen jedoch nicht nur in dieser generellen Form, sondern sehr konkret bei Strukturen, Tätigkeits- und Lehrinhalten und Funktionen[4].

In Struktur und Umfang ist das regionale Ausbildungsstellenangebot vor allem dadurch bestimmt, wieviel Betriebe von welcher Art in der Region vorhanden sind. Insofern ist das Ausbildungsplatzangebot ein Ergebnis unternehmerischer Standortentscheidungen. Andererseits werden Ansiedlungsentscheidungen auch wieder von dem verfügbaren Bestand an (qualifizierten) Arbeitskräften beeinflußt[5].

Eine relativ unscharfe funktionale Verbindung zwischen Bildungs- und Beschäftigungsbereich, der in der Praxis erhebliche Bedeutung beizumessen

---

[4] Die Verbindung von Ausbildungsinhalten der Berufsausbildung mit den Tätigkeitsinhalten der Beschäftigung ergibt sich unmittelbar aus der Zweckbestimmtheit von Berufsausbildung. Im praktischen Teil der Ausbildung sind Lehr- und Berufsausübungsinhalte sogar zu einem großen Teil identisch. Diese Unschärfe der Systemgrenzen zwischen dem Ausbildungs- und dem Beschäftigungsbereich ist auch Zeichen funktionaler Verzahnung. Auszubildende nehmen Funktionen im Beschäftigungssektor wahr und von Berufsausübenden werden Funktionen im Ausbildungsbereich übernommen. Auf globaler Ebene bestehen funktionale Abhängigkeiten in der Form, daß die genannten Bereiche gegenseitig existentiell notwendige Voraussetzungen produzieren.

[5] Dieser Zusammenhang stellt sich bei dem Versuch, im Rahmen der Abstimmung des Ausbildungssystems mit dem Beschäftigungsbereich gleichzeitig den regionalen Ausgleich der Berufsbildungschancen zu berücksichtigen, als prinzipielles Dilemma dar. Einerseits wird ein Facharbeiterstamm nur dann aufgebaut, wenn in der Region entsprechende betriebliche Ausbildungsmöglichkeiten vorhanden sind, andererseits ist das Angebot an betrieblichen Ausbildungsplätzen wiederum davon abhängig, daß bereits ein Facharbeiterstamm vorhanden ist. Da auch das Berufsschulwesen kein alternatives eigenständiges Ausbildungsangebot bereithält, mit dem unabhängig von der regionalen Betriebsstruktur eine Facharbeiterschaft aufgebaut werden könnte, kann in wirtschaftlich und damit gleichzeitig berufsbildungsmäßig benachteiligten Räumen, der Reproduktionskreis regionaler Benachteiligung nur schwerlich durchbrochen werden. Dieses Problem wird auch durch die Einführung des BGJ nicht vollständig gelöst.

ist, ergibt sich daraus, daß die privaten Haushalte in ihren gemeinsamen Eigenschaften als Nachfrager nach Bildungsleistungen und als Anbieter von Arbeitsqualifikationen bei ihren Bildungs- und Berufsentscheidungen sowohl vom Bildungsmarkt als auch vom Arbeitsmarkt Informationen erhalten und verarbeiten. Die vorhandene Beschäftigungsstruktur und die Palette zugänglicher Ausübungsberufe sowie die gegebenen Bildungsmöglichkeiten beruflicher und sonstiger Art bilden dabei den potentiellen Entscheidungsspielraum. Die getroffenen Entscheidungen bleiben dann wieder nicht ohne Rückwirkung auf die Beschäftigungsstruktur, da diese sich aus den nachwachsenden Jahrgängen reproduziert.

Abb. 7: Schematische Zusammenhänge zwischen Bildungs- und Beschäftigungssystem [6]

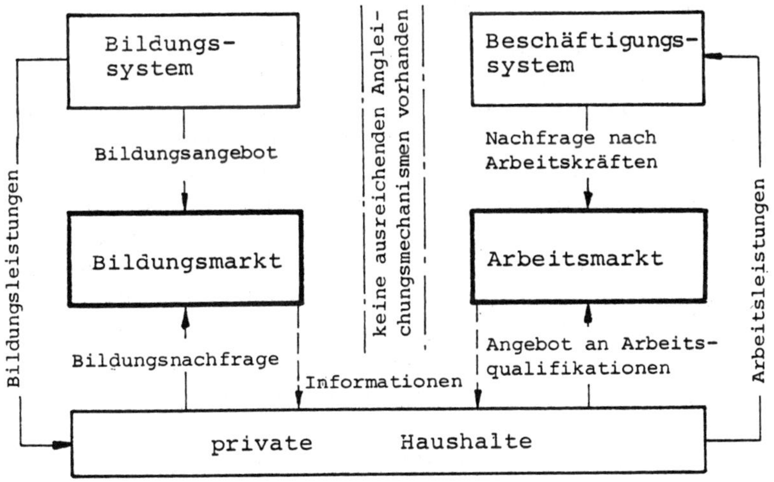

Darüberhinaus bestehen institutionelle Verknüpfungen. Sowohl der Staat als auch die Betriebe sind nicht nur die Anbieter und Träger von Bildungsleistungen, sondern gleichzeitig auch die Nachfrager der von ihnen vermittelten Qualifikationen[7].

---

[6] Vgl. auch Wolfgang Eckhardt: Bildungsökonomie, Bad Homburg v. d. H., Berlin u. Zürich 1978, S. 106.

[7] Modellmäßig kann das Bildungswesen als ein Filter begriffen werden, der Arbeitskräfte nach qualitativen Kriterien separiert. Die Ausbildungskosten und sonstigen Hürden und Lasten der Ausbildung stellen dabei den eigentlichen Filter dar. Die

Obwohl also die Teilsysteme Bildungs- und Beschäftigungsbereich aufeinander angewiesen und vielfältig verknüpft sind, fehlt ein wirksamer Mechanismus zur gegenseitigen Abstimmung. Angesichts der hohen individuellen und gesamtwirtschaftlichen Bedeutung des Nutzungsgrades der vorhandenen Arbeitsqualifikationen und der Effizienz des Bildungswesens, ist die Abstimmung daher eine wichtige Aufgabe der Bildungs- und Arbeitsmarktpolitik.

b) Abstimmung als Aufgabe der Bildungs- und Arbeitsmarktpolitik

Die dargestellten wechselseitigen Beziehungen und Verknüpfungen des Bildungs- und Beschäftigungssystems bedingen einen engen Zusammenhang von Akteuren, Instrumenten und Wirkungen von Maßnahmen der Bildungs-und Arbeitsmarktpolitik.

Wichtigste Handlungsinstanzen auf dem Bildungsmarkt sind der Staat, die Betriebe und Organisationen der Wirtschaft sowie die privaten Haushalte. Die Rolle des Staates leitet sich zum einen aus der Notwendigkeit ab, fehlende Selbststeuerungskräfte durch staatliche Eingriffe zu ersetzen und zum anderen aus politischen Stabilitäts- und Reproduktionsinteressen. Das Instrumentarium staatlicher Bildungspolitik erlaubt sowohl die Beeinflussung der Nachfrage- wie auch der Angebotsseite des Bildungsmarktes. Auf der Nachfrageseite — hier des Teilmarktes für Ausbildung in anerkannten Ausbildungsberufen — geschieht die Einflußnahme vor allem durch die Regelung der Schulpflicht, die Lenkung der Schülerströme in den vorgelagerten allgemeinbildenden Schulen und durch die Veränderung der relativen Attraktivität dieses Ausbildungsganges. Zu letzterem eignen sich insbesondere Werbung und Information und die Ausgestaltung alternativer Bildungs- und Beschäftigungsangebote einschließlich deren zukünftiger Ertragsaussichten. Auf der Angebotsseite geschieht die Einwirkung zum einen unmittelbar durch das Angebot an Ausbildungsplätzen in Einrichtungen der Öffentlichen Hand wie z. B. in Verwaltung, Bundesbahn, Bundespost und

---

Ergebnisse der Filterfunktion werden in den Bildungsnachweisen festgehalten. Sie sind Signale für den Anbieter von Arbeitsplätzen, der nun wieder anhand dieser Informationen sein Risiko beim Einsatz der Ausgebildeten zu minimieren sucht. Dazu wird er bestimmte Erwartungen hinsichtlich einzelner berufsrelevanter Eigenschaften mit bestimmten Bildungsabschlüssen verknüpfen und dies zur Grundlage seines aufgabenspezifischen Arbeitskräfteeinsatzes machen. Die von den Bildungsprozessen ausgehenden Signale sind in diesem Aufsatz also eine Steuergröße für die Allokation der Arbeitskräfte. Vgl. hierzu Hans-Joachim Möbes: Die Filterfunktion des Bildungswesens, in: Michael Bolle (Hrsg.): Arbeitsmarkttheorie und Arbeitsmarktpolitik, Opladen 1976, S. 150 ff.

Bundeswehr. Zum anderen wird auf das private betriebliche Ausbildungsplatzangebot vornehmlich durch finanzielle Anreize[8], durch Appelle und durch öffentlich normative Regelungen Einfluß genommen. Beispiele zu letzterem sind die Schulgesetze der Länder, das Berufsbildungsgesetz und das Ausbildungsplatzförderungsgesetz. Die Wirkung solcher Instrumente beruht vorwiegend auf der Schaffung struktureller Ordnungen[9], der Formulierung qualitativer Standards an Personal und Einrichtungen von Ausbildungsstätten[10] und der rahmenmäßigen Festlegung von Inhalten und Modalitäten der Ausbildung und der Prüfungen[11].

Das allgemeine Ziel der Berufsbildungspolitik kann in der Schaffung bzw. Verbesserung der persönlichen Voraussetzungen der Jugendlichen für eine möglichst langfristig erfolgreiche Teilnahme am Arbeitsleben gesehen werden[12]. Zur Verwirklichung dieser Zielsetzung sind qualitative und quantitative Ziele zu definieren und miteinander in Einklang zu bringen[13].

Der Grad der Zielerreichung hängt u. a. davon ab, in welchem Ausmaß die in den Arbeitskräften angelegten Qualifikationen einer Verwertung zugeführt werden. Da die praktischen Verwertungsmöglichkeiten beruflicher Qualifikationen primär nicht vom Bildungssystem, sondern durch das regionale Arbeitsplatzangebot der Wirtschaft bestimmt werden, kann Bildungspolitik den Arbeitsmarkt nicht außer acht lassen. Infolge der gegenseitigen Abhängigkeiten sind auch wesentliche Zielsetzungen der Bildungs- und der Arbeitsmarktpolitik inhaltlich weitgehend deckungsgleich. Was z. B. für die Arbeitsmarktpolitik ,Vermeidung von Arbeitskräftemangelsitua-

[8] Dies sowohl durch Subventions- wie auch durch Abgabenpolitik. Vgl. hierzu bspw. das Ausbildungsplatzförderungsgesetz, das in den §§ 2 und 3 die Möglichkeit finanzieller Hilfen oder aber auch die Erhebung einer Ausbildungsabgabe für den Fall vorsieht, daß das Gesamtangebot an Ausbildungsplätzen die Gesamtnachfrage um weniger als 12,5 v. H. übersteigt. (Durch Bundesgerichtsentscheid überholt).

[9] So z. B. die Definition der Schulformen und der Gliederung des Schulwesens im Niedersächsischen Schulgesetz. Vgl. ebd., §§ 4 bis 13. Oder auch die allgemeinen Vorschriften des Berufsbildungsgesetzes. Vgl. Berufsbildungsgesetz, § 1.

[10] Vgl. z. B. die 22. Verordnung über die berufs- und arbeitspädagogische Eignung für die Berufsausbildung in der gewerblichen Wirtschaft (Ausbildereignungsverordnung) der Bundesregierung vom 20. April 1972 (BGBl. I, S. 707), geändert durch Verordnung vom 25. Juli 1974 (BGBl. I, S. 1571). Weiterhin Berufsbildungsgesetz, § 20 ff.

[11] Vgl. ebd., § 34 ff. und die diversen Rahmenrichtlinien zum berufsbildenden Schulwesen.

[12] In der Praxis reduziert sich dieses Ziel auf das auch im sozialpolitischen Bereich legitimierte Bestreben, soweit möglich, allen Jugendlichen einen berufsqualifizierenden Abschluß zu vermitteln. Vgl. Der Bundesminister für Bildung und Wissenschaft (Hrsg.): Berufsbildungsbericht 1978, a. a. O., S. 7.

[13] Vgl. Vgl. Niedersächsischer Kultusminister: Berufliche Bildung in Niedersachsen, a. a. O., S. 6.

tionen' bedeutet, heißt in der Terminologie der Bildungspolitik sinngemäß ‚Bereitstellung eines ausreichenden Arbeitskräftepotentials für die Wirtschaft'; die arbeitsmarktpolitisch geforderte Eingliederung von Randgruppen und Behinderten beinhaltet die bildungspolitischen Bemühungen zur Behebung der Jungarbeiterproblematik; ‚Vermeidung unterwertiger Beschäftigung' ist auch in dem bildungspolitischen Ziel der ‚Beschäftigungsorientierung der Ausbildung' enthalten und die Zielsetzung ‚Verbesserung der beruflichen Mobilität' findet sich sinn- und wortgleich in beiden Politikbereichen[14].

Darüber hinaus sind die Akteure des Ausbildungsmarktes mit gleichen Motiven auch die des Arbeitsmarktes. Generalisierend bestimmen das Stabilitätsinteresse des Staates, die Produktionsabsichten der Betriebe und die Erwerbssicherung der privaten Haushalte ihr Handeln sowohl auf dem Bildungs- als auch auf dem Arbeitsmarkt.

Aufgrund der Interdependenzen können ausbildungspolitische Maßnahmen zu den indirekt wirkenden Instrumenten der Arbeitsmarktpolitik gerechnet werden[15], denn die Verklammerung der Märkte durch das gemeinsame Marktobjekt ‚Arbeitsqualifikationen' bewirkt, daß Maßnahmen im bildungspolitischen Sektor auf den Arbeitsmarkt ausstrahlen und umgekehrt. Das gilt auch für die Lösung der Abstimmungsproblematik des Berufsbildungswesens mit dem Beschäftigungssystem. Infolge des engen Wirkungszusammenhanges von Bildungs- und Arbeitsmarktpolitik sind dabei deswegen neben den bildungspolitischen Zielsetzungen auch die regionalen Zielsetzungen und übergeordneten Leitlinien der Arbeitsmarktpolitik zu beachten. Das Arbeitsförderungsgesetz hat eine solche vorausplanende Ar-

[14] Das Arbeitsförderungsgesetz vom 25. 6. 1969 nennt als wesentliche Ziele der Arbeitsmarktpolitik die Vermeidung von Arbeitslosigkeit (auch in versteckter Form) und von Arbeitskräftemangelsituationen, die Verbesserung der beruflichen Mobilität, die Verhinderung von Nachteilen aufgrund technischer und wirtschaftsstruktureller Entwicklung, die Eingliederung Behinderter und die Verbesserung der Beschäftigung von Frauen und älteren Arbeitnehmern sowie der allgemeinen Beschäftigungsstruktur. Vgl. Arbeitsförderungsgesetz vom 25. 6. 1969, BGBl. I. S. 582, § 2.

Zu den bildungspolitischen Zielsetzungen vgl. z. B. Niedersächsische Landesregierung (Hrsg.): Landesentwicklungsprogramm Niedersachsen 1985, — Stand Sommer 1973 —, Hannover 1973, S. 241 ff. und die Fortschreibungen des Entwicklungsprogramms. Weiterhin Bundesregierung: Bildungspolitik, Antwort der Bundesregierung auf die Große Anfrage der Fraktionen von SPD und FDP im Deutschen Bundestag zur Bildungspolitik, Reihe: Berichte und Dokumentationen, Bundestagsdrucksache 8/1703 vom 13. 4. 1978 und Deutscher Bildungsrat (Hrsg.): Empfehlungen der Bildungskommission: Strukturplan für das Bildungswesen, a. a.O., S. 29 ff.

[15] Vgl. Dieter Mertens und Jürgen Kühl: Dimensionen ..., a. a. O., S. 133 und Heinz Lampert: Arbeitslosigkeit, in: ders. (Hrsg.): Arbeitsmarktpolitik, Stuttgart, New York 1979, S. 44.

beitsmarktpolitik umrissen, zu deren wichtigsten Instrumenten aus den obengenannten Gründen die Berufsberatung und die Förderung der beruflichen Bildung zählen[16].

Das Grundproblem der Abstimmung im BGJ liegt, wie allgemein das der Bildungsplanung in demokratisch und marktwirtschaftlich orientierten Systemen[17], verkürzt betrachtet in der Verarbeitung möglicher Konfliktkonstellationen zwischen den Individualrechten und -interessen auf der einen Seite und von volks- und betriebswirtschaftlichen Interessen auf der anderen Seite. Die letztlich unvermeidliche Koordination der realen Ergebnisse der freien Bildungs- und Berufswahl einerseits und der beschäftigungsbestimmenden freien Investitionsentscheidungen andererseits findet nämlich auf dem Arbeitsmarkt erst dann statt, wenn auf beiden Seiten bereits vollendete Tatsachen geschaffen sind. Auch das Instrumentarium der Bildungs- und Arbeitsmarktpolitik konnte das Abstimmungsproblem bisher nur unbefriedigend lösen.

Zu den Interessen der Betroffenen

Die Interessensphäre, innerhalb der die BGJ-Berufsfeldabstimmung eingelagert ist, weist nach den im wesentlichen beteiligten Gruppen drei Hauptfelder auf. Abb. 8 zeigt an herausgehobener Stelle die individuellen Ausbildungs- und Berufsinteressen der Jugendlichen. Direkt in ihren Zielen, Planungen und Absichten betroffen sind aber auch die Schulen bzw. der Staat und nicht zuletzt die Betriebe der Wirtschaft.

Als Hauptinteresse der Jugendlichen soll hier die Begründung und Sicherung einer realen Erwerbs- und Sozialchance bei freier Berufswahl angesehen werden. Die Verwirklichung dieses Interesses setzt vor allem den freien Zugang zu allen Berufsfeldern des BGJ, den gesicherten Übergang in die Fachstufe und das Vorhandensein erreichbarer Beschäftigungsmöglichkeiten voraus.

Die wesentlichen Interessen der Wirtschaft bzw. der Betriebe können im vorliegenden Zusammenhang in der Verfügbarkeit der für die Durchführung ihrer Produktionspläne erforderlichen Arbeitsqualifikationen bei Dämpfung der Ausbildungskosten auf ein Mindestniveau gesehen werden. Daraus würde eine Bedarfsorientierung der Berufsausbildung unter Berücksichtigung von Rentabilitätsaspekten herzuleiten sein, während die vorgenannten

---

[16] Vgl. Arbeitsförderungsgesetz, insbesondere § 33 ff.

[17] U. Fischer: Bildungssystemplanung als Arbeitsmarktpolitik, in: Michael Bolle (Hrsg.): Arbeitsmarkttheorie und Arbeitsmarktpolitik, Opladen 1976, S. 117 ff.

Interessen der Auszubildenden ein nachfrageorientiertes Ausbildungsmodell bedingen.

Abb. 8: Hauptinteressengruppen für Berufsfeldabstimmung

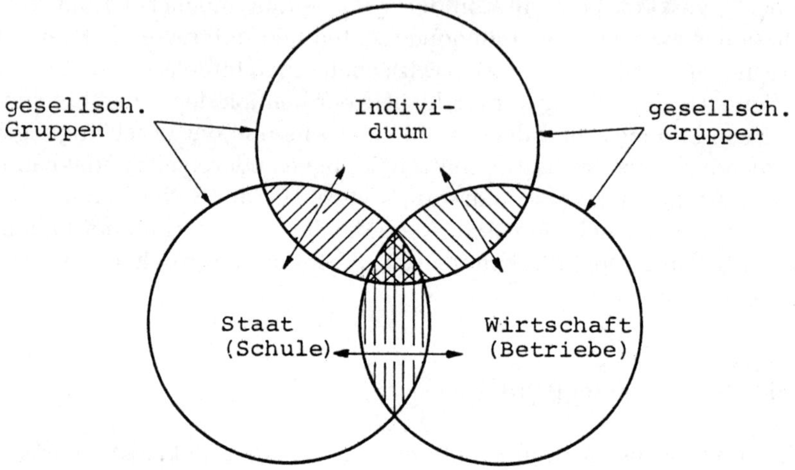

Die Position des Staates bestimmt sich in diesem sehr grobmaschig aufgezeigten Raster von Interessen vor allem vor zwei Hintergründen. Auf der einen Seite hat der Staat durch selbstgesetzte Bestimmungen klar umrissene Aufgaben in der Bildung wahrzunehmen. Planung und Durchführung der gesetzlichen Aufgaben erfordern bei begrenzten Haushaltsmitteln ein konkretes Interesse an der gegebenen und zukünftigen Gestaltung des Bildungsbereichs. Auf der anderen Seite nimmt der Staat aus seinem Bestreben nach stabilen politischen Verhältnissen heraus eine ausgleichende und überwachende Funktion zwischen rivalisierenden Gesellschaftsgruppen wahr. Dies bringt dem Staat eine z. T. indifferente Stellung zwischen der rechtlich verbrieften freien Ausbildungsnachfrage der Jugendlichen und dem von der Zuständigkeit her überwiegend in Privathand liegenden Ausbildungs- und Beschäftigungsangebot der Wirtschaft ein. Ebenso wie von den Vereinigungen der Wirtschaft, ist von den Gewerkschaften ein fundiertes Interesse an der Mitgestaltung der Berufsbildungsstrukturen zu erwarten, das inhaltlich in besonderem Maße den jeweiligen Individualinteressen der organisierten Mitglieder verpflichtet sein wird.

Als Problem erweist sich die Abstimmung innerhalb der umrissenen Interessensphäre deshalb, weil die leitenden Interessen der Betroffenen und

Beteiligten z. T. kontrovers sind. Zwar sind auf großem Nenner Grundgemeinsamkeiten bei allen Betroffenen vorhanden, dennoch verbleiben zwischen den bildungs- und sozialpolitischen Verpflichtungen und sonstigen Absichten des Staates, den berufsspezifischen Ausbildungs- und Erwerbsinteressen der Jugendlichen und den bedarfs- und rentabilitätsorientierten Motiven der Wirtschaft erhebliche Divergenzen, auf die ein mögliches Abstimmungsverfahren Rücksicht nehmen muß.

Ziele und Aufgaben einer Ausbildungsabstimmung im BGJ

Die im vorangegangenen Abschnitt angesprochenen Interessen von Ausbildungssuchenden, Staat und Wirtschaft haben bestimmenden Einfluß auf die Zielsetzungen der Abstimmung. Demnach ist Berufsfeldabstimmung vor allem folgendem Ziel- bzw. Aufgabenkatalog verpflichtet:

— Sicherung der unverzögerten Ausbildungsfortsetzung für die BGJ-Absolventen in der Fachstufe innerhalb des betreffenden Berufsfeldes in räumlich erreichbarer Entfernung,
— Wahrung des Rechts auf freie Berufswahl,
— Verminderung der auf strukturelle Ungleichgewichte zwischen dem Bildungs- und dem Beschäftigungssystem zurückzuführenden und unfreiwilligen Berufswechsel, Unterbeschäftigung und Beschäftigungslosigkeit,
— rechtzeitige Bereitstellung von Planungsdaten für Personal, Räume, Ausstattung und Organisation der berufsbildenden Schulen, der an Ausbildung beteiligten Betriebe und der überbetrieblichen Ausbildungsstätten,
— Vermeidung von strukturellen Arbeitskräftemangelsituationen und Bereitstellung von Orientierungsdaten für die Wirtschaft und für die Berufsberatung,
— Verbesserung der Ausbildungsversorgung für Problemgruppen und Problemregionen.

Zusammengefaßt liegt die Aufgabe der Berufsfeldabstimmung in der Verminderung von Friktionen beim Übergang vom BGJ in die Fachstufenausbildung oder in weitere schulische Ausbildungsgänge sowie beim Eintritt in das Erwerbsleben nach Abschluß der beruflichen Erstausbildung. Damit ist das globale Ziel einer Effizienzverbesserung im öffentlichen und privaten Berufsbildungsbereich verknüpft. Dies wird durch die Erhöhung des Auslastungsgrades der Ausbildungskapazitäten in den Schulen[18], Betrieben und

[18] Einschließlich der neben dem BGJ bestehenden schulischen Berufsbildungsmöglichkeiten vor allem in Fach- und Berufsfachschulen.

überbetrieblichen Ausbildungsstätten und durch die gesteigerte Verwertung der vermittelten Arbeitsqualifikationen angestrebt. Die Anpassung der Ausbildungsstrukturen an die Beschäftigungskapazitäten des engeren Wirtschaftsraumes ist dafür eine unmittelbare Voraussetzung.

Durch die berufsstrukturelle Koordination der Ausbildung mit dem Beschäftigungsbereich soll die Nutzungsmöglichkeit erworbener Berufsqualifikationen verbessert, das individuelle Beschäftigungsrisiko tendenziell vermindert und gleichzeitig eine strukturell ‚richtige' Versorgung der Wirtschaft mit Fachkräften erreicht werden. Dies darf jedoch nicht auf Kosten der vollständigen Befriedigung der Ausbildungsnachfrage in quantitativer Hinsicht geschehen. Im Entscheidungsfall wäre unter bildungs- und sozialpolitischen Gesichtspunkten einer unabgestimmten Ausbildung vor keiner Ausbildung nach wie vor der Vorzug zu geben.

Die genannten Aufgaben und Ziele des Abstimmungsverfahrens schließen eine reine Strukturbetrachtung aus. Auf beiden Problemebenen ist es vielmehr erforderlich, daß quantitative Aussagen zur anzustrebenden Besetzung der Berufsfelder, d. h. zum Ausbildungsangebot der Schulen und Betriebe, getroffen werden.

Die Orientierung der Ausbildung an den Beschäftigungsgegebenheiten — hier als Ebene A bezeichnet — könnte auch quotenmäßig durchgeführt werden, da nicht gewährleistet ist, daß die jährlich verfügbare Beschäftigungskapazität in ihrem Umfang den Nachwuchsjahrgängen entspricht. Auf der Ebene B ist die Abstimmung dagegen stets nach absoluten Berufsfeldbesetzungen vorzunehmen, um den Ausbildungsanschluß in der betrieblichen Fachstufe für alle BGJ-Schüler zu ermöglichen. Ebenso erfordern die Planungsbelange der Schulen und Betriebe Schülerzahlen nach Berufsfeldern, so daß das Abstimmungsverfahren in der Schlußaussage zu quantitativen Einschulungsvorschlägen führen muß.

Von dem Instrument Berufsfeldabstimmung kann nicht erwartet werden, daß damit jeder unfreiwillige Berufswechsel verhindert werden könnte. Ebensowenig ist die Einflußnahme auf Berufsfeldbesetzungen ein geeignetes Mittel zur inhaltlichen Verbesserung von Berufsausbildung. Auch zum Ausgleich von Überhängen des Gesamtausbildungsangebots oder der Gesamtausbildungsnachfrage ist es nur sehr bedingt tauglich. Insbesondere jedoch können die bis zum Eintritt in die Berufsausbildung aus den verschiedensten Gründen wirksam gewordenen Bildungsbenachteiligungen einzelner Schüler oder Gruppen an der Nahtstelle zwischen allgemeinbildendem und berufsbildendem Schulwesen nicht mit einem Zuge kompensiert werden. Berufsfeldabstimmung hat auch keinen Einfluß auf die Entscheidungsbefugnis der Ausbildenden und der Auszubildenden über ihre Teilnahme an der

Berufsausbildung in anerkannten Ausbildungsberufen. Sie kann für die letztendlich von den Jugendlichen und den Betrieben selbst zu treffende Entscheidung lediglich Orientierungsdaten liefern.

Die Bedingungsrahmen

Der Bedingungsrahmen für ein derartiges Verfahren wird vorrangig von den dargestellten formalen Zuständigkeiten im Bereich der Berufsausbildung — hier im wesentlichen die Ausbildungsautonomie der Wirtschaft — und die aus den genannten Zielsetzungen hervorgehenden Festlegungen bzw. die in den Zielen enthaltenen normativen Bindungen[19] abgesteckt. Zu letzterem ist insbesondere das Grundrecht der freien Berufswahl anzuführen. Daneben hat Berufsfeldabstimmung eine Reihe von weiteren Bedingungen zu beachten. Es sind dies im besonderen die allgemeinen bildungspolitischen Prinzipien, die Beschäftigungsorientierung der Berufsausbildung[20], sowie die Intentionen des BGJ und seine Formalstruktur. So z. B. die schulische Form des BGJ, das Offenhalten der endgültigen Entscheidung für einen Ausbildungsberuf bis zum Ende des BGJ und der Pflichtschulcharakter in Verbindung mit der zwölfjährigen Schulpflicht[21].

Weiterhin ist das Berufsberatungs- und Vermittlungsmonopol der Arbeitsverwaltung zu berücksichtigen. Auch die bestehende regionale Bildungsinfrastruktur kann nicht ausgeklammert werden. Zur Frage der Regionalisierung bestehen zudem Vorgaben in Form der vorhandenen Schuleinzugsbereiche und Schulträgerschaften sowie in dem Grundsatz, den Jugendlichen oder Heranwachsenden die für ihre Entwicklung wichtigen familiären Bindungen zu erhalten. Unter der Maßgabe des Letztgenannten schließt sich ein überregionaler Ausgleich von Ausbildungsangebot und -nachfrage schon weitgehend aus[22].

Als weitere Vorgaben sind die bestehenden Berufsklassifikationen z. B. der Anrechnungsverordnung oder die offizielle Klassifizierung der Berufe[23]

---

[19] Vgl. Grundgesetz für die Bundesrepublik Deutschland vom 23. Mai 1945, Art. 12. Darüber hinaus ist in den Zielen u. a. das Recht der Schüler auf Bildung und Förderung angesprochen. Vgl. dazu auch Niedersächsisches Schulgesetz in der Fassung vom 21. Juli 1980, Nieders. GVBl. S. 261, § 39.

[20] Gerhard Kühlewind, Manfred Tessaring: Argumente für und gegen eine beschäftigungsorientierte Bildungspolitik, Göttingen 1975, S. 10 f.

[21] Vgl. für Niedersachsen: Niedersächsisches Schulgesetz, a. a. O., §§ 48 und 51.

[22] Gering besetzte Spezialberufe und auch bestimmte Berufsfelder werden hier Ausnahmen erfordern, um ein Austrocknen einzelner Berufssparten zu verhindern.

[23] Vgl. Berufsgrundbildungsjahr-Anrechnungs-Verordnung, a. a. O., Anlage 2 und

sowie die in den amtlichen Statistiken zugänglichen Informationen zu nennen. Diese Aufzählung von Vorgaben ist keineswegs vollständig, enthält aber die wesentlichen Randbedingungen für mögliche Lösungsansätze des Abstimmungsproblems.

Statistisches Bundesamt Wiesbaden (Hrsg.): Systematische Verzeichnisse, Klassifizierung der Berufe, Ausgaben 1970 und 1975, Stuttgart und Mainz 1970 bzw. 1975.

II. Zum Verfahren

1. Kriterien und Instrumente

a) Maßstäbe an das Verfahren und mögliche Kriterien für Berufsfeldabstimmung

Aus den Zielsetzungen, auf deren Erreichung hin ein mögliches Verfahren zu konstruieren ist, und aus den Bedingungen, unter denen das Verfahren arbeiten müßte, lassen sich Maßstäbe zur Bewertung denkbarer Lösungswege und möglicher Abstimmungskriterien ableiten. Ein Abstimmungsverfahren hätte in der Hauptsache folgenden Anforderungen zu genügen:

- Zieladäquanz,
- Systemkonformität,
- Operationalität und Praxisrelevanz,
- Flexibilität und
- statistische Durchführbarkeit.

Das Kriterium der Systemkonformität[1] ist hier im doppelten Sinne anzuwenden. Und zwar ist die Übereinstimmung eines möglichen Verfahrens mit staatlichen Verfassungs- und Regulationsprinzipien zum einen unter demokratisch-rechtsstaatlichen Aspekten und zum anderen unter sozial-marktwirtschaftlichen Gesichtspunkten zu prüfen. Als systemkonform wären dabei Kriterien und Methoden anzusehen, die keine Rechte von Beteiligten und Betroffenen in unzulässiger Weise einengen.

Die Handhab- und Durchsetzbarkeit gibt den Grad in Operationalität an und erfordert möglichst einfache, transparente und überprüfbare Verfahrenswege und Abstimmungskriterien, die eine Konsensbildung zwischen Schülern, Betrieben und Schulen ermöglichen.

Praxisrelevanz bedingt anwendbare Ergebnisse, was neben der Beachtung unterschiedlicher Interessen vor allem den Einbezug der regionalen Beschäftigungsmöglichkeiten, der bestehenden Ausbildungsinfrastruktur in Betrieben und Schulen und des Kostenaspekts erfordert.

---

[1] Vgl. hierzu B. Steinmann: Das Prinzip der Systemkonformität, in: WISU 9/72, S. 417 ff.

Der Maßstab Flexibilität verlangt ein Verfahren, das inbesondere hinsichtlich regionaler Strukturunterschiede und zukünftiger Entwicklungen des Beschäftigungssystems und der Bevölkerung anpassungsfähig ist.

An dem zugänglichen statistischen Datenmaterial entscheidet es sich letztlich, welche Informationen in das Verfahren einbezogen werden können, was wesentlichen Einfluß auf das methodische Konzept hat.

Abstimmungskriterien

Eines der Grundprobleme der Abstimmung bildet die Auswahl und Gewichtung der Kriterien und Verfahrensweisen, nach denen ggfs. Berufsfeldbesetzungen ermittelt werden sollen. Auch die mit der Formulierung der Zielsetzungen und Aufgaben und mit der Wahl der Maßstäbe bereits getroffene Vororientierung schränkt dieses Problem nicht ein.

Für die Beurteilung möglicher Kriterien und Verfahren wäre zuvor noch die Frage zu erörtern, in welchen Situationen eine Berufsfeldabstimmung angezeigt erscheint. Auf der Ebene A, d. h. der Orientierung von beruflicher Erstausbildung an den regionalen Beschäftigungsstrukturen, ist Abstimmung als ständige Aufgabe anzusehen. Als Abstimmungsanlaß der gleichen Ebene kann weiterhin die Situation betrachtet werden, in der die Versorgung der Wirtschaft mit Fachkräften bestimmter Berufsbereiche in Frage gestellt ist. Hier kann die planvolle Ausweitung einzelner Berufsfelder im BGJ zusammen mit dem erforderlichen Fachstufenangebot der Betriebe zum Ausgleich beitragen.

Unter dem Blickwinkel der Ebene B — berufsstrukturelle Anpassung von BGJ-Ausbildung und betrieblichen Ausbildungskapazitäten sowie schulischen Weiterbildungsmöglichkeiten — stellt sich die Notwendigkeit einer Abstimmung dann, wenn die fachspezifische Ausbildungsnachfrage beim Eintritt in das BGJ das betreffende Ausbildungsplatzangebot der Betriebe und Vollzeitschulen voraussichtlich übersteigt. Allerdings ist dazu ein weiteres Problem zu lösen. Es stellt sich die Frage, ob eine solche Abstimmung auf der Ebene von Einzelberufen oder von Berufsfeldern erfolgen sollte. Berücksichtigt man, daß sich die angehenden Auszubildenden erst im Laufe des BGJ für einen bestimmten Ausbildungsberuf endgültig entscheiden sollen, so bleibt jedoch nur die Klassifikation der Berufsfelder[2] als Struktur-

[2] Unter dem Aspekt der teilweisen Anrechnungsversagung bei schwerpunktfremder Fachstufenausbildung ist zu erwägen, ob die betreffenden Berufsfelder im Abstimmungsverfahren nach Schwerpunkten differenziert zu betrachten sind. Dies würde jedoch bedeuten, daß sich die Anzahl der Berufsaggregate von 14 auf 23 erhöht und soll aus diesem Grunde unterbleiben.

raster. Das bedingt dann wiederum die Einführung der Annahme, daß sich die Ausbildungsnachfrage und das betriebliche Lehrstellenangebot innerhalb der einzelnen Berufsfelder selbsttätig regulieren.

Als mögliche Bestimmungsgrößen für anzustrebende Berufsfeldbesetzungen sollen im folgenden

1) die Berufswunschstruktur der Jugendlichen,
2) die Berufs- bzw. Berufsfeldeignung der Schüler,
3) die Anzahlung und Struktur der vorhandenen Ausbildungsplätze in den Betrieben,
4) die regionale Gleichmäßigkeit der Berufsbildungschancen,
5) die regionale Struktur der Facharbeiter nach ausgeübten Berufen,
6) die Facharbeiterbedarfsprognose nach dem Arbeitskräftebedarfsansatz,
7) die bisherigen Ausbildungsstrukturen nach Schulstandorten,
8) die Struktur des Angebots an Fachpraxisplätzen in den berufsbildenden Schulen,
9) die berührten Rechtsnormen,
10) politische Entwicklungsziele und
11) sozioökonomische Regionalindikatoren diskutiert werden.

Versucht man eine Negativauslese innerhalb der Kriterienliste, so fällt die ‚Berufs- bzw. Berufsfeldeignung der Schüler' — ausgenommen überprüfbare medizinische Aspekte, die jedoch nur einen geringen Teil dessen abdecken was Berufseignung ausmacht — als besonders problematisch auf. Es bestehen bei diesem Kriterium allgemeine Erfassungs-, Definitions- und Bewertungsprobleme, weil die Komplexität der einzelberuflichen Arbeitsanforderungen die Erstellung von berufsfeldbezogenen Anforderungsprofilen, die gleichzeitig für alle Berufe des Berufsfeldes gültig und vollständig sein sollen, kaum möglich erscheinen läßt. Zumindest unter den heterogenen Maßstäben heutiger Berufsfeldschneidung muß dies als undurchführbar gelten. Berufsfeldeignung scheint nur in dem relativ engen Bereich sinnvoll im voraus meßbar, wo es sich um Merkmale handelt, die den konkreten beruflichen Anforderungssituationen allgemein zu eigen sind. Dieser Umstand und die Tatsache, daß Berufseignung keinen statischen Charakter hat[3], sondern durch Entwicklungs- und Adaptationsvorgänge während der Ausbildung und der Berufsausübung veränderlich ist, schränken die Möglichkeiten zur Messung individueller Berufseignung erheblich ein. Weder von psychologi-

[3] Vgl. hierzu auch F. Fürstenberg: Die Freiheit der Berufswahl und das Problem ihrer Verwirklichung, in: E. Menzel und F. Fürstenberg: Die Freiheit der Berufswahl, Schriftenreihe der Niedersächsischen Landeszentrale für Politische Bildung, Hannover 1967, S. 115.

schen Eignungstests und schon gar nicht von den in den Zeugnissen der vorgelagerten allgemeinbildenden Schulen manifestierten Schulleistungen können unter diesen Voraussetzungen relevante Aussagen zur Berufsfeldeignung erwartet werden. Aus diesem Grund soll das Kriterium der Berufseignung hier nicht weiter verfolgt werden.

Ebenso scheint das der Schulentwicklungsplanung entliehene Kriterium regional ausgeglichener Bildungschancen im Bereich beruflicher Erstausbildung schon wegen des fehlenden Einflusses auf das Fachstufenangebot der Betriebe nicht anwendbar. Zudem bestehen Probleme hinsichtlich der regionalen Abgrenzung von Vergleichsräumen, die für das Grundbildungsjahr nach dem Wohnortprinzip und für die Fachstufenausbildung in den Betrieben dann nach dem Arbeitsstättenprinzip erheblich voneinander abweichen können. Darüberhinaus werfen regionale Unterschiede in der Ausbildungs- und Beschäftigungsstruktur bei diesem Kriterium kaum lösbare Bewertungsprobleme auf, so daß die mit einer starken qualitativen Komponente versehene Forderung nach regional ausgeglichenen Ausbildungschancen zwar Aussagen zur globalen Versorgungslage mit Berufsausbildung und evtl. zur Fachschulbeteiligung, aber nicht zur Berufs- oder Berufsfeldstruktur des Ausbildungsangebots erlaubt.

Auch die Prognose eines Arbeitskräftebedarfs nach dem Muster des manpower-requirement-approach muß als problematisch angesehen werden. Hierauf soll vor allem wegen der einseitig ökonomischen Ausrichtung, der methodischen Mängel[4] und der bei dem hohen Regionalisierungsgrad zu erwartenden Prognoseunsicherheit verzichtet werden.

Aus der Aufstellung verbleiben danach neben der bereits angesprochenen medizinischen Indikation von Berufseignung als weiter zu diskutierende Kriterien

— die Berufswunschstruktur,
— das betriebliche Ausbildungsplatzangebot,
— die regionale Beschäftigungsstruktur nach ausgeübten Berufen,
— die bisherigen Ausbildungsstrukturen der Region,
— die schulischen Ausbildungskapazitäten,
— die berührten Rechtsnormen,
— politische Entwicklungsziele und
— eine Auswahl sozioökonomischer Regionalindikatoren.

Die letztgenannte Auswahl ist intern wiederum noch zu diskutieren.

[4] Vgl. W. Eckhardt: Bildungsökonomie, a. a. O., S. 103 ff. insbesondere S. 114 ff.

Diese verbliebenen Kriterien bilden das Grundgerüst des späterhin aufgezeigten Verfahrensvorschlages.

Verwendet man die Berufswünsche der Jugendlichen als Kriterium der Struktur und des Umfangs der BGJ-Ausbildung, so ist zwar das Recht der freien Ausbildungswahl weitestmöglich gewahrt, jedoch besteht weder eine Gewähr dafür, daß die betriebliche Fachstufe die BGJ-Absolventen, noch daß der Arbeitsmarkt die Ausgebildeten aufzunehmen vermag[5]. Da dies im Widerspruch zu den vorn aufgestellten Zielen der Abstimmung steht, wird die Berufswunschstruktur hier nicht als Bestimmungsgröße des Ausbildungsangebots verwandt. Unabhängig davon kommt der Berufswunschstruktur unter dem Aspekt der Berufswahlfreiheit jedoch bei der Bestimmung der tatsächlichen BGJ-Struktur herausgehobene Bedeutung zu, die gleichgewichtig neben dem Angebot steht.

Das betriebliche Ausbildungsplatzangebot würde als Richtgröße der BGJ-Einschulung ein hohes Maß an Sicherheit für die unverzögerte und fachlich richtige Fortsetzungsmöglichkeit der Ausbildung in der Fachstufe bieten. Die Problemebene B würde sich auf die Ausbildungsanschlüsse im Bereich der schulischen Bildungsmöglichkeiten reduzieren. Insofern ist diese Größe als ein Kriterium für die Aufstellung des BGJ-Angebots einzubeziehen. Andererseits kann, wie angeführt, nicht davon ausgegangen werden, daß das Platzangebot der Betriebe die Ausbildungsnachfrage quantitativ abdeckt, und vor allem ist die berufsstrukturelle Orientierung des Fachstufenangebots an den Beschäftigungskapazitäten nicht selbstverständlich, wie die bisherigen Strukturdiskrepanzen zwischen den Bereichen zeigen.

Zur Gewinnung von Anhaltswerten über bestehende und zu erwartende Beschäftigungskapazitäten in den Berufsfeldern bietet sich die vorhandene Beschäftigungsstruktur nach ausgeübten Berufen an. Hierin sind alle Informationen über den tatsächlichen erwerbsmäßig verwertbaren Qualifikationsstock enthalten. Unter der Annahme, daß in der üblichen Dauer einer Berufsausbildung keine grundsätzlichen strukturellen Verwerfungen im Beschäftigungssystem auftreten, können aus vorhandenen Statistiken nach dem Prinzip der Ersatzbedarfsberechnungen auf Status-quo-Bedingungen Orientierungsgrößen innerhalb des Problembereichs A für die Berufsfeldstruktur des Ausbildungsangebots und die Beratung der Jugendlichen ermit-

---

[5] Die alleinige Anwendung des Kriteriums ‚Berufswunschstruktur' entspräche dem Nachfrageansatz der Bildungsplanung, der die Ausbildung in ausschließlicher Abhängigkeit von den Wünschen der Nachfrager sieht und einen — in Wirklichkeit nicht vorhandenen — vollkommen elastischen Arbeitsmarkt voraussetzt. Vgl. hierzu H. P. Widmaier u. B. Frey: Wachstumstheorie und Bildungsökonomik, in: Konjunkturpolitik, 13. Jg. (1967), S. 142 ff.

telt werden. Anzumerken ist, daß es sich dabei nur um die statische Betrachtung vergangenheitsbezogener Daten handelt, die jedoch zumindest einen reibungsärmeren Übergang der Ausgebildeten in das Erwerbsleben ermöglichen kann.

Die bisherigen regionalen Ausbildungsstrukturen gestatten in der Gegenüberstellung mit den Beschäftigungsgegebenheiten Aussagen über Ausbildungsdefizite und -überschüsse in den Berufsfeldern, die es — schrittweise — abzubauen gilt. Weiter liefert das Kriterium ‚bisherige Ausbildungsstruktur' näherungsweise Angaben über bestehende Ausbildungskapazitäten im schulischen und betrieblichen Bereich, die im Hinblick auf die Durchsetzbarkeit und Praxisrelevanz der Ergebnisse von vornherein in den Ausbildungsvorschlag eingehen sollten. Mißt man die Zahl der bisherigen Ausbildungsverhältnisse an den Beschäftigungszahlen nach Wirtschaftsbereichen, so erhält man außerdem einen Vergleichswert für die Ausbildungsintensität der Branchen. Hieraus können Rückschlüsse auf die sektorale Ausbildungsbelastung und auf mögliche Kapazitätsreserven des betrieblichen Bereichs gezogen werden[6]. Den vorhandenen schulischen Ausbildungskapazitäten, die zwar insbesondere im fachpraktischen Bereich des BGJ Berufsfeldanteile limitieren können, sollte nur in Ausnahmefällen bestimmende Wirkung zukommen und im übrigen die Funktion einer abhängigen Variablen zufallen.

Jeder Eingriff in den Abstimmungsprozeß zwischen Ausbildungs- und Beschäftigungsbereich berührt zwangsläufig eine Reihe von Rechtsnormen, von denen jedoch nur einige das Ausbildungsangebot in Umfang und Struktur mitformen. Insbesondere sind dies auf der Seite der Ausbildungsnachfrager die Rechte der freien Bildungs- und Berufswahl und der Gleichmäßigkeit der Bildungschancen, hier vornehmlich unter regionalen Aspekten und auf der Seite der Ausbildenden, die bereits besprochenen kompetenzsichernden Vorschriften der einschlägigen Gesetze.

Die Ausübung der Berufswahlfreiheit ergibt die erfaßbare Berufswunschstruktur der Ausbildungsanwärter, die als erster Kriterienvorschlag diskutiert wurde und die wegen ihrer herausragenden Bedeutung über die Funk-

---

[6] Bei der Berechnung der Ausbildungsintensität empfiehlt es sich, nicht die Gesamtzahl der abgeschlossenen Ausbildungsverträge pro Wirtschaftsaggregat, sondern eine jahrgangsbezogene Angabe, wie die Anzahl der neuabgeschlossenen Ausbildungsverträge zugrundezulegen. Damit kann trotz unterschiedlich langer Ausbildungszeiten der Berufe die Vergleichbarkeit der Meßzahl besser gewährleistet werden.

Bei diesem Indikator sind außerdem konjunkturelle Einflüsse nicht auszuschließen, da im industriellen Bereich in rezessiven Phasen zuerst ungelernte Arbeitskräfte freigesetzt werden, so daß die Bezugsbasis ‚Facharbeiterbestand' relativ konstant bleibt, während z. B. im Handwerk bei evtl. Entlassungen zumeist unmittelbar Fachkräfte betroffen sind, was die Berechnungsgrundlage ändern würde.

tion als Angebotskriterium hinaus auch den Verfahrensaufbau konkret beeinflußt. Der Berufswahlfreiheit steht die Angebotsfreiheit der Betriebe für den Bereich der Fachstufenausbildung gegenüber, deren Ergebnis das als Abstimmungskriterium ebenfalls schon betrachtete betriebliche Ausbildungsplatzangebot ist.

Sozioökonomische Indikatoren

Unterschiedliche sozioökonomische Lagen der Regionen können mittels geeigneter Indikatoren z. B. im Sinne eines Landesausgleichs oder zur Erreichung politisch gesetzter Standards in das Verfahren einbezogen werden. Allerdings sind regionale Ausbildungsgegebenheiten infolge der regionalspezifischen Arbeitsmarktstrukturen nur mit Vorbehalten an großräumlichen Durchschnitten zu messen. Es würde der angestrebten Flexibilität bei der Anpassung von Ausbildungs- und Arbeitsmarktsstrukturen sogar zuwiderlaufen, wollte man z. B. die regionale Berufszusammensetzung in den Landkreisen am Landesmittel messen. Sinnvoll erscheint dagegen auch zum interregionalen Vergleich der Einbezug anderer wohlfahrtsrelevanter Meßzahlen für die Regionen. Hierzu zählen insbesondere

— die Erwerbsquote, gemessen als Anteil der Erwerbstätigen an der Wohnbevölkerung,
— die Verteilung der Schüler auf die Formen der allgemeinbildenden Schulen nach Durchlaufen der Orientierungsstufe,
— der Anteil der Sonderschüler und Hauptschüler ohne Abschluß an den Schulentlaßjahrgängen,
— der Anteil der Jugendlichen ohne Ausbildungsvertrag an den schulpflichtigen Berufsschülern insgesamt und
— der Anteil der Jugendlichen in Berufsfach- und Fachschulen an den Berufs- und Berufsfachschülern.

Während die Erwerbsquote einen Teilaspekt der wirtschaftlichen Situation widerspiegelt, geben die weitergenannten Indikatoren insbesondere über die Bildungschancen der Jugendlichen in der Region Auskunft.

Die realisierte Bildungsnachfrage schlägt sich zum einen in der Verteilung der Jahrgänge auf die Formen des gegliederten Schulwesens und zeitlich versetzt auf die Bildungsgänge des Sekundarbereichs II und des Tertiären Bereichs und zum anderen in der nach Berufen spezifizierten Ausbildungsstruktur nieder. Im vorliegenden Zusammenhang ist davon vor allem die Schulformenaufteilung der Schüler in der Sekundarfstufe I bedeutsam, da hieraus nicht nur regionale Benachteiligungen ersichtlich werden, sondern auch Schlüsse auf die zukünftige Ausbildungsnachfrage im anschließenden

Berufsbildungsbereich gezogen werden können. Innerhalb des Berufsbildungsbereichs sind dann vor allem die Höhe des Anteils der Jugendlichen ohne Ausbildungsvertrag und die Quote schulischer Berufsbildungsmöglichkeiten am Gesamtvolumen des Ausbildungsangebots aufschlußreich. Der erstgenannte Indikator weist auf das Fehl an Ausbildungsplätzen hin, da davon ausgegangen werden kann, daß die einzige reale Ausbildungschance der Jugendlichen dieser Gruppe in einer betrieblichen oder einer Berufsfachschulausbildung liegt[7]. Mit dem schulischen Anteil am Ausbildungsangebot können sowohl berufsfachliche Ergänzungen der betrieblichen Angebotspalette als auch Ausweichmöglichkeiten unbefriedigter Ausbildungsnachfrage aufgezeigt werden.

Die genannten ausgewählten sozialen und ökonomischen Merkmale dienen zusammengenommen zur Ausbildung des regionalen Versorgungsprofils unter den hier interessierenden Aspekten[8]. Die Aussagekraft der Meßzahlen kann durch die Aufstellung in Zeitreihenform noch erhöht werden. Welche Indikatoren letztendlich für eine Situationsbewertung herangezogen werden und wie ihre Gewichtung zueinander im Hinblick auf die Verwendung im Abstimmungsverfahren erfolgt, kann nur vor dem Hintergrund eines operationalen politischen Zielsystems entschieden werden. Dabei ist zu beachten, daß die Indikatoren jeweils nur Teilbereiche der zu bewertenden Situation abdecken und daß z. T. indirekte Messungen von Wohlfahrtsgrößen erfolgen[9].

Zusammen mit politischen Zielsetzungen zur Entwicklung der Regionalstruktur und zur Schulentwicklungsplanung[10] kann unter der Voraussetzung, daß über Auswahl und Gewichtung der Sozialindikatoren Konsens besteht, das Ergebnis des interregionalen Vergleichs der Meßzahlen dann in der Form berufsfeldspezifischer Überlastquoten im Abstimmungsverfahren

---

[7] Dies gilt im Prinzip auch für die ca. 4 bis 5 v. H. eines Altersjahrgangs, die aufgrund von Lernbeeinträchtigungen im allgemeinen keine Ausbildungschance im Dualen System erhalten.

[8] Vgl. zu weiteren als den hier angeführten Indikatoren z. B. R. Derenbach: Zur Abgrenzung von Problemregionen in der betrieblichen Berufsausbildung, in: Bundesforschungsanstalt für Landeskunde und Raumordnung (Hrsg.): Informationen zur Raumentwicklung, Heft 11 (1977), S. 840 ff.

[9] Vgl. hierzu C. Leipert: Soziale Indikatoren, in: Konjunkturpolitik, 14 (1973), S. 222 und 229 f. Die Auswahl eines bestimmten Indikatorenbündels wird zudem durch die statistischen Möglichkeiten begrenzt.

[10] Vgl. dazu Niedersächsische Landesregierung: Landesentwicklungsprogramm Niedersachsen 1985, a. a. O. sowie Niedersächsischer Kultursminister (Hrsg.): Schulentwicklungsplanung, Hannover 1977 und ders.: Erlaß vom 25. 4. 1978 zur Fortschreibung der Schulentwicklungspläne und ders.: Verordnung zur Schulentwicklungsplanung vom 18. März 1975, Nieders. GVBl. Nr. 8 (1975).

konkrete Berücksichtigung finden. In gleicher Weise können die zur Verwirklichung raumplanerischer Zielsetzungen — hier zur Schaffung eines in Umrissen definierten Facharbeiterbestandes — als erforderlich anzusehenden Ausbildungsmaßnahmen festgestellt und in die Ermittlung der anzubietenden Berufsfeldplätze des BGJ einbezogen werden[11]. Die dabei über das betriebliche Ausbildungsangebot in den Berufsfeldern hinausgehende BGJ-Einschulung könnte durch gezielte Berufsfachschulangebote eine berufsstrukturell geplante Anschlußausbildung erhalten.

Zur Verwendung von Kriterien im Abstimmungsverfahren

In der Gültigkeit einzelner Kriterienvorschläge für die Fragestellungen der Berufsfeldabstimmung zeigen sich Einschränkungen. Außer dem als 3) ,Anzahl und Struktur der regional vorhandenen betrieblichen Ausbildungsplätze und Vollzeitschulplätze' genannten Kriterium, enthält keines eine Lösung der berufsstrukturellen Abstimmung zwischen dem BGJ und der Fachstufe. Andererseits ist der Vorschlag 3) nicht von vornherein beschäftigungsorientiert, so daß auf der Ebene A keine Abstimmung gewährleistet ist. Geht man davon aus, daß die vorstehende Aufstellung die wesentlichen in Frage kommenden Kriterienmöglichkeiten enthält, zeigt dies Beispiel bereits, daß ein monokratisch ausgerichtetes Abstimmungsverfahren den aufgestellten Anforderungen nicht genügen kann, sondern daß mehrere Kriterien einzubeziehen sind.

Da die Kriterien infolge der erheblich differierenden regionalen Gegebenheiten räumlich unterschiedliche Bedeutung haben, wird dem Verfahren allerdings kein definiertes Kriterienbündel mit starrer interner Gewichtung vorgegeben. Vielmehr wird auf ein Verfahren abgestellt, das insbesondere hinsichtlich der Kriterienanwendung auf der selbstverantwortlichen Mitwirkung der betroffenen gesellschaftlichen Gruppen aufbaut[12]. Damit kann auch die für den einzelnen Schüler ggfs. sehr bedeutsame Berufsfeldabstimmung im BGJ als Verfahren legitimiert werden. Außerdem kann so dem

[11] Auf der Basis des Istzustandes wird dabei der unter bestimmten Randbedingungen optimale Ausbildungsumfang und dessen fachliche Struktur errechnet, der zu dem an einem späteren Zeitpunkt gewünschten Arbeitskräftebestand führt.

Vgl. hierzu M. Streit: Ökonomische Modelle für Ausbildung und Arbeitsmarkt, Wien u. New York 1978, S. 53 ff. und S. 71.

[12] „Die Kriterien, nach denen der Zugang zum Beruf geregelt wird, sollen in Zusammenarbeit von Schule, den mit der Berufsbildung befaßten Organisationen in Wirtschaft und Verwaltung und wissenschaftlichen Institutionen erarbeitet werden." Bund-Länder-Kommission für Bildungsplanung (Hrsg.): Bildungsgesamtplan, Bd. I, a. a. O., S. 29.

Hierin ist eine grundsätzliche Bejahung von Einflußnahme auf den Berufszugang enthalten!

prinzipiellen Mangel entsprochen werden, daß das Problem der BGJ-Berufsfeldabstimmung letztlich in sich schlüssig nicht lösbar ist. Es ist in der konkreten Ausformung einer Lösung immer vor dem Hintergrund gesellschafts- und wirtschaftspolitischer Zielsetzungen zu sehen, bzw. jede Lösung bleibt von politischen Entscheidungen z. B. betreffs der Kriterienauswahl und ihrer gegenseitigen Gewichtung abhängig. Unter diesem Gesichtspunkt kommt als Lösungsvorschlag vorrangig ein systemanalytischer Ansatz in Betracht[13].

Die Lösung des Abstimmungsproblems muß dabei zielbestimmt und auf Verwirklichung gerichtet innerhalb des gegebenen Bedingungsrahmens erfolgen. Es handelt sich hier um eine Problemstellung der Bildungsplanung[14], die von der bedarfsprognostischen und der nachfrageorientierten Forschung u. a. insofern abweicht, als die Strukturen des realen Bildungssystems, wie Kompetenzverteilungen, Ausbildungskapazitäten und alternative Bildungsmöglichkeiten in stärkerem Maße zu berücksichtigen sind[15].

Im Verfahren sind zudem drei Übergangsstellen zu beachten. Erstens handelt es sich um die Nahtstelle zwischen dem allgemeinbildenden und dem berufsbildenden Schulwesen, zweitens um den Übertritt der BGJ-Absolventen in die betriebliche Fachstufenausbildung und drittens um den

---

[13] Vgl. C. Leipert: Soziale Indikatoren, a. a. O., S. 209. Dort wird in Anlehnung an Koelle die Abfolge der Einzelschritte des politischen Auswahl- und Entscheidungsprozesses aufgezeigt.

[14] „Bildungsplanung ist die rationale Durchdringung des Bildungswesens als System, die Feststellung der quantitativen und qualitativen Grundtatsachen des Bildungsprozesses und die kurz-, mittel- und langfristige Vorausschätzung zukünftiger Entwicklungstendenzen, mit dem doppelten Zweck,
a) bildungspolitische Entscheidungen sachlich vorzubereiten und
b) bei gegebenen Entscheidungen eine hinlänglich effiziente und rationale Entwicklung des Bildungssystems zu ermöglichen."

H. P. Widmaier in Zusammenarbeit mit K. Bahr: Bildungsplanung, Ansätze zu einer rationalen Bildungspolitik, Stuttgart 1966, S. 18.

[15] Aus diesem Grunde kommen auch die Grundmodelle der Bildungsplanung, wie der genannte Arbeitskräftebedarfsansatz, der Nachfrageansatz, der Ertragsratenansatz und die entsprechenden Variationen als alleinige Abstimmungsmechanismen nicht in Betracht, da sie jeweils nur Teilaspekte des Problemkreises abzudecken vermögen und wie vor allem im Falle des Ertragsratenansatzes Datenprobleme aufwerfen.

Zur Darstellung und Kritik bestehender Bildungsplanungs- bzw. Prognosemodelle vgl. u. a. W. Eckhardt: Bildungsökonomie, a. a. O., S. 103 ff.; U. Fischer: Bildungssystemplanung ..., a. a. O., S. 118 ff.; H. P. Widmaier u. a.: Das Angebotsmodell, in: P. R. Straumann: Neue Konzepte der Bildungsplanung, Reinbek 1974, S. 200 ff.; ebd. S. 31 ff. und D. Mertens: Retrospektive und prospektive Beschäftigungsorientierung in der Bildungsplanung, in: Arbeitsgruppen des Instituts für Arbeitsmarkt- und Berufsforschung und des Max-Planck-Instituts für Bildungsforschung (Hrsg.): Bedarfsprognostische Forschung in der Diskussion, Frankfurt am Main 1976, S. 244 ff.

Eintritt der Ausgebildeten in die Erwerbstätigkeit (vgl. Abb. 9). Legt man weiterhin die wirtschafts- und arbeitsmarktpolitische Zielsetzung der Vollbeschäftigung zugrunde und geht man davon aus, daß das demokratisch fundamentierte Postulat der Chancengerechtigkeit zu seiner Realisierung auch der Möglichkeit bedarf, durch Berufswahlentscheidungen bestehende Produktions- und Arbeitsmarktstrukturen in Frage zu stellen, oder Veränderungen einzuleiten, so können die Beschäftigungsstrukturen nicht — wie im Bedarfsansatz — als abhängige Variable[16], sondern nur als autonome Variable im Sinne einer Orientierungsgröße im Verfahren Verwendung finden. Deswegen wird hier auch nicht vom Arbeitskräftebedarf, sondern von zu erwartenden Beschäftigungskapazitäten bzw. -möglichkeiten gesprochen, die auf der Ebene von Berufsfeldern aus dem status quo abgeleitet werden sollen.

Problemen der Vorausschätzung von Beschäftigungsmöglichkeiten und der Anbindung an Vergangenheitsentwicklungen[17] soll im Verfahren insbesondere durch die Benutzung der ausgeübten statt der erlernten Berufe, durch die grobstrukturierte Aggregationsebene der Berufsfelder und durch eine iterative jährliche Neuanpassung auf der Basis aktueller Bevölkerungs-, Beschäftigungs- und Ausbildungsdaten[18] begegnet werden. Mit den ausgeübten Berufen werden die tatsächlichen Beschäftigungsgegebenheiten erfaßt, da die durch Berufswechsel-, Anlern- und Weiterbildungsvorgänge ständig erfolgende Anpassung der Qualifikationsstruktur der Arbeitskräfte an die Qualifikationsanforderungen des Beschäftigungsbereichs eingehen.

Der hohe Regionalisierungsgrad und die Verwendung eines variabel handhabbaren Kriterienbündels statt einer oder mehrerer starrer Bestimmungsgrößen sollen vor allem zur Vermeidung von Fehlern infolge der Generalisierung von großräumlichen Beschäftigungsstrukturen beitragen.

---

[16] Der Bedarfsansatz sieht die Beschäftigungsentwicklung vor allem in Abhängigkeit von der Entwicklung des Bruttoinlandsproduktes, seiner Aufteilung nach Branchen und den bereichsspezifischen Arbeitsproduktivitäten.

[17] Zum Kritikpunkt der Retrospektivität und der Strukturextrapolation vgl. D. Mertens, a. a. O., S. 241 f. und S. 244 sowie M. Tessaring: Probleme der Bedarfsprognostik und Forschungsnotwendigkeiten aus der Sicht der Arbeitsmarktforschung, in: Arbeitsgruppen des Instituts für Arbeitsmarkt- und Berufsforschung und des Max-Planck-Instituts für Bildungsforschung, a. a. O., S. 13 ff.

[18] Um einen ausreichenden zeitlichen Vorlauf für die Schaffung ggfs. erforderlicher zusätzlicher Ausbildungskapazitäten — insbesondere im schulischen Bereich — sicherzustellen, ist jedoch die demographische Entwicklung längerfristig zu beobachten.

b) Ansatzpunkte der Berufsfeldabstimmung und deren Instrumente

Die Mittel zur Beeinflussung der Struktur beruflicher Erstausbildung können zum einen auf der Angebotsseite, d. h. vor allem bei den Betrieben und den berufsbildenden Schulen und zum anderen auf der Nachfrageseite, d. h. bei den Jugendlichen und den privaten Haushalten ansetzen. Nach dem Grad der Einflußnahme können wiederum direkte und indirekte Instrumente unterschieden werden[19].

Abb. 9: Übergangsstellen im Ausbildungsablauf und Einwirkungsmöglichkeiten auf Ausbildungsangebot und -nachfrage

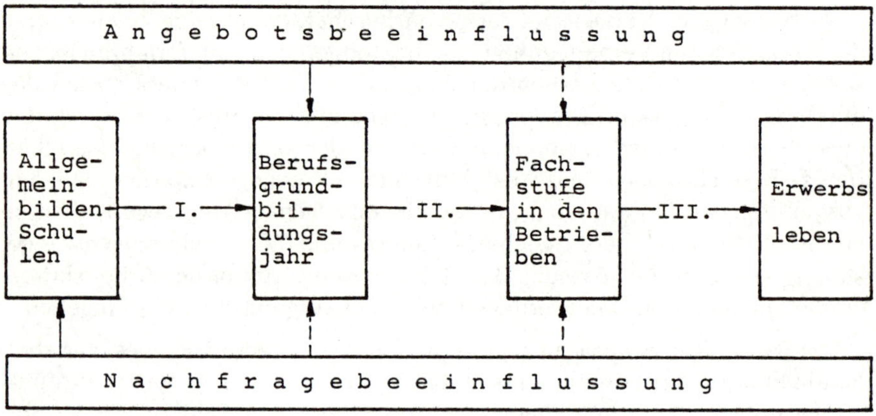

Das Schema in der Abb. 9 gibt einen Überblick über die grundsätzlichen Einwirkungsmöglichkeiten auf den gestuften Bildungsmarkt der Berufsausbildung. Vorrangige Ansatzpunkte der Berufsfeldabstimmung sind der Angebotszuschnitt des BGJ und die Nachfragebeeinflussung in den vorgelagerten allgemeinbildenden Schulen. Entsprechend liegt die primäre Ansatzstelle für die gewünschte Abstimmung schwergewichtig im Übergang I. Dem

[19] Vgl. hierzu H. Lemke: Berufsbildung zwischen Individualanspruch und Bedarfsdeckung, in: Berufliche Bildung, Stellungnahmen, Analysen, Informationen, Hrsg. DGB, Heft 10 (1972), S. 211 ff. sowie H. P. Widmaier u. a.: Das Angebotsmodell, a. a. O., S. 197 ff. Es werden dort weiter subjektive und objektive Instrumente der indirekten Nachfragelenkung unterschieden. Subjektiv: „Information, Bildungswerbung, Bildungs- und Berufsberatung, Abbau sozialer Barrieren" und objektiv: „Subventionen, Angebotserweiterung und seine regionale Verteilung, Differenzierung, Durchlässigkeit, Konkurrenzierung/Wettbewerb." ebd., S. 199.

Übergang II. sind die Abstimmungsprobleme der Ebene B zuzuordnen, die hier wiederum auf zwei Stufen auftreten. Erstens ist es das Übergangsmuster nach schulischen und betrieblichen Ausbildungsanschlüssen und zweitens innerhalb der letztgenannten Möglichkeit dann der als selbsttätig angenommene Übergangsprozeß der Berufsfeldbesetzungen in das einzelberuflich strukturierte Fachstufenangebot der Betriebe. Das betriebliche Ausbildungsplatzangebot ist jedoch ebenso wie die Nachfrage nach BGJ- und Fachstufenplätzen im wesentlichen nur indirekt beeinflußbar.

Instrumente, die indirekt auf das Angebot wirken, sind z. B. Subventionen an ausbildende Betriebe oder Abgaben nicht ausbildender Betriebe, weiter Ausbildungsappelle an die Wirtschaft sowie die Ausweitung alternativer schulischer Bildungsangebote. Aber auch Veränderungen des rechtlich-organisatorischen Rahmens von Ausbildung z. B. im Bereich des Jugendarbeitsschutzes oder der Ausstattungsstandards für ausbildende Betriebe sind zur Angebotsbeeinflussung geeignet. Ein Mittel mit direkter Wirkung auf das Angebot, das dem Staat als Hauptakteur der Bildungspolitik zur Verfügung steht, ist die Schaffung von zusätzlichen Ausbildungsstellen in öffentlichen Einrichtungen, insbesondere der Bundespost, der Bundesbahn und im zivilen Bereich der Bundeswehr[20]. Denkbar ist aber auch — zumal die personellen und sachlichen Voraussetzungen dafür vorliegen — die Fachstufenausbildung in berufsbildenden Schulen und überbetrieblichen Ausbildungsstätten, z. B. bei zeitweisen regionalen Mangellagen an Ausbildungsplätzen in bestimmten Berufen.

Direkte Nachfragelenkung wäre die unmittelbare Einflußnahme auf die am Ausbildungsmarkt wirksam werdenden Bildungs- und Berufsentscheidungen der Jugendlichen. Das könnte bspw. durch Zulassungsbeschränkungen für die Berufsfelder im BGJ oder gar durch Berufsfeldzuweisungen geschehen. Wie vor allem die Diskussion um den Hochschul-Numerus clausus verdeutlich hat, ist ein derartiges Vorgehen unter verfassungsrechtlichen und gesellschaftspolitischen Gesichtspunkten ausgesprochen fragwürdig und mit demokratischen Bildungsprinzipien schwerlich vereinbar. Aus diesen Gründen ist eine unmittelbare Nachfragelenkung für das Abstimmungsverfahren abzulehnen.

---

[20] Weiterhin sind die Sozialversicherungen, die Bundesanstalten, die Finanzverwaltung u. a. zu nennen. 1977 bildeten die Gebietskörperschaften insgesamt 33 595 Auszubildende aus. Das entspricht einer Ausbildungsquote von 29,6 pro 1000 sozialversicherungspflichtigen Beschäftigten dieses Sektors. Im Mittel lag die Quote über alle Wirtschaftsbereiche mit 68,6 mehr als doppelt so hoch. Hier sind demnach erhebliche Ausbildungsreserven zu vermuten, die insbesondere auch in strukturschwachen Gebieten angesiedelt sind.

Vgl. R. Derenbach: Berufliche Ausbildung in Behördenstandorten, Bonn 1979, Manuskript, S. 3 ff.

Beratung, Information und Praktika als Abstimmungsmittel

Zu den verbleibenden indikrekten Instrumenten zählen neben der frühzeitigen Beeinflussung der Verteilung der Schüler auf die Formen des allgemeinbildenden Schulwesens vorrangig die Bildungs- und Berufsberatung[21] und die Information über Bildungs- und Beschäftigungsmöglichkeiten einschließlich deren im weitesten Sinne verstandenen persönlichen Ertragsaussichten. Die praxisorientierte Bildungs- und Berufsberatung und die Information nehmen den Betroffenen nicht ihre Entscheidungsbefugnis, sondern sind im Gegenteil darauf ausgerichtet, eine Entscheidungskompetenz aufzubauen. Sie sind deswegen hier bevorzugte Abstimmungsmittel, die allerdings keine vollständige Erreichung der gewünschten Berufsfeldbesetzungen gewährleisten, was jedoch bei den unvermeidbaren Abstimmungstoleranzen und Fehlermargen gegenüber der tatsächlichen Beschäftigungsentwicklung keine Beeinträchtigung des Gesamtergebnisses erwarten läßt.

Der Einsatz dieser Instrumente schließt allerdings ebensowenig wie bei den direkt wirkenden Abstimmungsmitteln die Möglichkeit von Konflikten der Form aus, daß gesellschaftliche oder wirtschaftliche Strukturbelange mit Individualinteressen kollidieren oder daß kurzfristige Arbeitsmarkterfordernisse nicht langfristigen Entwicklungstendenzen aufgehen[22]. Andererseits dürfen Schüler, die in ein Berufsfeld ‚hineinberaten' wurden, einen unmittelbar am BGJ anschließenden Fachstufen- bzw. Vollzeitschulplatz mit einer realen Abschlußchance in der Region erwarten.

Die Bildungsberatung als ein kontinuierlicher, schulzeitbegleitender Prozeß verstanden, bezieht sich vor allem auf die Schullaufbahnberatung[23]. Aus Gründen der Effizienz sollte sie sich aktiv an Schüler, Eltern — und Lehrer —wenden. Die formale Zuständigkeit dafür liegt in der Schulverwaltung, d. h. bei den Ländern und Gemeinden[24].

Zuständig für die Berufsberatung ist hingegen nach ihrem gesetzlichen Auftrag allein die Bundesanstalt für Arbeit. Deren Beratungsdienst konzen-

[21] DIHT — Markierungspunkte zur beruflichen Bildung, in: Wirtschaft und Berufserziehung, Heft 12 (1973), S. 364 und M. Tessaring: Probleme der Bedarfsprognostik ..., a. a. O., S. 13.

[22] Vgl. dazu D. Mertens u. J. Kühl: Dimensionen ..., a. a. O., S. 137 f.

[23] Weiterhin gehören hierzu Hilfen bei Lernstörungen und Verhaltensauffälligkeiten.

Eng verknüpft mit dem Aufgabenkreis der Beratung ist die allgemeine Befähigung der Schüler, Entscheidungen zu treffen.

[24] Vgl. hierzu Ministerium für Arbeit, Gesundheit und Soziales des Landes Nordrhein-Westfalen (Hrsg.): Jugendliche ohne Ausbildungsvertrag. Bericht der Wissenschaftlichen Kommission, Düsseldorf 1979, S. 100.

triert sich im wesentlichen auf die Berufsorientierung, die Einzelberatung und auf die Vermittlung in Ausbildungsplätze[25].

Betriebspraktika der Entlaßschüler stellen wegen der Selbsterfahrung eine geeignete zusätzliche Orientierungs- und Entscheidungshilfe für die Berufswahl dar[26]. Hierzu ist jedoch einschränkend anzumerken, daß für die Mehrzahl der Berufsfelder faktisch keine Möglichkeit besteht, über Praktika den Jugendlichen die ganze Breite des Berufsfeldes zu erschließen. Vielmehr werden dem Schüler in der Regel auf Einzelberufe bezogene Teileinblicke unter zumeist unrealistischen Arbeitsbedingungen gewährt. Dennoch kann die Durchführung der Betriebspraktika im Hinblick auf die letztlich zu treffende einzelberufliche Entscheidung als sinnvoll angesehen werden. Eine gezielte berufsstrukturelle Gestaltung des Praktikaangebots kann zur Erreichung des gewünschten Abstimmungsergebnisses beitragen.

Im engen Zusammenhang mit der Bildungs- und Berufsberatung und der Erfahrungsvermittlung durch Betriebspraktika ist die berufsorientierende Information der Jugendlichen zu sehen. Als Mittel kommen hierfür bevorzugt Informationsveranstaltungen in den berufsbildenden und den allgemeinbildenden Schulen, wie Ausstellungen, Vorträge, Gespräche, Besuchstage u. ä., Artikelserien in den regionalen Tageszeitungen und Broschüren zur Verteilung an die Schüler in Betracht. Denkbar ist auch, die berufsorientierende Information der Schulen und der Wirtschaft durch regelmäßige Sendungen von Hörfunk und Fernsehen im Rahmen des Schulfunks oder z. B. innerhalb des Kursangebots der III. Fernsehprogramme zu ergänzen.

Anschauliche Berufsfeldbeschreibungen, die neben den wesentlichen Tätigkeitsmerkmalen auch die Profile der persönlichen Anforderungen und Belastungen enthalten und darüber hinaus Kenntnisse über Ausbildungsmöglichkeiten, -inhalte und -regelungen, über Beschäftigungs- und Einkommensaussichten sowie über Aufstiegschancen in den einzelnen Berufen des Berufsfeldes vermitteln, sind für Schüler und Beratende von Nutzen[27].

---

[25] Eine weitere in diesem Zusammenhang anzuführende Aufgabe liegt in der Förderung der beruflichen Erstausbildung.

[26] Eine empirische Untersuchung zu den Wirkungen von Schülerpraktika auf das Berufswahlverhalten von Hauptschülern kommt zu dem Ergebnis, daß das Praktikum hinsichtlich des Erfahrungsgewinns und als Korrektiv von Berufsentscheidungen als nützlich angesehen werden kann; andererseits aber nur ein geringer Teil der Praktikanten sich für den betreffenden Beruf entscheidet. Von 754 befragten Schülern mit Betriebspraktikum gaben 18 v. H. einen wesentlichen Einfluß des Praktikums auf ihre Berufswahl an. Vgl. B. Hoffmann: Schülerpraktikum und Berufsorientierung —Intentionen und Realitäten, in: Die Arbeitslehre, 5. Jg. (1974), Heft 4, S. 178 ff. Vgl. auch U. Gerbing: Der Einfluß des Schülerpraktikums auf Berufswahlverhalten und -bewußtsein, in: ebd., 6. Jg. (1975), Heft 3, S. 129 ff.

[27] Dies insbesondere auch wegen der im allgemeinen geringen berufspraktischen Erfahrung der Sekundarstufe I — Lehrer und im Hinblick auf die Informationsmög-

Die wissenschaftliche Erarbeitung berufsfeldtypischer Tätigkeitsmerkmale und die darauf aufbauende Ableitung persönlicher Anforderungsprofile steht indes noch aus. Derartige Profile stellen eine wesentliche Voraussetzung für die Selbstüberprüfung der Jugendlichen und für die Durchführung einer Eignungsberatung dar.

Sowohl die Beratung als auch die Information sollten frühzeitig, d. h. spätestens ab der 7. und 8. Jahrgangsstufe in der Sekundarstufe I mit einer Berufsfeldorientierung begonnen und stetig mit zunehmend einzelberuflicher Beratung bis zur endgültigen Entscheidung für einen bestimmten Ausbildungsberuf im Laufe des BGJ fortgesetzt werden. Für die Durchführung kommt eine Zusammenarbeit von Arbeitsverwaltung, berufsbildenden und allgemeinbildenden Schulen in Frage[28]. Insbesondere unter dem Aspekt der praxisnahen Information sollten dabei außerdem Vertreter der Betriebe und sonstigen ausbildenden Stellen, in deren Kompetenzbereich später auch die ausbildungsbegleitende Beratung liegt, mitwirken.

Vorvertrag und schulisches BGJ

Der Vorvertrag[29], in der Form einer vor dem Eintritt in das BGJ gegebenen Einstellungszusage eines Betriebes, ist ein weiteres prinzipiell mögliches Abstimmungsinstrument für die Angleichung des schulischen und des betrieblichen Ausbildungsplatzangebots. Mit dem Einsatz dieses Instruments würde allerdings aufgrund der vorzeitigen beruflichen Festlegung der Schüler Grundintentionen der berufsfeldbreiten BGJ-Ausbildung nicht entsprochen werden. Gleichzeitig wäre die angestrebte Beschäftigungsorientierung der Berufsausbildung dann kaum beeinflußbar.

---

lichkeiten zu regionalen Arbeitsmarktgegebenheiten. Vgl. für die Gruppe der Hochschulberechtigten z. B. die Informations- und Beratungsschrift der Bund-Länder-Kommission für Bildungsplanung und Forschungsförderung und der Bundesanstalt für Arbeit (Hrsg.): Studien und Berufswahl 1979/80, Bad Honnef 1979, die jährlich verlegt wird.

[28] Ein koordinierter Einsatz von Bildungs- und Berufsberatung ist nach § 32 des Arbeitsförderungsgesetzes möglich.

Die Zusammenarbeit von Schulen zu diesem Zweck wird in Niedersachsen durch § 17 des Landesschulgesetzes als Möglichkeit eröffnet. Explizit führen die Vorläufigen Richtlinien für den AWT-Unterricht in der Hauptschule des Niedersächsischen Kultusministers vom Juli 1979 die Vorbereitung der Schüler auf die Berufswahl und auf ihre spätere Rolle als Erwerbstätige als Unterrichtszielsetzungen des Fachbereichs Arbeit-Wirtschaft-Technik an. Vgl. ebd. S. 4 ff.

[29] Der Vorvertrag wird u.a. von der Bund-Länder-Kommission im Stufenplan zur beruflichen Bildung als Abstimmungsinstrument zwischen dem BGJ und der Fachstufe genannt. Vgl. ebd., S. 38.

Wenn der Vorvertrag seine Funktion als Abstimmungsinstrument erfüllen soll, so setzt dies voraus, daß die Betriebe bereits den Schülern der Abgangsklassen, d. h. vor Eintritt in das BGJ und ca. eineinhalb Jahre vor Beginn der Fachstufenausbildung, Ausbildungszusagen geben. Nicht nur, daß dies für die Betriebe eine risikobehaftete Planungsbelastung bedeuten würde, sondern darüber hinaus würden sie sich mit der frühen Entscheidung auch der Beurteilungsmöglichkeit der Bewerber anhand der BGJ-Leistungen begeben. Andererseits verlieren die Schüler mit dem Vorvertrag die Möglichkeit einer Berufsorientierung im BGJ[30]. Außerdem ist davon auszugehen, daß sich auch bei abgeschlossenen Vorverträgen mit den Erfahrungen im BGJ Berufswünsche ändern, was das Abstimmungsproblem dennoch neu aufleben ließe.

Auch die den Schülern im BGJ gebotene Qualifikationschance im fachpraktischen Bereich geht im Falle eines Vorvertrages insbesondere für die in der Theorie leistungsschwächeren Schüler als Argument bei der Stellensuche verloren. Weiterhin ist zu bedenken, daß sich negative Auswirkungen auf den Leistungsanreiz im BGJ ergeben können und daß die Jugendlichen nach einer Entscheidung für einen bestimmten Einzelberuf und Betrieb das BGJ gerade auch wegen der über den Einzelberuf hinausgehenden Ausbildungsinhalte und seiner schulischen Ausrichtung als unumgängliche aber lästige Wartezeit bis zum Betriebseintritt empfinden könnten. Aus diesen Gründen erscheint der Vorvertrag für die strukturelle Abstimmung von schulischem BGJ und betrieblichem Ausbildungs- und Beschäftigungsbereich wenig geeignet.

[30] „Es entsteht die paradoxe Situation, daß die Konkurrenz um betriebliche Ausbildungsplätze bereits entschieden ist, und zwar definitiv, bevor das Berufsgrundschuljahr, das eigentlich eine Verlängerung der Entscheidungsphase bringen sollte, beginnt." B. Schröder: Regionale und sektorale Einführung des Berufsgrundbildungsjahres — Voraussetzungen und Konsequenzen eines obligatorischen Berufsgrundschuljahres, in: Berufsbildung in Wissenschaft und Praxis, 5. Jg. (1976), Heft 2, S. 10.

2. Ein Verfahrensvorschlag

a) die Grobstruktur und die regionale Konzeption des Modells

Nach der Analyse und Beschreibung des Bildungssystems in den hier interessierenden Bereichen, der Problemdarstellung und der Formulierung der Ziele sowie der Bedingungen, Kriterien und Instrumente, unter bzw. mit denen diese Zielsetzungen erreicht werden sollen, wird nun ein konkretes Abstimmungsschema vorgeschlagen und diskutiert. Die Strukturen dieses Schemas sind in den folgenden Abb. 10 und 11 dargestellt. Ausgangsannahme für den Abstimmungsmodus ist, daß das schulische BGJ vollständig und flächendeckend eingeführt ist. Für andere Konstruktionsformen der beruflichen Erstausbildung sind die Überlegungen entsprechend anzupassen. Unabhängig von der Organisationsart der Berufsausbildung bleiben in jedem Falle die Vorteile der aus der Ausübungsberufsstruktur und den Ausbildungsgegebenheiten errechneten Orientierungsdaten für bildungsplanerische Anwendungen und für die Bildungs- und Berufsberatung erhalten.

Das in den Abb. 10 und 11 wiedergegebene Gesamtschema enthält nicht nur die zur strukturellen Abstimmung der Berufsbildungs- und Beschäftigungskapazitäten (Problemteil A) bzw. des schulischen und betrieblichen Ausbildungsangebots (Problemteil B) vorzuschlagenden Verfahrensschritte und -wege, sondern es soll gleichzeitig die Einbettung des Verfahrens in einem erweiterten Systemzusammenhang aufgezeigt werden. Der Grobaufbau geht aus Abb. 10 auf der folgenden Seite hervor. Die Pole, zwischen denen der Abstimmungsprozeß abläuft, sind — jeweils in fachlicher Spezifizierung — auf der einen Seite die Ausbildungsnachfrage und auf der anderen Seite die Ausbildungs- und Beschäftigungskapazitäten in der Region. Diese Größen sind im Abstimmungsverfahren unter Berücksichtigung von Aspekten der Regionalsituation in einen Zusammenhang zu bringen.

Im Ergebnis werden Einschulungsrichtzahlen in absoluten Größen und als Anteile für die Berufsfelder der beruflichzen Erstausbildung nach Landkreisen angestrebt, die dann nach dem BGJ in die Fachstufenausbildung der Betriebe und in die schulischen Berufsbildungsgänge bzw. nach Abschluß der Ausbildung in die Erwerbstätigkeit einmünden.

Eine Projektion der regionalen Beschäftigungskapazitäten für den Zeitraum der Ausbildungsdauer ist als ergänzender Modellteil möglich, wird hier jedoch nicht fest vorgesehen, da zur Berücksichtigung von einzelnen Entwicklungen regionale Korrekturfaktoren im Modell enthalten sind.

Abb. 10: Der Grobaufbau des Abstimmungsmodells

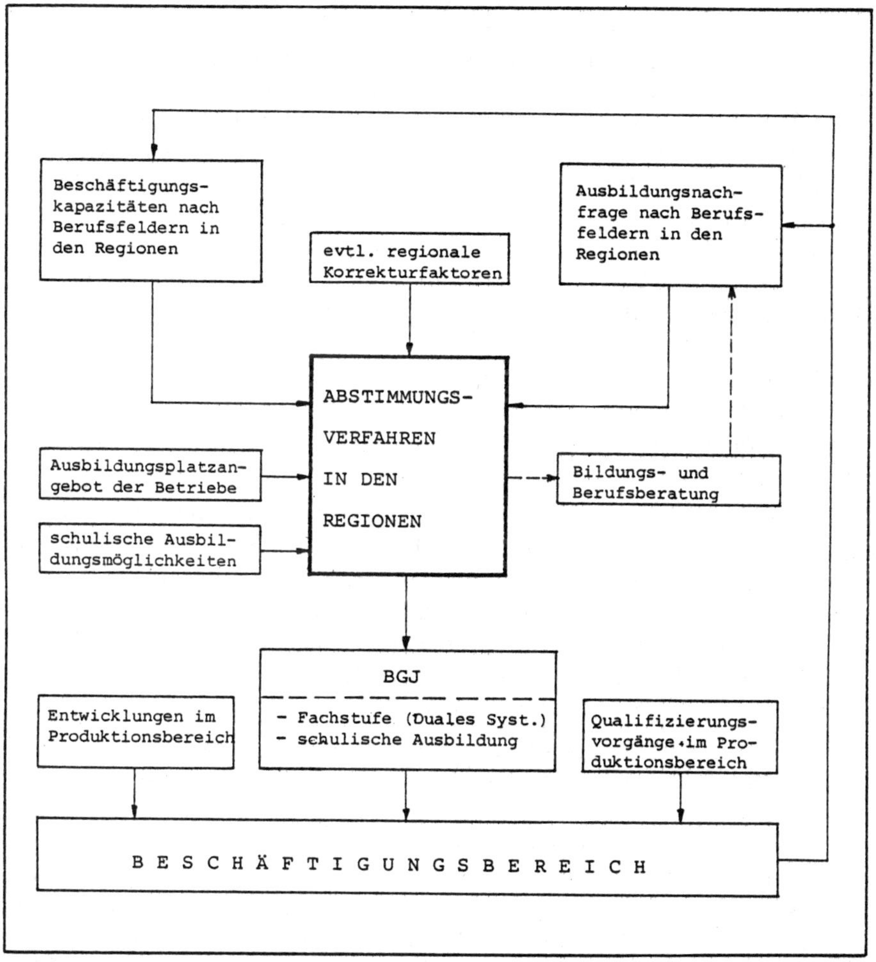

Das Verfahren, wie es im weiteren detailliert beschrieben wird, ist als ständige Einrichtung gedacht, bzw. es ist für jeden Schulentlaßjahrgang wiederum neu durchzuführen.

Schuleinzugsbereiche als Abstimmungsregionen

Da die Abstimmung an den einzelnen berufsbildenden Schulen als selbständige Anbieter und Durchführende des BGJ erfolgen muß, ist der für die

Untersuchung erforderliche Regionalisierungsgrad bereits weitgehend vorgegeben. Auf der Ebene dieser Raumgröße, d. h. von Schuleinzugsbereichen, bieten sich zwei Raumordnungskonzepte an. Zum einen ist es die administrative Aufteilung des Raumes und zum anderen können Abstimmungsregionen nach funktionalen Gesichtspunkten oder nach Homogenitätskriterien definiert werden[1]. Im letztgenannten Konzept werden Gebietseinheiten nach dem Grad der Übereinstimmung einzelner Charakteristika des Raumes oder aber nach der Intensität der regionalen Verknüpfung im sozialen und ökonomischen Geschehen aufgestellt. Dabei werden die unabhängig von Verwaltungsgrenzen in der Realität bestehenden räumlichen Funktionseinheiten oder räumlichen Ähnlichkeiten, die sich z. B. in den Güter- und Pendlerströmen niederschlagen, berücksichtigt.

Eine analytische Regionalisierung würde also der Tatsache, daß sich Arbeitsmarktbeziehungen nicht an politischen Raumgrenzen orientieren, besser gerecht werden, ist aber aus statistischen und aus erhebungstechnischen Gründen hier nicht durchführbar.

Da die vorhandene offizielle Statistik in der Regel auf politische Gebietseinheiten und auf die Regionen der Arbeitsverwaltung ausgerichtet ist und diese Regionalisierung gleichzeitig den Aktionsräumen der politischen Einflußnahme auf Entwicklungen entspricht, hat der Rückgriff auf Verwaltungseinheiten im vorliegenden Fall sowohl bei der Angebotsberechnung als auch bei der Durchführung der Abstimmung Vorteile gegenüber der erhebungsaufwendigen analytischen Raumgliederung.

Es kann dabei allerdings weder erwartet werden, daß sich das verwaltungsmäßige Einzugsgebiet einer bestimmten Schule mit dem für diese Schüler aufgrund ihres Wohnortes in Frage kommenden Ausbildungsplatzangebots der Betriebe räumlich deckt, noch daß die spätere regionale Verteilung der von den Ausgebildeten eingenommenen Arbeitsplätze mit dem Schuleinzugsgebiet identisch ist[2]. Dennoch soll im folgenden aus Gründen der Datenverfügbarkeit und des Verfahrensaufwands die administrative Raumordnung zugrunde gelegt werden. Dazu ist die Annahme ausgeglichener Pendlerströme von Auszubildenden und Beschäftigten erforderlich[3].

---

[1] Vgl. zu diesen Konzepten U. Engelen-Kefer, P. Klemmer: Abgrenzung regionaler Aktionsräume der Arbeitskräftepolitik, Kommission für wirtschaftlichen und sozialen Wandel (Hrsg.), Bd. 78, Göttingen 1976, S. 22 ff. und 90 ff.

Von der Wahl eines bestimmten Regionalisierungskonzeptes sind Auswirkungen auf die angestrebten Einschulungsvorschläge zu erwarten.

[2] Vgl. auch B. Schröder: Regionale und . . ., a. a. O., S. 9.

[3] Da die Beschäftigtenstatistik nach dem Arbeitsstättenprinzip aufgebaut ist und die Schuleinzugsbereiche die Wohnorte der Jugendlichen zugrundelegen, ergeben sich bei unausgeglichenen Pendlerströmen Abstimmungsfehler. Diese kommen dadurch zustande, daß sich der Ausbildungsvorschlag im nachstehenden Modell-

Bei den Verwaltungsregionen kommen wiederum Arbeitsamtsbezirke und Landkreise/kreisfreie Städte als Abstimmungsräume in Betracht. Für die Verwendung der Arbeitsamtsbezirke spricht insbesondere der enge Bezug zum Arbeitsmarkt und der dazu vorhandene Informationsstock. Andererseits sollten die Besetzungsvorschläge für die Berufsfelder im Hinblick auf ihre Anwendung an den berufsbildenden Schulen auf deren Schuleinzugsbereiche ausgerichtet sein. Diese sind jedoch nicht mit den Arbeitsamtsbezirken, sondern i. d. R. mit den Kreis- und Stadtgrenzen identisch. Darum bilden für das im weiteren vorgestellte Abstimmungskonzept die Gebiete der Landkreise und kreisfreien Städte, als den Trägern der berufsbildenden Schulen[4], die regionale Gliederung.

Mit der Raumgröße der Kreise und Städte kann auch dem Ziel räumlicher Gleichmäßigkeit der beruflichen Ausbildungsmöglichkeiten im Sinne eines überall vollständigen Berufsfeldangebots noch weitgehend Rechnung getragen werden, ohne die familiäre Einbindung der Jugendlichen durch Internatsbeschulung aufbrechen zu müssen[5]. Auf der anderen Seite sind die gewählten Räume klein genug, um die erforderliche Flexibilität des Abstimmungsverfahrens bei der Anpassung an sozioökonomische Eigenheiten der Region zu ermöglichen[6].

---

schema auf die in dem Schuleinzugsbereich arbeitenden Beschäftigten bezieht, der dann auf die dort Wohnenden übertragen wird. Das Problem könnte beseitigt werden, indem die Beschäftigtenstatistik die Wohnorte der Arbeitskräfte — für den vorliegenden Zweck nach Kreisen — mit erfaßt.

4 Auch die Ergebnisse einer Untersuchung zur regionalen Planung berufsbezogener Bildungseinrichtungen haben gezeigt, daß die erheblichen Strukturunterschiede, die noch innerhalb der Regierungs- und Verwaltungsbezirke bestehen, eine sinnvolle Planung nur auf der Raumgröße der Landkreise oder alternativ der Arbeitsamtsbezirke möglich machen. Vgl. H. J. Back u. a.: Regionale Planung berufsbezogener Bildungseinrichtungen, Kommission für wirtschaftlichen und sozialen Wandel (Hrsg.), Bd. 57, Göttingen 1975, S. 32, 47 und 63.

5 Probleme werfen in dieser Hinsicht die ‚kleinen' Schulen auf, die einerseits in einem Flächenstaat wie Niedersachsen erforderlich sind, um regionale Austrocknungen zu verhindern, andererseits aber wegen der geringen Schülerzahlen kein vollständiges BGJ zulassen.

6 „Eine zentralistische Planung der Berufsbildung hingegen, die sich nach dem Leitbild des allgemeinen Schulwesens (Schule = Schule) richtet, gefährdet den persönlichen, sozialen und wirtschaftlichen Erfolg des Berufsbildungssystems wie des Auszubildenden." DIHT-Markierungskpunkte zur beruflichen Bildung, a. a. O., S. 359.

Die Einheitlichkeit der allgemeinbildenden Schulen einer Schulform, hinsichtlich Ausstattung, Organisation und Unterrichtsangebot, kann wegen der regional unterschiedlichen Arbeitsmarktgegebenheiten nicht auf das berufsbildende Schulwesen übertragen werden.

Abb. 11: Schema der quantitativen und strukturellen Abstimmung

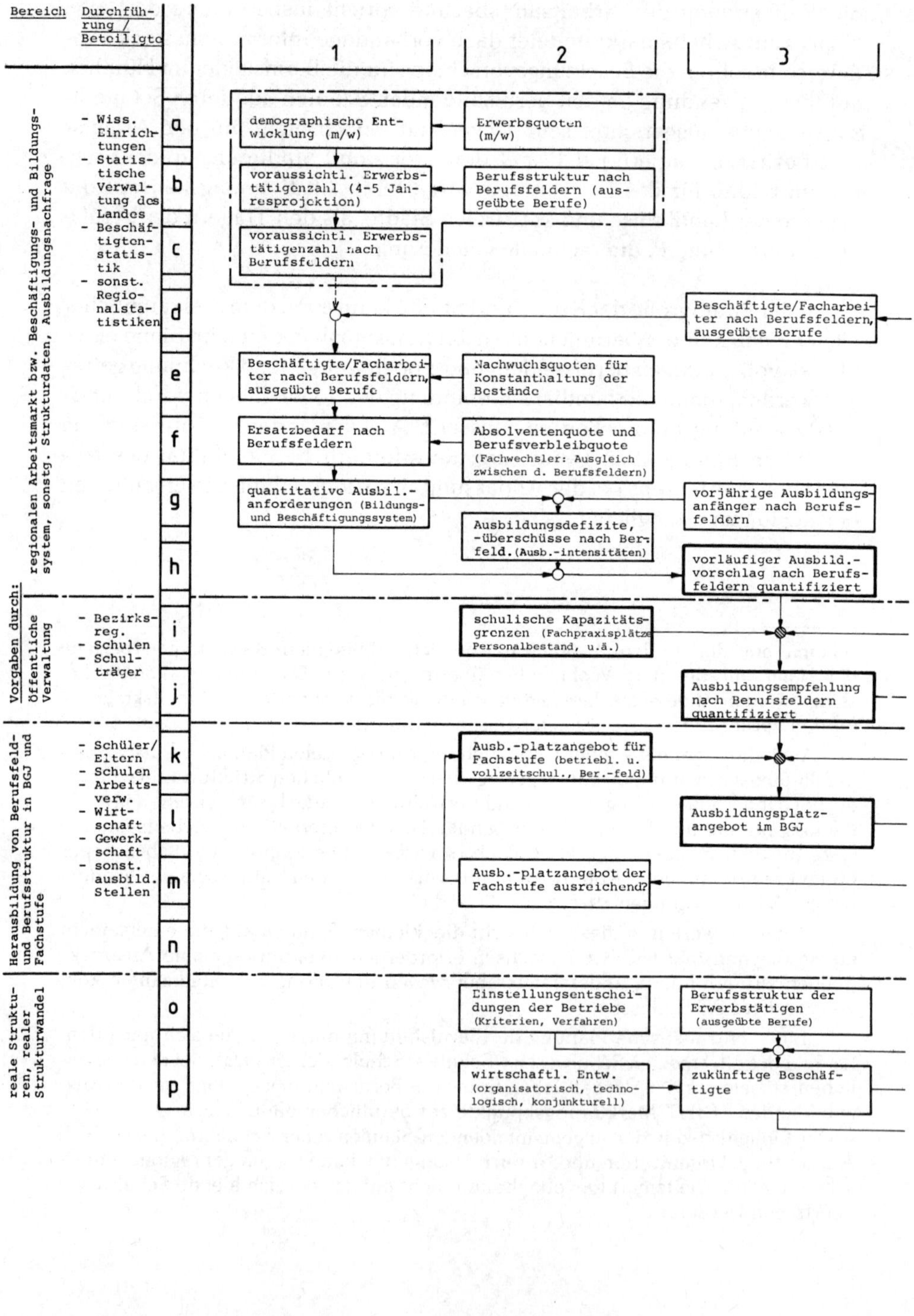

zwischen BGJ, Fachstufenausbildung und regionalem Arbeitsmarkt

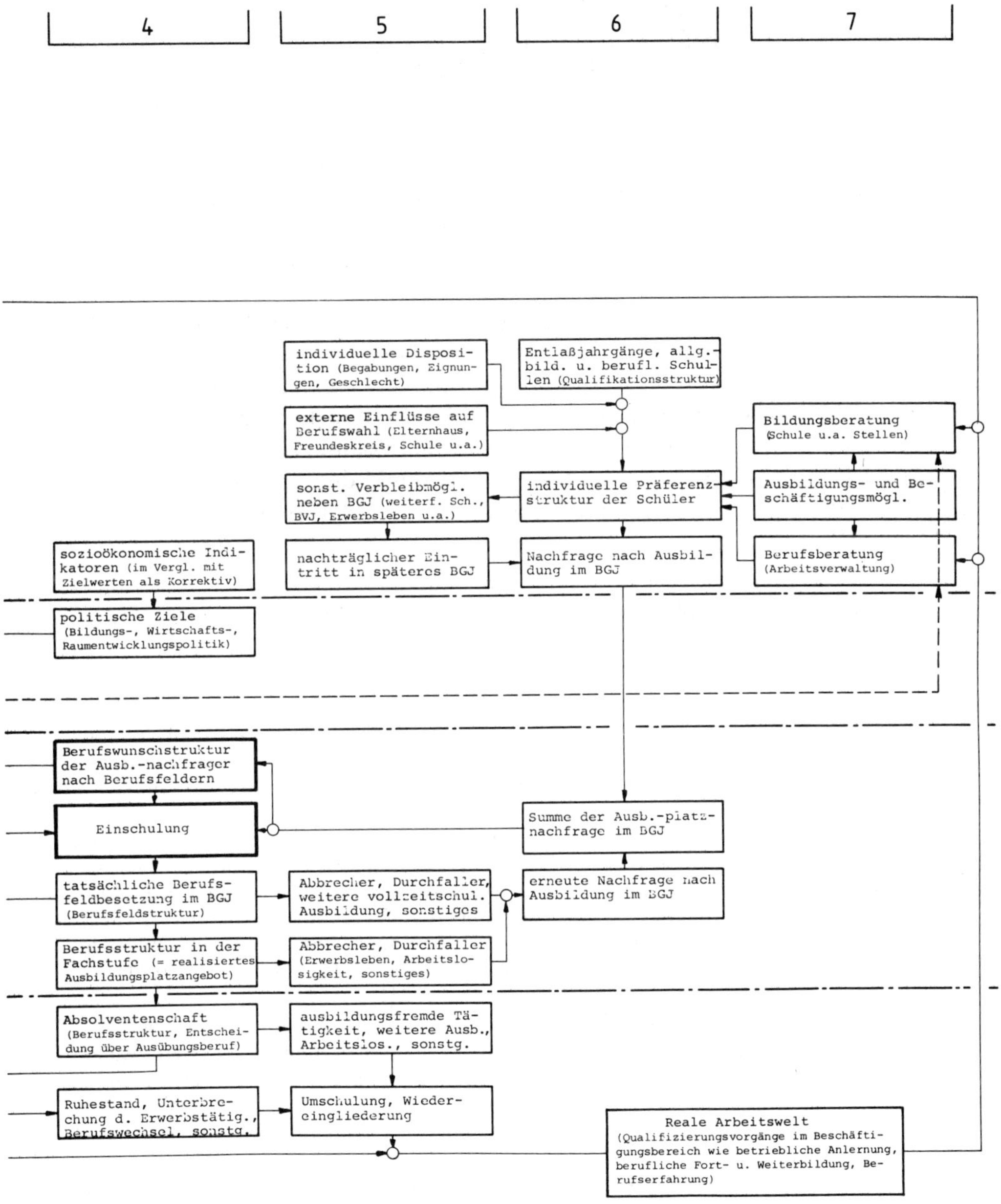

b) Zur Ausbildungsnachfrage

Die Nachfrage nach Ausbildungsplätzen im BGJ ist mit wenigen Ausnahmen dem Schulpflichtbereich zuzurechnen. Je nach dem Grad individueller Bildungsbereitschaft, die in komplexer Abhängigkeit von persönlichen, sozialen und ökonomischen Faktoren zu sehen ist[7], erweitert sich die Bildungsnachfrage durch die über das 12. Schuljahr hinausreichenden Bildungsbedürfnisse. Auch die Nachfrage nach Fachstufenplätzen ist im Prinzip eine Form der freiwilligen Bildungsteilnahme. In bildungsplanerischer Hinsicht unterscheidet sich die freiwillige Bildungsbeteiligung von der Pflichtform vor allem dadurch, daß sie nur mit sehr viel mehr Unsicherheit vorherschätzbar und beeinflußbar ist.

Wie sich die Ausbildungsnachfrage schematisch herausbildet, ist im Bereich 5-7/e-h der vorstehenden Abb. 11 dargestellt. Zusammen mit der nachträglichen Ausbildungsnachfrage früherer Schulentlaßjahrgänge (5h) und der erneuten Nachfrage von Ausbildungsabbrechern und Durchfallern (6m) nach Ausbildung im BGJ ergibt sich das Volumen der Nachfrage nach BGJ-Plätzen (6l). Dieses muß bis zum Zeitpunkt der Anmeldung zum BGJ aus Planungs- und Abstimmungsgründen nach Berufsfeldern strukturiert sein (4k).

Ob die in der Dreigliedrigkeit des allgemeinen Schulwesens bereits vorstrukturierten Entlaßschüler in ein BGJ oder BVJ eintreten oder eine Hochschule bzw. weiterführende Schulen der Sekundarstufe II besuchen, ist durch ihren erreichten Schulabschluß vorgeprägt[8].

---

[7] Hierzu zählen vor allem soziale Barrieren bzw. auch das Eingebundensein in die gesellschaftliche Herkunftsschicht und auf der anderen Seite aber auch das Streben nach sozialem Aufstieg. Es ist u. a. aber auch das Anknüpfen an familiäre Bildungstraditionen. Neben diesen eher subjektiven Aspekten sind außerdem die institutionellen Gegebenheiten des Bildungssystems und die inhaltlichen und methodischen Strukturen der einzelnen Bildungsgänge, das Angebot an sonstigen Verbleibmöglichkeiten und deren Attraktivität sowie die materielle Versorgung während der Ausbildung im Rahmen dieser unvollständigen Aufzählung zu nennen.

Der objektive Bedingungsrahmen von Ausbildungsentscheidungen unterliegt zudem einer individuellen Bewertung. Vgl. hierzu auch H. P. Widmaier in Zusammenarbeit mit K. Bahr: a.a.O., S. 31.

Schichtspezifisch unterschiedliche private Lernmöglichkeiten und materielle Bildungsvoraussetzungen sind zusammen mit der differenzierungsförderlichen Anpassung der Schulformen an die gesellschaftliche Schichtung und mit den sozialen Abstufungsmechanismen die wesentlichen Voraussetzungen für die Einmündung in bestimmte Bildungsgänge. Im Endergebnis findet sich dann mit Ausnahmen ein jeder in seiner Herkunftsschicht wieder.

[8] Eine Untersuchung im niedersächsischen Landkreis Aurich ergab z. B., daß im Jahre 1977 unmittelbar nach dem Schulabschluß 12,4 v. H. der Sonderschüler, 49,6 v. H. der Hauptschüler und 68,8 v. H. der Realschüler eine Ausbildung im Dualen

Die natürliche Entwicklung der Schülerzahlen, die Aufteilung der Schüler auf die Formen des allgemeinbildenden Schulwesens sowie das Berufswahlverhalten der Entlaßschüler bestimmen die Inanspruchnahme des BGJ- und des Fachstufenausbildungsangebots.

Ausbildungs- und Berufswahl — Modell und Wirklichkeit

Da die Wahl eines Ausbildungsberufes am Ende der allgemeinen Bildungsphase heute nicht mehr von vornherein gleichbedeutend mit der Wahl des späteren Ausübungsberufes nach Abschluß der Ausbildung ist[9], soll, um dem zu entsprechen, hier auch begrifflich differenziert werden. So wird im weiteren der Begriff Berufswahl der Entscheidung für einen Ausübungsberuf vorbehalten, während der Prozeß des Hingelangens zu einer bestimmten Ausbildung als Ausbildungswahl bezeichnet wird.

Geht man bei der Ausbildungswahl von einem formal gestuften Entscheidungsprozeß aus, so ist nach der Einführung des BGJ, bis zum Abgang aus den allgemeinbildenden Schulen lediglich die Wahl zwischen schulischen Bildungsgängen im Sekundarbereich II und im tertiären Bereich, einer betrieblichen Berufsausbildung, d. h. Besuch eines BGJ, oder dem Abgang in das Erwerbssystem erforderlich. Letzteres würde den Besuch eines BGJ oder BVJ für den Fall bedingen, daß die Schulpflicht noch nicht abgegolten ist.

Die Erfüllung formaler Zugangsvoraussetzungen zu weiterführenden allgemeinen und beruflichen Bildungseinrichtungen können die Wahlmöglichkeiten allerdings verengen.

System, im öffentlichen Dienst oder als Praktikanten aufnahmen. Die entsprechenden Übergangsquoten in Berufsfach- und Fachschulen betrugen dabei 0,6 v. H., 17,7 v. H. und 11,1 v. H. Zusätzlich gingen 14,6 v. H. der Realschüler in eine weiterführende allgemeinbildende Schule über.

Vgl. K. Frey, H. Heller, L. Hübl, W. Meyer: Zur Ausbildungssituation in Ostfriesland, Untersuchung der realisierten Ausbildungsnachfrage Jugendlicher, Diskussionspapiere des Fachbereichs Wirtschaftswissenschaften der Universität Hannover, Serie C, VWL Nr. 34, Hannover 1979, S. 12 ff.

Im Bundesgebiet betrugen die Übergangsquoten in eine Berufsausbildung im Dualen System, im öffentlichen Dienst oder als Praktikanten bei den Sonderschülern 18,9 v. H., bei den Hauptschülern 48,4 v. H. und bei den Realschülern 57,8 v. H. Vgl. H. Stegmann und I. Holzbauer: Die Nachfrage nach Ausbildungsplätzen und ihre Realisierung bei Absolventen und Abgängern allgemeinbildender Schulen, in: MittAB, 11. Jg. (1978), S. 160.

[9] Vgl. hierzu D. Mertens: Beziehungen zwischen Qualifikation und Arbeitsmarkt, in: W. Schlaffke (Hrsg.): Jugendarbeitslosigkeit, Köln 1976, S. 71 f.

Die Jugendlichen, die sich im Grundsatz für ein BGJ oder für eine betriebliche Berufsausbildung entschieden haben, müssen in einem zweiten Entscheidungsschritt dann vor dem Eintritt in das BGJ ein Berufsfeld wählen. Diese Entscheidung kann entweder als tatsächliche Berufsfeldwahl vorgenommen werden, oder aber bereits die Folge einer konkreten Ausbildungsberufsentscheidung sein. Wegen der prinzipiellen Offenheit des BGJ hinsichtlich der endgültigen Festlegung auf einen bestimmten Ausbildungsberuf, muß diese dritte Entscheidungsstufe jedoch erst zum Ende des BGJ vollzogen sein.

Erst nach vollständiger Einführung des BGJ und einer Zeit der Etablierung wird überprüft werden können, ob sich die Ausbildungswahl der Jugendlichen, den ursprünglichen Intentionen des BGJ folgend, zukünftig schrittweise über Berufsfeld- und Ausbildungsberufswahl vollzieht, oder ob sie sich wie bisher direkt am Ausbildungsberuf oder gar Ausbildungsbetrieb orientiert und das jeweilige Berufsfeld nur sekundär mitgewählt wird.

Schon heute können jedoch nach ihrem Stand im Ausbildungswahlprozeß zum Zeitpunkt der Entlassung aus den allgemeinbildenden Schulen für das Abstimmungsverfahren einzelne Schülergruppen unterschieden werden:

— hat sich der Jugendliche für einen Ausbildungsberuf entschieden, so ist damit auch ein Berufsfeld gewählt;
— ist der Jugendliche noch unentschieden für einen Ausbildungsberuf[10], so ist dennoch eine Berufsfeldwahl erforderlich;
— ist jemand für einen Ausbildungsberuf entschieden, aber für Alternativen offen, so bedingt dies ebenfalls eine Berufsfeldwahl.

Die beiden letztgenannten Kategorien bilden die vorrangigen Zielgruppen für das Abstimmungsinstrument Bildungs- und Berufsberatung.

Im weiteren sollen die erste Einmündung der Schüler in bestimmte Ausbildungsberufe und die dabei wirksamen Haupteinflußfaktoren kurz in ihrer Bedeutung für das Abstimmungsverfahren betrachtet werden. Dazu zeigt Abb. 12 wesentliche Bedingungen, unter denen die Ausbildungs- und Berufswahl in den einzelnen Stufen des Prozesses zu treffen ist. Als Hauptdeterminanten der individuellen Präferenzstruktur der Schüler, mit der sie in

[10] Der Anteil unbestimmter Berufswünsche bei den Ausbildungsanwärtern betrug in den Jahrn 1970 und 1973 unterschiedlich nach Schulabschluß und Geschlecht zwischen 14,6 v. H. und 43,2 v. H., wobei die Unschlüssigkeit bei den Mädchen häufiger ist als bei den Jungen. Vgl. K.-P. Gaulke: Berufswunsch und Berufswahl, Analyse einiger Determinanten und Interdependenzen, in: Deutsches Institut für Wirtschaftsforschung (Hrsg.): Beiträge zur Strukturforschung, Heft 40, Berlin 1976, S. 34.

die Ausbildungswahlsituation hineingehen[11], können grob unterteilt neben der schon genannten schulischen Vorbildung, die subjektive Disposition (5e in Abb. 11) aus Geschlecht, Begabungen und Eignungen und eine Reihe äußerer Einflüsse (5f) genannt werden. Hierzu zählen vorrangig das Elternhaus, der Freundeskreis und die Schulen sowie der allgemeine Informationsstand[12] des Jugendlichen im Hinblick auf die Ausbildungswahl. Darüberhinaus kommen weitere Faktoren der sozialen Herkunft zum Tragen. Der Beruf des Vaters, die Vollständigkeit und Größe der Familie, die materielle Basis und der Wohnort wirken sich neben anderen Merkmalen auf das Bildungsverhalten der Jugendlichen aus[13]. Die Nutzeneinschätzung von Ausbildung und die Fristigkeit der Planungshorizonte sowie das Sicherheitsbedürfnis und die Bereitschaft zum Verzicht und das Streben nach sozialem Aufstieg[14], die wiederum durch die schulische Vorbildung und das Geschlecht mitgeformt werden[15], sind weitere Einflußfaktoren. Schulbildung und Geschlecht

---

[11] Unter dem Aspekt des permanenten Wandels der Arbeitsanforderungen und -inhalte und der Arbeitsmarktstrukturen kann Berufswahl heute nicht mehr als einmaliger Akt, sondern nur als Prozeß von Berufsorientierung, Berufsfindung, beruflicher Erstentscheidung und Entscheidungsmodifikationen im Karriereverlauf bzw. Entscheidungskorrekturen durch Berufswechsel gesehen werden.

[12] Vgl. ebd., S. 49.

[13] Vgl. auch L. Hübl, K. Frey, H.Heller, W. Meyer, W. Schepers: Ausbildungsverhalten Jugendlicher, a.a.O., S. 24 ff. Als weitere Einflußgrößen der Berufswahl werden auch die an den Mitschülern gemessene relative Schulleistung, die Freundeskreisorientierung während der Schulzeit und der Grad der Selbständigkeit innerhalb der Familie genannt. Vgl. E. Lange: Einige Zusammenhänge zwischen beruflichen Entscheidungen, individuellen Entscheidungsprämissen und sozio-ökonomischen Bedingungen, in: MittAB, 7. Jg. (1974), Heft 4, S. 333.

[14] Bildungsentscheidungen der im Abstimmungsverfahren vor allem vertretenen Kinder der unteren Sozialschichten unterliegen z. B. der Angst, durch schichtunangemessene Ansprüche Sanktionen der eigenen Gruppe auf sich zu lenken (vgl. D. Fröhlich: Arbeit, Beruf und Bildungsverhalten, a.a.O., S. 321). Schlimmstenfalls bedeutet dies nämlich den Verlust der Basis für die eigene gesellschaftliche Identität, ohne Aussicht auf Integration in eine 'bessere' Umgebung. Dem Aufsteiger fehlen wegen seiner anders angelegten primären, schulischen und beruflichen Sozialisation zumeist alle Attribute der höheren Schichten. Die Gruppennormen und extrafunktionalen Qualifikationen, wie Flexibilität, Kritikfähigkeit und analytisches Denkvermögen, die z. B. der Gymnasiast aus gehobenem Elternhaus bis zum Ende seiner Schulzeit — noch abgehoben von jedem konkreten Beruf — ausformen kann, stellen für die Kinder der unteren Sozialschichten häufig eine nur schwer überwindbare Bildungsbarriere dar. Ihr Aufstieg muß sich vornehmlich auf die Leistungsfähigkeit im Bereich der funktionalen Qualifikationen begründen. Dies ist jedoch für das Eindringen in eine höhere Sozialschicht eine sehr schmale Basis, da mit steigendem Berufsniveau die extrafunktionalen Qualifikationen zunehmend auch funktionale Bedeutung erlangen und schichtspezifische Abgrenzungstendenzen den Weg in höhere Berufe zusätzlich erschweren. Es bleibt ihnen so vornehmlich nur die betriebliche Berufsausbildung als Basis des Berufsweges.

[15] Vgl. E. Lange: Einige . . ., a.a.O., S. 337.
Neben Erwerbssicherungsgründen kann hinter der Aufnahme einer Ausbildung

sind hier auch deswegen von Interesse, weil hiervon der Zeitpunkt der Ausbildungsberufsentscheidung beeinflußt wird[16].

Abb. 12: Schema der gestuften Ausbildungs- und Berufswahl nach Einführung des BGJ

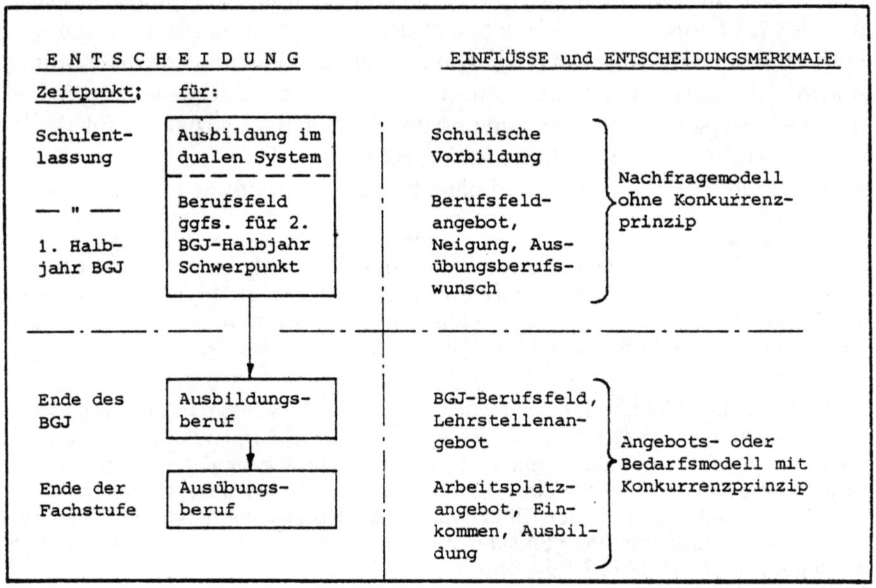

Zusammengenommen stellen die hier nur im Überblick angesprochenen Bestimmungsfaktoren der Berufswunschstruktur auf der einen Seite und der davon zu unterscheidenden Einflußgrößen der tatsächlichen Einmündung in bestimmte Ausbildungsberufe auf der anderen Seite ein überaus komplexes

---

auch Bildungskonsum als Motiv stehen. Der darauf zurückzuführende Nachfrageanteil wird hier für den Bereich der betrieblichen Berufsausbildung als vernachlässigbar klein angesehen.

[16] Unterschiede zeigen sich z. B. in der Form, daß Jungen mit niedriger und Mädchen mit hoher schulischer Vorbildung gemessen am Termin des Ausbildungsbeginns zu einem mittleren Entscheidungszeitpunkt tendieren, während sich Mädchen mit niedriger Schulbildung relativ früher entscheiden und bei Jungen mit hoher Schulbildung eine verhältnismäßig späte Entscheidung zu erwarten ist.

Unter dem Kriterium der Schichtzugehörigkeit fällt auf, daß die Kinder der unteren Sozialschichten ihre Ausbildungswahl erst relativ spät und dann innerhalb kurzer Zeit treffen. Vgl. ebd., S. 335 und 337.

System dar, das sich der detaillierten Erfassung und der systematischen Verarbeitung in einem Massenverfahren wie der hier angestrebten Berufsfeldabstimmung entzieht.

Umfang und Breite sowie die Zugangsmöglichkeiten des alternativ zum BGJ zu sehenden regionalen Bildungs- und Beschäftigungsangebots (5g in Abb. 11), die Chancen auf eine Ausbildung im Dualen System und deren spätere Verwertungsaussichten (7g) sowie die individuellen Voraussetzungen und Prämissen für die konkrete Teilnahme am Ausbildungsplatzwettbewerb[17] (6g), sollen im Modell die real weitaus komplexeren Ausbildungswahlbedingungen vertreten[18].

Exkurs: Ausbildungswahl in der Realität

Im Rahmen der Entwicklung und Absicherung des vorliegenden Modells wurde eine Untersuchung zur rückblickenden Betrachtung von Ausbildungsentscheidungen und zum geplanten beruflichen Verbleib durchgeführt, wie vorn bereits angesprochen. Dabei sollte auch die Frage beantwortet werden, in welcher Abhängigkeit Ausbildungs- und spätere Berufsausübungsentscheidungen zueinander stehen. Anhand eines Fragebogens wurden insgesamt 1086 Teilzeitberufsschüler und -schülerinnen in Abschlußklassen der Berufsfelder I, II, III, IV, X, XI und XIII im Schuljahr 1980/81 befragt. Die wichtigsten Ergebnisse sind in den nachfolgenden Tab. I bis V festgehalten.

---

[17] Von der ideellen Präferenz- und Berufswunschstruktur ist der konkrete Entscheidungsprozeß und dessen Ergebnis abzuheben. Die relative Position im Ausbildungsplatzwettbewerb und die Richtigkeit der Selbsteinschätzung sowie die tatsächlich vorhandenen Ausbildungsmöglichkeiten sind wesentliche Bestimmungsgrößen für den Grad der Abweichung zwischen der ideellen und der dann realisierten Ausbildungsberufsstruktur. In einer Untersuchung des Arbeitsamtes Braunschweig wird in diesem Zusammenhang davon ausgegangen, daß die Berufsmöglichkeiten umso realistischer eingeschätzt werden, je geringer die schulische Qualifikation ist. Vgl. Arbeitsamt Braunschweig (Hrsg.): Verhaltensaspekte von Schulabgängern bei der Berufswahl, Braunschweig 1978, S. 32 f.

Die Chance, einen Ausbildungswunsch in die Wirklichkeit umzusetzen, bleibt jedoch wesentlich auch von der Entwicklung der Ausbildungsstellensituation abhängig. Gaulke belegt dazu, daß z. B. bei einem Ausbildungsstellenrückgang die Ausbildungsnachfrager mit geringerem Schulabschluß gegenüber den Realschulabsolventen relativ häufiger ihren Berufswunsch nicht verwirklichen konnten. Vgl. K.-P. Gaulke: Berufswunsch . . ., a.a.O., S. 85.

[18] Hier liegt auch der wichtigste Ansatzpunkt im Verlaufsschema für die gezielte Beeinflussung der Ausbildungswahl durch die an den realen Ausbildungs- und Beschäftigungsmöglichkeiten orientierte Bildungs- und Berufsberatung (7f, h), dem wichtigsten Instrument der Berufsfeldabstimmung.

Es zeigte sich, daß nur ca. 55 v. H. aller Befragten eine Ausbildung in ihrem erwünschten Beruf erfahren, wobei die Situation bei den Mädchen mit 40 v. H. gegenüber den Jungen mit 60 v. H. noch deutlich ungünstiger ist. Interessant sind die Aussagen über die Art der Bemühungen um einen Ausbildungsplatz. Etwa die Hälfte (53,7 v. H. der Jungen und 49,2 v. H. der Mädchen) hat sich den Ausbildungsplatz selbständig gesucht; zu jeweils von ca. einem Fünftel wird auch die Unterstützung von Eltern oder Freunden genannt. Nur 15,5 v. H. geben dagegen an, ihren Ausbildungsplatz durch das Arbeitsamt gefunden zu haben.

Die Antworten verdeutlichen aber auch, daß sich ein ansehnlicher Teil der Jugendlichen (rd. 6 v. H.) bei der Ausbildungswahl dem Willen der Eltern unterordnen müssen. Dieser Umstand schlägt sich später in Unzufriedenheit mit Ausbildung und Beruf sowie in Ausbildungsabbrüchen und Absichten zu Berufswechseln nieder. Bezeichnend für die besonders unbefriedigende Ausbildungssituation der Mädchen sind deren Antworten hinsichtlich des ergriffenen Ausbildungsberufs als Notlösung; mehr als ein Drittel und damit nahezu doppelt soviele wie Jungen antworten mit ja.

Tab. I: Zur Wahl des Ausbildungsplatzes

Anzahl der Nennungen	Ausb. im gewünschten Beruf	Bemühungen um einen Ausbildungsplatz (Mehrfachnennungen möglich)							freie Wahl des Ausb.-Berufs
		selbst gesucht	Zeitungsannonce	Arbeitsamt	Eltern	Lehrer	Freunde, Bekannte	sonstiges	
1	2	3	4	5	6	7	8	9	10
männlich									
abs. 838	498	450	47	124	190	31	183	31	785
v.H. 100	59,4	53,7	5,6	14,8	22,7	3,7	21,8	3,7	93,7
weiblich									
abs. 248	106	122	40	44	57	5	31	8	233
v.H. 100	42,7	49,2	16,1	17,7	23,0	2,0	12,5	3,2	94,0
gesamt									
abs.1086	604	572	87	168	247	36	214	39	1018
v.H. 100	55,6	52,7	8,0	15,5	22,7	3,3	19,7	3,6	93,7

Quelle: eigene Erhebung, vgl. zu den Tab. I bis V Fußnote 10 auf S. 24.

Tab. II: Ausbildungswahl im Rückblick

Anzahl der Nennungen	Ausb.-Beruf ist Notlösung	bei Ausb.-Beginn richtig informiert gewesen	deutlich zufrieden mit		ggfs. Wiederwahl des Ausb.-Berufs	Berufswechsel ist geplant
			dem Beruf	der Ausb.		
1	2	3	4	5	6	7
männlich abs. 838	164	573	403	291	282	268
v.H. 100	19,6	68,4	48,1	34,7	33,7	32,0
weiblich abs. 248	88	168	123	98	72	59
v.H. 100	35,5	67,7	49,6	39,5	29,0	23,8
gesamt abs. 1086	252	741	526	389	354	327
v.H. 100	23,2	68,2	48,8	35,8	32,6	30,1

Quelle: eigene Erhebung, s. Tab. I.

Zufrieden mit ihrer Ausbildung äußern sich insgesamt nur 35,8 v. H. der Jugendlichen, mit dem Beruf selbst sind es jedoch wesentlich mehr (48,8 v. H.). Ein relativ kleiner Teil, nämlich 7,9 v. H. bzw. 2,6 v. H. der Befragten äußert sich eindeutig negativ.

Sowohl bei den Jungen als auch bei den Mädchen waren zum Beginn der Ausbildung lediglich zwei Drittel über die tatsächlichen Aussichten in den von ihnen gewählten Berufen richtig informiert. Gerade dieser Anteil scheint im Sinne des vorliegenden Abstimmungsmodells deutlich steigerungsfähig zu sein.

Als gravierend ist auch anzusehen, daß nur knapp ein Drittel aller Jugendlichen ihren Beruf wiederwählen würde. Vor allem aber ist die Quote von 30 v. H. der Jugendlichen, die schon zum Ausbildungsabschluß einen Berufswechsel planen, im Begründungszusammenhang des Abstimmungsvorschlags von herausragender Bedeutung. Ein derart hoher Anteil hat neben den individuellen Problemen der Berufswechsler eine beträchtliche Belastung der Wirtschaft und der Allgemeinheit in Form von mangelnder Effizienz des Ausbildungswesens bzw. von Qualifikationsverfall und Umschulungskosten zur Folge. Eine systematische, an den Bedürfnissen und Möglichkeiten des Beschäftigungssystems und an den Interessen der Jugendlichen orientierte Beratung mit dem Ziel einer verbesserten Anpassung zwischen Bildungs- und Erwerbsbereich ist dringend geboten.

Tab. III: Vorbildung, Ausbildungswahl und Ausbildungsverlauf (in v.H.)

Allg. u. vollzeitschulische berufliche Vorbildung (abs.)	Ausb. im gewünschten Beruf	Bemühungen um einen Ausbildungsplatz (Mehrfachnennungen möglich)							freie Wahl des Ausb.-Berufs
		selbst gesucht	Zeitungsannonce	Arbeitsamt	Eltern	Lehrer	Freunde, Bekannte	sonstiges	
1	2	3	4	5	6	7	8	9	10
Sondersch. u. Hauptschulabgänger (57)	52,6	38,6	3,5	17,5	28,1	1,8	22,8	5,3	87,7
Hauptschüler mit Abschluß (468)	56,4	50,6	5,3	16,2	27,1	4,1	21,6	3,4	94,4
Realschüler mit Abschluß (272)	54,4	52,2	8,5	16,9	18,8	0,7	21,7	4,0	94,9
BGJ- u. BFS-Abgang u. Abschluß(224)	55,4	56,3	13,4	14,7	19,6	4,9	15,6	2,7	92,4

Ausb.-Beruf ist Notlösung	bei Ausb.-Beginn richtig informiert	deutlich zufrieden mit		ggfs. Wiederwahl des Ausb. Berufs	Berufswechsel ist geplant
		Beruf	Ausb.		
11	12	13	14	15	16
35,1	64,9	54,4	43,9	26,3	29.8
19,9	78,9	47,2	34,6	31,6	28,4
24,6	64,0	48,5	32,7	34,9	36,0
21,4	69,2	58,9	42,9	39,3	26,8

Quelle: eigene Erhebung, s. Tab. I.

Zu den Ergebnissen ist anzumerken, daß keine Abhängigkeit zwischen der Ausbildung im Wunschberuf und der schulischen Vorbildung erkennbar ist, wie Tab. III zeigt. Es ist jedoch eine größere Selbständigkeit bei den Bemühungen um einen Ausbildungsplatz mit zunehmender schulischer Vorbildung zu verzeichnen. Hier ist aber auch der positive Einfluß von BGJ und BFS hervorzuheben, die zum überwiegenden Teil von Schülern besucht werden, die zunächst nur eine relativ geringe Vorbildung besitzen und auf diesem Wege eine beträchtliche Steigerung ihrer Selbständigkeit erfahren. Die erfolgreiche Ausbildungsplatzvermittlung der Arbeitsverwaltung liegt fast unabhängig von der Vorbildung bei 16 bis 17,5 v. H. mit der Ausnahme von 14,7 v. H. bei den BGJ- und BFS-Schülern.

Bezeichnend für die Sonderschüler und die Hauptschüler ohne Abschluß ist, daß die Ausbildungswahl bei immerhin 12,3 v. H. dieser Gruppe nicht frei erfolgt. Hinzu kommen ihre ohnehin geringen Wahlmöglichkeiten, so daß der Ausbildungsberuf von einem vergleichsweise großen Teil (35,1 v. H.) als Notlösung empfunden wird. Bei den BGJ- und BFS-Besuchern beträgt dieser Anteil nur gut 21 v. H. Daß fast ein Viertel aller Realschüler den Ausbildungsberuf als Notlösung empfindet, kann als Indiz für eine Entwicklung gewertet werden, in deren Folge Realschüler in anspruchsvolleren, attraktiven Berufen immer mehr von Abiturienten verdrängt werden. Die Gründe dafür sind in den veränderten schulischen Voraussetzungen der Jugendlichen, in schulstrukturellen Verschiebungen und geänderten beruflichen Anforderungen zu suchen.

Auf die Zufriedenheit mit dem Beruf und mit geringen Einschränkungen auch mit der Ausbildung sowie auf die theoretische Wiederwahl des Ausbildungsberufs wirkt sich der Besuch von BGJ oder BFS auffallend positiv aus. Dies gilt auch für den geplanten Verbleib im Beruf. Ansonsten ist der von ca. 30 v. H. der Jugendlichen vorgesehene unmittelbare Berufswechsel nicht von der Vorbildung abhängig.

Tab. IV: Ausbildung im Wunschberuf — Bemühungen und Ergebnisse der Ausbildungswahl (in v. H.)

Ausbildung im gewünschten Beruf (abs.)		Bemühungen um einen Ausbildungsplatz (Mehrfachnennungen möglich)							freie Wahl des Ausb.-Berufs
		selbst gesucht	Zeitungs-annonce	Arbeitsamt	Eltern	Lehrer	Freunde, Bekannte	sonstiges	
1	2	3	4	5	6	7	8	9	10
ja	männl.(498)	60,6	4,2	12,5	23,7	4,0	19,7	3,8	98,0
	weibl.(106)	63,2	12,3	12,3	19,8	2,8	12,3	2,8	99,1
	ges. (604)	61,1	5,6	12,4	23,0	3,8	18,4	3,6	98,1
nein	männl.(322)	46,6	8,1	18,3	22,1	2,5	25,5	3,1	87,6
	weibl.(142)	39,4	19,0	21,8	24,7	1,4	13,4	3,5	90,1
	ges. (464)	44,4	11,4	19,4	22,8	2,2	21,8	3,2	88,4

bei Ausb.-Beginn richtig informiert	deutlich zufrieden mit Beruf	deutlich zufrieden mit Ausb.	ggfs. Wiederwahl des Ausb. Berufs	Berufswechsel ist geplant
11	12	13	14	15
75,3	54,4	37,8	45,8	24,3
62,3	64,2	44,3	50,0	16,0
73,0	56,1	38,9	46,5	22,8
58,1	38,8	29,5	15,2	46,3
71,8	38,0	34,5	14,1	29,6
62,3	38,6	31,0	14,9	41,2

Quelle: eigene Erhebung, vgl. Tab. I.

In der Tab. IV ist auffällig, daß die in ihrem Wunschberuf Ausgebildeten zu mehr als 60 v. H. eigene Bemühungen um den Ausbildungsplatz nennen. Diejenigen, die nicht ihren Wunschberuf erlernen, haben in wesentlich geringerem Umfang den Ausbildungsplatz durch eigene Anstrengungen erhalten, aber dafür zu einem deutlich größeren Teil das Arbeitsamt in Anspruch genommen.

Ein zweifelsfreier Zusammenhang von Wunschberuf und Zufriedenheit im Beruf läßt sich durch das Auseinanderfallen der Einschätzungen in den jeweiligen Gruppen (56,1 v. H. zu 38,6 v. H.) nachzeichnen. Dies trifft für die Zufriedenheit in der Ausbildung allerdings nicht zu.

Die hohe Quote von mehr als 40 v. H. entschlossener Berufswechsler bei den Jugendlichen, die ihren gewünschten Beruf nicht ergriffen haben oder ergreifen konnten, fordert Verbesserungen auf diesem Sektor dringend heraus.

Zu erwähnen ist weiterhin die hohe Zahl der weiblichen Jugendlichen, die trotz nicht wunschgemäßer Ausbildung im Beruf verbleiben wollen bzw. mangels Alternativen müssen (62,7 v. H.).

Daß die Zufriedenheit mit dem Beruf und der Ausbildung wesentlich von den richtigen Informationen abhängt, die vor Ausbildungsbeginn gegeben werden, wird nachhaltig durch Tab. V bestätigt. Folge deutlicher Zufriedenheit der Jugendlichen ist, daß fast 50 v. H. den Beruf noch einmal wählen würden und zu mehr als 75 v. H. auch im Beruf verbleiben wollen.

Tab. V: Zufriedenheit im Ausbildungsberuf — Informationsvoraussetzungen und weitere berufliche Planung (in v. H.)

Zufriedenheit mit dem/der (abs.)		bei Ausb.Beginn richtig informiert	ggfs. Wiederwahl des Ausb.-Berufs	Berufswechsel ist geplant ja	nein
1	2	3	4	5	6
Beruf	männl. (403)	76,7	48,6	18,9	77,9
	weibl. (123)	71,5	46,3	17,9	76,4
	ges. (526)	75,5	48,1	18,6	77,6
Ausbildung	männl. (291)	75,3	47,1	19,2	77,3
	weibl. (98)	74,5	44,9	20,4	71,4
	ges. (389)	75,1	46,5	19,5	75,8

Quelle: eigene Erhebung, vgl. Tab. I.

Zusammenfassend bleibt zu unterstreichen, daß schon in den Abschlußklassen des herkömmlichen Dualen Systems ca. ein Drittel der Auszubildenden plant, unmittelbar nach dem Ende der Ausbildung den erlernten Beruf aufzugeben. Dabei zeigt sich, daß die richtige Information zur Ausbildungs-und Berufswahl von Bedeutung für die Verhinderung von Berufswechseln und damit von individuellen Nachteilen und gesellschaftlichen Kosten ist. ‚Nur' ein Viertel der im Rahmen der Berufsorientierung ‚richtig' informierten Jugendlichen beabsichtigt den sofortigen Berufswechsel gegenüber mehr als 40 v. H. der ‚falsch' Informierten.

Von den Ausbildungsvertragsabschlüssen kommt der größte Teil auf eigene Bemühungen der Jugendlichen zustande. Auffällig ist dabei, daß gerade die Jugendlichen, die sich ansonsten von ihrer schulischen Vorbildung her relativ unselbständig verhalten, nach dem Besuch eines BGJ oder einer BFS besonders selbständig sind.

Etwa 55 v. H. der befragten Jugendlichen konnten ihren Berufswunsch verwirklichen. Hier scheinen Steigerungen insbesondere auch bei der noch stärker benachteiligten Gruppe von Mädchen durch begründete, intensivere Information auf der Grundlage der tatsächlichen regionalen Beschäftigungsgegebenheiten und durch die mit der Einführung des BGJ erfolgende Ausweitung der Ausbildungskapazitäten möglich. Die damit gleichzeitig zu erwartende höhere Zufriedenheit in der Ausbildung wird, wie die Ergebnisse zeigen, ebenfalls positiv zur Verhinderung von Berufswechseln beitragen.,

Unschärfen der Berufswunschstruktur

Unter Abstimmungsgesichtspunkten verbinden sich mit der Ausbildungswahl vor allem Probleme hinsichtlich der Aussagekraft des in den Abschlußklassen der allgemeinbildenden Schulen erfaßbaren Berufswunschprofils. Andererseits sind aber die Berufswünsche der Jugendlichen eine der wichtigsten Größen im Abstimmungsvorgang.

Die in den Abschlußklassen erhebbare Berufswunschstruktur ist noch in der Entwicklung begriffen, d. h. noch nicht ohne Einschränkungen auf den Zeitpunkt der Ausbildungsaufnahme übertragbar. Sie kann jedoch verfahrenstechnisch nur als statische Größe aufgenommen werden, wobei unbekannt ist, inwieweit selbst diese Momentaufnahme der Berufswünsche von ernsthafter Absicht der Jugendlichen getragen ist. Es muß also damit gerechnet werden, daß zwischen den Ausbildungswünschen der in den allgemeinbildenden Schulen zur Entlassung anstehenden Schüler und den berufsfeldbezogenen Anmeldungen zum BGJ und dann noch einmal gegenüber der tatsächlichen Berufsfeldstruktur im BGJ unabhängig von einem Abstimmungsverfahren Abweichungen auftreten.

Hier stellt sich die Frage der Berufswahlreife der Schüler in der Sekundarstufe I. Zu berücksichtigen ist z. B., daß in diesem Alter der Ausschlag für einen bestimmten Ausbildungsberuf häufig noch nicht die logische Folge lang- oder zumindest mittelfristig konkreter Zielorientierung ist, sondern eher ein von modischen Strömungen beeinflußtes allgemeines Erfolgsstreben seinen Ausdruck findet[19]. Wenn dann solchermaßen ausgerichtete Leitvorstellungen der Ausbildungswahl mit den realen Bedingungen und Erfahrungen der Ausbildung und der Arbeitswelt konfrontiert werden, kann dies leicht Anlaß zum Berufswechsel sein. Dadurch wird im Abstimmungsverfahren die Möglichkeit der Erreichung des Teilziels 'Abstimmung der Ausbildung mit den Beschäftigungsmöglichkeiten' eingeschränkt.

Ursachen derartiger Unschärfen und Gültigkeitsprobleme der geäußerten Berufswunschstruktur liegen weiterhin darin, daß die individuelle Sozialisation zu unterschiedlichen mehr oder minder unzutreffenden Vorstellungen u. a. über Anforderungsprofile, Tätigkeitsinhalte, Arbeitsorganisation, Ein-

---

[19] Vgl. F. Fürstenberg: Die Freiheit . . ., a.a.O., S. 125 f.

Abb. 13: Berufserwartungen und Berufswirklichkeit

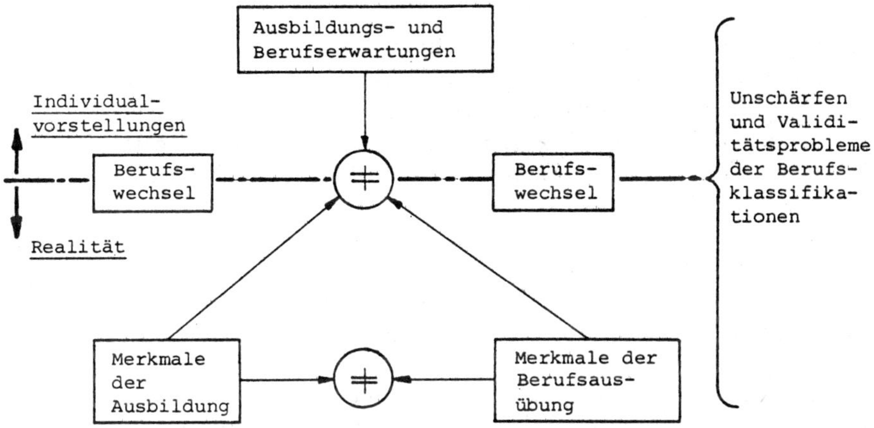

kommen, zukünftige Beschäftigungs- und Aufstiegsmöglichkeiten und soziales Ansehen der einzelnen Berufe führt[20]. Zudem geben die traditionellen Berufsbezeichnungen infolge des fortlaufenden inhaltlichen Wandels der Berufe immer weniger Auskunft über die tatsächlichen Tätigkeitsmerkmale[21], was ebenfalls zu irrigen Entscheidungen beiträgt.

Außerdem existieren für einen erheblichen Anteil der von betrieblich Ausgebildeten besetzten Arbeitsplätze überhaupt keine Berufsausbildungen, so daß sich zwar Beschäftigungsmöglichkeiten aber keine Ausbildungswahlmöglichkeiten stellen[22]. Schon aus diesem Grunde kann die angestrebte

[20] Vgl. K.-P. Gaulke: Berufswunsch . . ., a.a.O., S. 10.

[21] Vgl. H. v. Henninges, A. Chaberny, R. Jelitto: Neue Daten zum Wandel der beruflichen Aufgabenstruktur in der Bundesrepublik Deutschland, in: MittAB, 10. Jg. (1977), Heft 1, S. 89.

Da die eigentlichen Tätigkeitsinhalte in den Berufsbezeichnungen nicht mehr hinreichend zum Ausdruck kommen, wurde vom Institut für Arbeitsmarkt- und Berufsforschung versucht, die Aussagekraft der Erwerbsstatistik durch die zusätzliche Erhebung eines Tätigkeitsschwerpunktes, wie z. B. Reparieren, Herstellen, Planen, Reinigen u. ä. zu verbessern. (Vgl. ebd., S. 93).

Diese Klassifikationshilfe kann hier wegen statistischer Vorgaben jedoch nicht verwendet werden. Die einzelnen Berufsbezeichnungen zuzuordnenden Arbeitsinhalte und -bedingungen sind zudem nochmals räumlich differenziert zu sehen.

[22] Im Jahre 1970 traf dies immerhin für 28 v. H. aller Beschäftigten mit einer betrieblichen Berufsausbildung zu. Vgl. K.-P. Gaulke: Bestimmungsgründe für Berufswünsche und Berufswahlentscheidungen, in: MittAB, 9. Jg. (1976), Heft 4, S. 526 sowie H. Hofbauer, F. Stooß: Defizite und Überschüsse an betrieblichen Ausbildungsplätzen nach Wirtschafts- und Berufsgruppen, in: MittAB, 8. Jg. (1975), Heft 2, S. 115.

Abstimmung immer nur auf eine Annäherung, nicht aber auf eine Übereinstimmung der Bereiche abzielen.

Betrachtet man die Übereinstimmung der Berufswunschstruktur empirisch mit den realen Ausbildungsmöglichkeiten, so zeigt sich dennoch ein relativ hoher Zusammenhang zwischen den Berufswünschen und dem betrieblichen Ausbildungsplatzangebot[23]. „Offenbar gibt es soziale Mechanismen, die über ein Informationssystem Berufswünsche für wenig oder nicht vorhandene Ausbildungsplätze von vornherein blockieren oder zumindest erschweren"[24]. Ein Zusammenhang zwischen den Berufswünschen und der Berufsstruktur der Erwachsenenarbeitsplätze konnte hingegen nicht nachgewiesen werden, was abermals die Entkoppelung von Ausbildungswahlverhalten und Beschäftigungsmöglichkeiten aufzeigt.

Im Modellschema, wie es in der Abb. 11 auf S. 86/87 f. dargestellt ist, trifft die Berufswunschstruktur der BGJ-Nachfrager (4k) auf der Ebene von Berufsfeldern an zentraler Stelle (3k) auf das regionale Ausbildungsplatzangebot und auf die aus den Beschäftigungsstrukturen unter Berücksichtigung schulischer Kapazitätsgrenzen und regionaler Entwicklungsziele abgeleitete Ausbildungsempfehlung. Dabei ist zu erwarten, daß die angeführten Probleme der Ausbildungswahl im Abstimmungsverfahren nur begrenzt zum Tragen kommen, da die Berufsfeldebene noch keine bindende Festlegung auf einen Einzelberuf erfordert.

c) Das Ausbildungsangebot im Modell

Als eine der Planungsgrößen für die BGJ-Einschulung dient hier das zusammengefaßte neubesetzbare Ausbildungsplatzangebot der Betriebe

Überdies sind ein Großteil der von ausgebildeten Fachkräften besetzten Arbeitsplätze für Ausbildungszwecke pädagogisch nicht mehr geeignet, was nicht ohne Konsequenzen für die hergebrachten Leitgedanken der betrieblichen Berufsausbildung bleiben wird und in den Aufgabenstellungen des BGJ berücksichtigt werden sollte.

[23] Eine Studie des Instituts für Arbeitsmarkt- und Berufsforschung auf der Basis der Berufsberatungsstatistik für Jugendliche bis einschließlich mittlerem Schulabschluß hat 1970 dafür Korrelationswerte von + 0,7 und + 0,94 ergeben. Vgl. K.-P. Gaulke: Bestimmungsgründe ..., a.a.O., S. 527 f. und ders., Berufswunsch ..., a.a.O., S. 18 ff. Insgesamt wurden von den bestimmt geäußerten Berufswünschen in den Jahren 1970 und 1973 jeweils gut die Hälfte realisiert, wobei nur eine geringe Streuung nach Geschlechtern und schulischer Vorbildung zu verzeichnen war. Nach Berufen bestanden jedoch erhebliche Abweichungen. Vgl. ebd., S. 33 ff.

[24] K.-P. Gaulke: Bestimmungsgründe ..., a.a.O., S. 527. Eine strukturelle Übereinstimmung zwischen Berufswünschen und Ausübungsberufen betrieblich Ausgebildeter besteht ebenfalls nicht. Vgl. ebd., S. 529 ff.

und der unmittelbar an das BGJ anschließenden Berufsfachschulen, auf der Klassifikationsebene der Berufsfelder (2k in Abb. 11). Dieses Gesamtangebot sollte aus verfahrenstechnischen Gründen mindestens ein halbes Jahr vor der BGJ-Einschulung für den Zeitpunkt der BGJ-Entlassung bekannt sein.

Während das Berufsfachschulangebot in Umfang und fachlicher Zusammensetzung an den berufsbildenden Schulen relativ leicht erfaßbar ist, erfordert die Ermittlung der betrieblichen Ausbildungskapazität einen höheren Erhebungsaufwand. Für die Bereitstellung dieser Daten kommen nach ihrer Zuständigkeit die Kammern in Frage. Das von den Betrieben in verbindlicher Form nach Ausbildungsberufen gemeldete freie Ausbildungsvolumen[25] ist für das Abstimmungsverfahren in Berufsfelder umzusetzen.

---

[25] Für eine grobe Vorausschätzung des Lehrstellenangebots kann die positive Abhängigkeit der Ausbildungsplatzzahl von der Anzahl der nichtlandwirtschaftlichen Arbeitsplätze in Verbindung mit den bekannten Ausbildungsplatzzahlen der Vergangenheit benutzt werden. Vgl. K. Ganser: Regionalisierung von Maßnahmen der beruflichen Bildung, in: Bundesforschungsanstalt für Landeskunde und Raumordnung (Hrsg.): Informationen zur Raumentwicklung, Heft 11, (1977), S. 811.

Ob sich Betriebe an der Ausbildung beteiligen oder ob sie auf bereits qualifizierte Arbeitskräfte zurückgreifen, hängt weniger vom Ausbildungsbedarf der nachwachsenden Jahrgänge als vielmehr von Ertragskalkulationen, Rekrutierungsbedingungen für Facharbeitskräfte und den technisch-organisatorischen sowie personellen Voraussetzungen der Betriebe für die Durchführung von Ausbildung ab. (Vgl. hierzu auch C. Offe: Berufsbildungsreform . . ., a.a.O., S. 113).

Darüberhinaus kommen der extern gesetzte normative Rahmen von Ausbildung sowie traditionelle und sozialpolitische Motive zum Tragen, die jedoch kaum quantifizierbar sind. Für selbstbetriebene Ausbildung spricht u.a. die fundierte Beurteilungsmöglichkeit der zukünftigen Arbeitskräfte und die auf betriebsspezifischer Ausrichtung der Ausbildung beruhenden Produktivitätsvorteile und Bindungskräfte der Ausgebildeten. Allerdings ist der betriebliche Bedarf an Facharbeitern keineswegs starr, sondern kann z. B. durch Kapitaleinsatz oder Produktionsumstellungen variiert werden, was ebenfalls nicht ohne Auswirkungen auf das Lehrstellenangebot bleibt. (Vgl. auch W. Meyer: Ursachen . . ., a.a.O., S. 53 und 65 sowie G. Lenhardt: Berufliche Qualifikation und Arbeitslosigkeit, in: Leviathan, Heft 3 (1975), S. 379.)

Wesentliche Bestimmungsgründe für die Entwicklung des betrieblichen Ausbildungsplatzangebots sind im Bereich der Industrie die Größenstruktur der Betriebe, die Anzahl der Facharbeiter und die Kapitalintensität. (Vgl. H. v. Henninges: Bestimmungsgründe für die Veränderung des Umfangs der Facharbeiternachwuchsausbildung in der Industrie, in: MittAB, 8. Jg. (1975), Heft 4, S. 345 ff.) „. . . so zeigt sich weiterhin, daß die Ausbildungsunterschiede zwischen den Industriezweigen hauptsächlich von der Anzahl der Facharbeiter () bestimmt wurde. Während eine Verringerung der Facharbeiterbestände um 1 % eine durchschnittliche Reduzierung der Zahl der Auszubildenden um rd. 0,9 % nach sich zog, bewirkte eine Erhöhung der Kapitalintensität () von ebenfalls 1 % einen Rückgang im Bestand der Auszubildenden von durchschnittlich 0,3 %. Vergleichsweise am geringsten ist der Einfluß der Betriebsgrößenstruktur." Ebd., S. 349.

Als besonders ausbildungsintensive Industriebereiche sind bei den gewerblichen Berufen der Maschinenbau, die Elektrotechnische Industrie und der Straßenfahrzeugbau, die Bekleidungsindustrie und die Druckerei- und Vervielfältigungsindu-

Zwar werden sich infolge der zeitlich gegenüber der tatsächlichen Ausbildungsplatzbesetzung um ca. 1,5 Jahre vorgezogenen Ausbildungsplatzmeldung noch quantitative und strukturelle Veränderungen im Platzangebot der Fachstufe bis zum Ende des BGJ ergeben, dennoch sind gravierende Verlagerungen, wie im Falle der Berufswunschstruktur nicht zu erwarten[26]. Dem entspricht, daß das Ausbildungsplatzangebot der Betriebe aufgrund der Kompetenzverteilungen im Berufsbildungsbereich und der genannten Bestimmungsgrößen betrieblicher Ausbildungsaktivität auch nicht in dem Maße wie die Ausbildungsnachfrage zu beeinflussen und formbar ist.

d) Der Ablauf des Verfahrens

Berufsstrukturelle Beschäftigungskapazitäten als eine Leitgröße

Richtwerte für Berufsfeldbesetzungen im BGJ können im Hinblick auf die zu erwartenden beruflichen Verwendungsmöglichkeiten der Ausgebildeten (Problembereich A) aus den Beschäftigungsstrukturen der Region abgeleitet werden. Dazu wurde die Aufteilung der abhängig Beschäftigten zum einen ohne Qualifikationsdifferenzierung und zum anderen nach dem Merkmal Facharbeiterniveau nach ausgeübten Berufen untersucht[27] und für die Land-

---

strie einzustufen. Bei den kaufmännisch-technischen Berufen sind es ebenfalls die Maschinenbau- und Elektrotechnische Industrie sowie die Chemische-, die ESBM- und die Textilindustrie. (Vgl. H. v. Henninges, U. Schwarz: Zur Ausbildungsintensität von Industriebetrieben, in: MittAB, 8. Jg. (1975), Heft 2, S. 118).

Vergleicht man die Entwicklung des Ausbildungsplatzangebots mit dem Konjunkturverlauf, so zeigt sich bei der Industrie ein prozyklischer Verlauf und im Handwerk eine antizyklische Entwicklung, die u.a. auf die unterschiedlichen Nettoerträge von Ausbildung in den Sektoren zurückgeführt werden kann. Vgl. z. B. W. Meyer: Ursachen der ..., a.a.O., S. 117 und 120 ff.

[26] Es kann allerdings nicht ausgeschlossen werden, daß die Betriebe ihr Stellenangebot zunächst über die tatsächliche Einstellungsabsicht hinaus ausweiten, um so die eigenen Auswahlmöglichkeiten zwischen den Bewerbern zu vergrößern. Über die Höhe dieses imaginären Anteils des Lehrstellenangebots liegen keine sicheren Aussagen vor, so daß hier keine Berücksichtigung möglich ist.

[27] Es ist bei den Beschäftigten in der regionalen Struktur nach erlernten und nach ausgeübten Berufen zu unterscheiden. Das Gefüge der erlernten Berufe wird wesentlich durch das regionale Ausbildungsplatzangebot sowie durch die Qualifikationsstruktur der Schulentlaßjahrgänge bestimmt, wenn von Wanderungsbewegungen der Bevölkerung abgesehen wird. Anders als die Struktur nach erlernten Berufen paßt sich die Struktur der ausgeübten Berufe über den Berufswechselprozeß in Form von angelernten Qualifikationen der Entwicklung der Arbeitsaufgaben ständig ohne wesentliche Zeitverzögerung an. Als Hauptbestimmungsgrößen der Berufsstruktur nach ausgeübten Berufen können die fachliche Struktur der Arbeitsplätze und deren

kreise/kreisfreien Städte Niedersachsens auf der Ebene von Berufsfeldern, wie im Anhang dargestellt, zusammengefaßt.

Unter der Annahme, daß diese Beschäftigungsstruktur (1e in Abb. 11 auf S. 86 f.) kurzfristig relativ starr ist, wird im Verfahren sodann danach gefragt, wieviel Nachwuchs zur Konstanthaltung der Berufsfeldbestände in den betreffenden Jahren erforderlich ist (2e und 1f). Es wird also davon ausgegangen, daß die jahresweise durch Abgänge aus dem Erwerbsleben freiwerdenden Arbeitsplätze wegen kurzfristig unveränderter Beschäftigungsverhältnisse zur Wiederbesetzung innerhalb des Berufsfeldes zur Verfügung stehen. In der Methodikversion, die alle Beschäftigten in den ausbildungsrelevanten Berufen, d. h. nicht nur solche mit abgeschlossener Berufsausbildung, als Berechnungsbasis benutzt, ist zusätzlich die Annahme enthalten, daß die in den Ruhestand übertretenden Personen sämtlich durch ausgebildete Nachwuchskräfte ersetzt werden, was bildungspolitischen Intentionen entspricht.

Eine rein ökonomische Ausrichtung des Abstimmungsverfahrens nach wirtschaftlichen Bedarfsaspekten wird nicht angestrebt. Aus der gegebenen beruflichen Zusammensetzung der Arbeitskräfte sollen stattdessen lediglich Anhaltspunkte für beschäftigungsorientierte Ausbildungsstrukturen gewonnen werden. Diese Anhaltspunkte sind i. S. v. wahrscheinlichen Beschäftigungskapazitäten zu interpretieren und stellen dementsprechend auch nur einen, wenn auch gewichtigen Faktor neben anderen im Abstimmungsverfahren dar.

Tatsächlich ist auch die Zahl der zu einem bestimmten Zeitpunkt vorhandenen Beschäftigten und ihre Zusammensetzung nach ausgeübten Berufen infolge gegebener aktiver und passiver Substitutionspotentiale[28] nur eine mögliche Strukturvariante unter vielen. Dessen ungeachtet muß aus statistischen und methodischen Gründen die Anzahl und Struktur der Arbeitskräfte nach den ausgeübten Berufen hier als die Summe der Arbeitsplatzanforderungen angesehen werden. Aus den gleichen Gründen wird auch auf die Berücksichtigung der Arbeitslosen nach Anzahl und Berufen verzichtet.

ökonomisch-technologischen Bestimmungsgründe angesehen werden. Weiterhin haben das Ausbildungsplatzangebot und die Anlern-, Fortbildungs- und Umschulungsmöglichkeiten sowie die Flexibilität der Berufe und der Arbeitsplätze der Region Einfluß auf die Ausübungsberufsstruktur. Vgl. hierzu auch H. Pohl unter Mitarbeit von H. Kallsen: Regionale . . ., a.a.O., S. 9 ff.

[28] Das passive Substitutionspotential beschreibt die Offenheit der Arbeitsplätze für die Besetzung mit verschiedenen Ausbildungsberufen und das aktive Substitutionspotential kennzeichnet die Verwendungsbreite des einzelnen Ausbildungsberufs für verschiedene Arbeitsplätze. Vgl. H. Hofbauer, P. König: Substitutionspotentiale bei Ausbildungsberufen (Lehrberufen) nach dem Urteil der Vorgesetzten, in: MittAB, 5. Jg. (1972), Heft 2, S. 79 ff.

Der hierdurch gegebene Fehler wird bei den realen Arbeitslosenquoten und der insgesamt infolge von Unwägbarkeiten im Bildungsnachfrage- und Berufswechselverhalten sowie der technologisch-ökonomischen Entwicklung erzielbaren Genauigkeit, im Rahmen des Gesamtkonzepts für vertretbar gehalten.

Zur Berechnung der voraussichtlichen Beschäftigungskapazitäten und die Aufstellung eines Ausbildungsvorschlages

Die Errechnung der wahrscheinlich freiwerdenden Arbeitsplätze kann z.B. auf der Altersstruktur der Beschäftigten aufbauen, indem anhand der Geburtsjahrgänge die zu erwartenden Übertritte in den Ruhestand vorausgeschätzt werden. Dabei würden berufsfeldspezifische Besonderheiten im Altersaufbau der Erwerbstätigen berücksichtigt werden.

Ein vereinfachtes Schätzverfahren geht davon aus, daß eine Gleichverteilung im Altersaufbau der Beschäftigten zwischen den Berufsfeldern besteht. Mit einer weiteren Annahme zur durchschnittlichen Dauer der Berufsausübung, hier 35 Jahre, kann dann ein Näherungswert für die Abgangsquote auf einfache Weise errechnet werden (2e)[29]. Die Anzahl der jährlich wiederverfügbaren Arbeitsplätze ergibt sich durch Multiplikation der Abgangsquote mit den berufsfeldspezifischen Beständen an Beschäftigten bzw. an Facharbeitern (1f).

$$\begin{array}{l}\text{freiwerdende Arbeitsplätze} \\ \text{(Näherungswert)}\end{array} = \frac{\text{Anzahl der Beschäftigten}}{\varnothing\ \text{Erwerbsdauer in Jahren}}$$

Da jedoch nicht alle Auszubildenden innerhalb des Ausübungsberufsfeldes verbleiben, sondern die betriebliche Berufsausbildung z. B. lediglich als Grundlage weiterer Ausbildung oder auch für den Übertritt in den öffentlichen Dienst benutzen[30], kann das Ausbildungsvolumen in den einzelnen

[29] Vgl. hierzu H. Hofbauer, F. Stooß: Defizite . . ., a.a.O., S. 101 ff. Hofbauer und Stooß legen in ihren Berechnungen für die männlichen Arbeitskräfte mit betrieblicher Berufsausbildung eine durchschnittliche Berufsdauer von 40 Jahren, für weibliche und männliche Fachkräfte zusammengenommen von 35 Jahren zugrunde.

Um das Verfahren übersichtlich zu halten, wird hier auf eine Unterscheidung nach Geschlechtern verzichtet. Eine zu erwartende Herabsetzung der Altersruhegrenze in den 80er Jahren wäre zu gegebener Zeit zu berücksichtigen.

[30] Arbeitskräfte mit einer Ausbildung im Dualen System kommen innerhalb des öffentlichen Dienstes insbesondere für die Verwendung im technischen Verwaltungsdienst und in den Sicherheitskräften wie Feuerwehr, Polizei und Bundeswehr in

Berufsfeldern noch entsprechend erhöht werden, ohne Ausbildungsüberschüsse zu schaffen. Dies geschieht über einen Verbleibfaktor, der hier mit 1,2 angenommen wird (2f)[31]. Weiterhin ist zu berücksichtigen, daß ein Teil der BGJ-Anfänger das Ausbildungsziel des BGJ bzw. der Fachstufe nicht erreicht und ein anderer Teil nach dem BGJ auf eine weitere Ausbildung verzichtet (2f). Um diesen Ausfall, der nach Berufsfeldern gleichmäßig mit zusammen 10 v. H. angenommen werden soll, sind die Berufsfeldbesetzungen ebenfalls zu erhöhen[32].

Damit erhält man dann in (1g) die aufgrund der wahrscheinlichen Verbleibmöglichkeiten im Beschäftigungsbereich und weiteren Ausbildungsgängen plausibel erscheinenden jahrgangsweisen BGJ-Einschulungszahlen nach Berufsfeldern für die Berufsschulen.

Wählt man wie hier die derzeit gegebene Facharbeiter- oder Beschäftigtenstruktur als Leitlinie des BGJ-Ausbildungsangebots, so ist zu bedenken, daß damit die Abstimmung an den von Vergangenheitsentwicklungen geprägten Gegenwartsstrukturen und nicht an den längerfristigen zukünftigen Beschäftigungsmöglichkeiten erfolgt. D. h., daß mit der Abstimmung keine Langzeitperspektive verbunden werden kann. Die erzielbaren Verbes-

---

Frage. Es ist zu vermuten, daß sich im Zuge der allgemeinen Expansion des Dienstleistungssektors auch die hier liegenden Beschäftigungskapazitäten für Ausgebildete ausweiten. Für das vorliegende Abstimmungsproblem kann jedoch nur eine pauschale Berücksichtigung dieser Arbeitsplätze erfolgen, da hinsichtlich der vom Dienstherrn geforderten Vorqualifikation vielfach nur Niveaubindungen bestehen und die berufsfachliche Ausrichtung von untergeordneter Bedeutung ist.

[31] Vgl. ebd., S. 102 f. Dort werden bei der Berechnung wirtschaftsbereichsspezifischer Ausbildungsüberschüsse bzw. -defizite 20 v. H. für Aufsteiger, Abbrecher und Prüfungsversager berücksichtigt. Im vorliegenden Fall bezieht sich der gewählte Faktor hingegen auf den Aufsteiger und Berufswechsleranteil in den öffentlichen Bereich. Ggfs. kann es sich als erforderlich erweisen, den Verbleibfaktor nach Berufen oder Berufsfeldern zu differenzieren.

[32] Wie hoch sich diese beiden Faktoren zusammengenommen in den einzelnen Berufsfeldern auswirken, wird erst nach vollständiger Einführung des schulischen BGJ ersichtlich sein. Eine Ableitung aus den gegenwärtigen Ausbildungsgegebenheiten kann nur in grober Annäherung erfolgen. Der Anteil der Ausbildungsabbrecher insgesamt an den männlichen Ausbildungsanfängern hat sich in der Zeit von 1951 bis 1970 von ca. 3 v. H. auf ca. 7 v. H. erhöht. Faßt man Abbrecher und endgültige Prüfungsversager zusammen, so erreichen im Mittel ca. 10 v. H. bis 15 v. H. der männlichen Ausbildungsanfänger keinen Abschluß. Vgl. H. Hofbauer, H. Kraft: Betriebliche Berufsausbildung . . ., a.a.O., S. 59 ff.

Für den Berufsfeldwechsel während des BGJ, der sich quantitativ in engen Grenzen halten wird, soll im Verfahren gegenseitiger Ausgleich angenommen werden.

Den Jugendlichen, die den BGJ-Abschluß nicht erreichen, steht neben der Erwerbstätigkeit die Möglichkeit offen, das BGJ zu wiederholen oder bis zur vollständigen Einführung des obligatorischen BGJ in das herkömmliche 1. Ausbildungsjahr des Dualen Systems einzutreten.

serungen konzentrieren sich zeitlich auf den Eintritt in das Erwerbsleben und die ersten Berufsjahre. Die Begründung hierfür liegt darin, daß der im Verlaufe eines gesamten Arbeitslebens erfolgende Wandel in den Arbeitsstrukturen ohnehin nicht prognostizierbar ist und Mittel wie Überqualifizierung[33] und Verbreiterung der Qualifikationsbasis zur langzeitlichen Problemlösung geeigneter erscheinen. Im Hinblick auf die 35 bis 40jährige Dauer eines Arbeitslebens und die Intensität beruflicher Wandlung muß heute jede am aktuellen Entwicklungsstand und damit an Vergangenheitsstrukturen geknüpfte berufliche Zusammensetzung der Auszubildenden unter Langzeitaspekten von vornherein als überholt angesehen werden. Der Zwang zur permanenten Anpassung durch Ausschöpfung von Flexibilitätsspielräumen sowie durch dauernde Fortbildung und Umschulung der arbeitenden Bevölkerung wird aus diesem Grunde zukünftig noch an Bedeutung gewinnen[34].

Hinsichtlich der Berufsklassifikation sollte sich die Analyse der regionalen Beschäftigungsmöglichkeiten nicht starr an den vorgegebenen Katalog anerkannter Ausbildungsberufe binden, sondern für die Frage offen sein, ob die Produktions- und Beschäftigungsstrukturen nicht die Einführung 'neuer' Ausbildungen sinnvoll erscheinen lassen. Vor allem in Gebieten mit einem hohen Anteil von Arbeitsplätzen in industrieller Massenproduktion wäre zu überprüfen, ob die Zahl der Beschäftigungsverhältnisse sowie die Arbeitsbedingungen und -merkmale einer bestimmten Arbeitsplatzkategorie nicht die Abfassung eines Berufsbildes und einer entsprechenden (Stufen-) Ausbildungsordnung[35] rechtfertigen. Dies scheint unter dem Aspekt der gegenseitigen Anpassung von Bildungs- und Beschäftigungsbereich aufrichtiger als das Anbieten von überkommenen oder überlaufenen Ausbildungsberufen, bei denen von vornherein für den einzelnen feststeht, daß keine Verbleibmöglichkeiten in dem betreffenden Beruf vorhanden sind. Damit könnte auch dem unbefriedigenden Zustand entgegengewirkt werden, daß Ausbildungsverhältnisse nur um ihrer selbst willen mit dem Ziel

---

[33] Vgl. hierzu z. B. H. Meisel: Bildungssystem und Beschäftigungssystem, in: Wirtschafts- und Berufserziehung (1977), Nr. 29, S. 70.

[34] Ein alternatives Verfahren zur Ableitung von quantitativen Ausbildungszielen stellt der herkömmliche Arbeitskräftebedarfsansatz mit seinen Verfeinerungen und Varianten dar. Die Hauptschwäche dieses vorn bereits angeführten Modells liegt in der Unterstellung limitationaler Beziehungen zwischen der wirtschaftlichen Entwicklung, den Qualifikationserfordernissen und dem quantitativen Ausbildungsbedarf. Vgl. u. a. P. R. Straumann: Neue . . ., a.a.O., S. 53 ff.; A. Krafft, H. Sanders, P. R. Straumann: Neuere Ansätze der Bildungsplanung und ihre Interpretation, in: P. R. Straumann: Neue . . ., a.a.O., S. 269 ff. und K. Frey: Arbeitsmarktchancen für Hochschulabsolventen in Niedersachsen bis 1990, Berlin 1976, S. 39 ff.

[35] Vgl. Berufsbildungsgesetz, a.a.O., § § 25 und 26.

abgeschlossen werden, nach Ausbildungsabschluß unmittelbar in einen Arbeitsplatz für Anlernqualifikationen überzuwechseln[36].

Weiterhin ist bei Beschäftigungsberufen, die keine anerkannten Ausbildungsberufe sind, zu überprüfen, ob der Anteil, der mit einer betrieblichen Berufsausbildung in diesem Ausübungsberuf arbeitenden Personen, nicht die Einstufung des Berufes als Ausbildungs- bzw. als ausbildungsrelevanten Beruf im Sinne der Beschäftigungsmöglichkeiten für das Abstimmungsverfahren zuläßt. Als ausbildungsrelevant werden im vorliegenden Verfahrensvorschlag solche Ausübungsberufe angesehen, die mindestens einen Ausgebildetenanteil von etwa einem Viertel ihrer Beschäftigten aufweisen. Sie werden wie anerkannte Ausbildungsberufe bei der Abschätzung der zukünftigen berufsfeldspezifischen Beschäftigungsmöglichkeiten behandelt.

Die auf dieser Basis durchgeführte Berechnung wird dann, um Vergleichsmöglichkeiten für den gegenüber dem herkömmlichen Besatz an Ausgebildeten erweiterten Ausbildungsvorschlag zu schaffen, noch einmal auf der Grundlage der Beschäftigten mit abgeschlossener Berufsausbildung wiederholt.

In einem weiteren Schritt werden die im status-quo-Verfahren aus den vorhandenen Berufsstrukturen abgeleiteten Beschäftigungsmöglichkeiten (1g in Abb. 11) auf Berufsfeldebene der bisherigen Ausbildungsstruktur in der Region gegenübergestellt. Aus diesem Vergleich werden Ausbildungsdefizite und -überschüsse (2h), gemessen an den Beschäftigungskapazitäten, errechnet, die im Zuge der Abstimmung schrittweise zu nivellieren sind. Grundsätzliche Leitlinie bleibt dabei die bis (1g) errechnete Ausbildungszielstruktur. Die iterative Angleichung der bisherigen Ausbildungsstrukturen an die sich jährlich ebenfalls verändernde Zielstruktur kann dadurch erreicht werden, daß in dem vorläufigen Ausbildungsvorschlag (3h) in jedem Jahr je nach den ausbildungspraktischen Möglichkeiten ein bestimmter Anteil von ca. 25 bis 50 v. H. der Defizite oder Überschüsse zum Abbau vorgesehen wird. Im vorliegenden Berechnungsbeispiel wird von 50 v. H. ausgegangen.

Als Zwischenergebnis erhält man einen vorläufigen Ausbildungsvorschlag (3h) in der Form berufsfeldbezogener Einschulungszahlen für das BGJ Die Erarbeitung dieses Ausbildungsvorschlags, der bis hierhin lediglich auf den erwarteten freiwerdenden Beschäftigungskapazitäten unter Berücksichtigung der gegebenen Ausbildungssituation beruht, sollte ebenso wie die

[36] Diese Zulieferfunktion vor allem auch handwerklicher Ausbildungsberufe gleicht nachträglich einen Teil der disparitätischen Verhältnisse von Auszubildenden und Beschäftigten in den Berufen und Wirtschaftszweigen aus.

Untersuchung der Regionalindikatoren auf wissenschaftlicher Ebene durchgeführt werden.

Aufstellung einer Ausbildungsempfehlung für die Schulen

Zusammen mit den bereits betrachteten sozialen und ökonomischen Indikatoren und politischen Zielsetzungen der Bildungs-, der Wirtschafts- und der Raumentwicklungspolitik (4h; i) sowie den objektiven schulischen Kapazitätsgrenzen (2i) wird dann in der Zuständigkeit der Schulverwaltungen und der Schulträger auf der Grundlage des ersten Ausbildungsvorschlags eine Ausbildungsempfehlung (3j) erstellt.

Diese Empfehlung sollte für einen bestimmten BGJ-Jahrgang so rechtzeitig vorliegen, daß sie bereits bei der Bildungs- und Berufsberatung in den Abschlußklassen der Sekundarstufe I für den betreffenden Schuljahrgang Verwendung finden kann; d. h. ca. 1 Jahr vor Eintritt in das BGJ bzw. 2 Jahre vor Beginn der Fachstufenausbildung und sogar 4 bis 4,5 Jahre vor dem Übertritt in das Beschäftigungssystem[37].

Die schulischen Ausbildungskapazitäten sind bei gegebenem Personal-, Raum- und Ausstattungsstand weder im fachpraktischen Teil des BGJ noch im verhältnismäßig elastischen fachtheoretischen Bereich beliebig vermehrbar. Dies gilt sowohl für den Gesamtumfang, für den jedoch auf der Nachfrageseite wenig sprunghafte Entwicklungen zu erwarten sind und der infolgedessen anhand der bekannten Geburten- und Schülerzahlen relativ gut planbar ist, als auch für die einzelnen Berufsfelder. Fachlich abgegrenzte Verwendungsmöglichkeiten des Lehrpersonals und der sächlichen Ausstattung der Schulen machen insbesondere den fachpraktischen Ausbildungsbereich invariabel. Aus diesem Grunde sollte hier die Anzahl der vorhandenen Fachpraxisplätze der Schule[38] als kurzfristige Kapazitätsgrenze des BGJ verwendet werden.

---

[37] Eine mit relativ geringem Aufwand durchführbare Ergänzung der erläuterten Ableitungsmethode durch eine Projektion der Beschäftigungssituation für diese Zeit ist möglich. Dazu wäre die aktuelle Beschäftigungsstruktur mittels Extrapolation bekannter Entwicklungen der geschlechtsspezifischen Erwerbsquoten, der Qualifikationsstruktur der Erwerbstätigen sowie der Berufs- bzw. Berufsfeldstruktur der Facharbeiter oder der Beschäftigten nach ausgeübten Berufen auf den Zeitpunkt des Ausbildungsabschlusses zu projizieren. Da die ermittelten Berufsfeldanteile bereits als Grundlage der Bildungs- und Berufsberatung in den Abschlußklassen der allgemeinbildenden Schulen benötigt wird und die Ausbildungsdauer im Mittel ca. 3 Jahre beträgt, das Verfahren selbst eine gewisse Zeit beansprucht und die verfügbaren Daten nicht ganz aktuell sind, wäre die Entwicklung für einen Zeitraum von ca. 5 Jahren abzuschätzen. Wegen der relativ hohen Unsicherheit derartiger Vorausschätzungen wird ein solcher Verfahrensteil hier nicht fest vorgesehen.

[38] Evtl. mit schichtweiser Doppelnutzung.

Für die Erstellung der Ausbildungsempfehlung können die Ausbildungsstrukturen der vorangegangenen Jahre (3g) erste Orientierungswerte liefern, da in ihnen sowohl die bisherigen betrieblichen wie auch schulischen Ausbildungsbelastungen enthalten sind. Außerdem können so Vorinformationen über die ggfs. erforderliche Einplanung von überregionalen Fachklassen gewonnen werden.

Die Ausbildungsempfehlung enthält dann die für die Beratung der Jugendlichen sowie für die Ausbildungsplanung der Schulen und der Betriebe vorzusehenden Berufsfeldbesetzungen.

Ausbildungsempfehlung und Fachstufenangebot

Es ist nun anhand der von den Betrieben gemeldeten Ausbildungsplatzzahlen und der für die BGJ-Absolventen bestehenden schulischen Ausbildungskapazitäten (2k) berufsfeldweise zu prüfen, ob die in der Empfehlung vorgesehenen Einschulungszahlen in der Fachstufe aufgenommen werden können. Schule und Wirtschaftsvertretungen sollten dies gemeinsam unter Berücksichtigung der in den allgemeinbildenden Schulen erhobenen Hauptberufswünsche der Ausbildungsbewerber (4k) durchführen. Leitgröße dieser Abstimmung ist weiterhin die Ausbildungsempfehlung, da diese nur dann die beabsichtigte beschäftigungsorientierte Abstimmungswirkung erzielen kann, wenn die Fachstufen- und Berufsfachschulkapazitäten nach ihrer Maßgabe ausgerichtet werden.

Disparitäten zwischen den Ausbildungsempfehlungen für die Berufsfelder und den Anschlußkapazitäten sollten vorrangig durch die Ausweitung des Ausbildungsplatzangebots in den privaten und den öffentlichen Betrieben und durch die Anpassung des Berufsfachschulangebots ausgeglichen werden.

Sollte im Gesamtumfang an einer Schule ein Nachfrageüberhang nach BGJ-Ausbildung zu verzeichnen sein, was real bei den z. Zt. zur Ausbildung anstehenden starken Schülerjahrgängen in vielen Regionen wahrscheinlich ist, so wäre zu prüfen, welche Berufsfelder des Ausbildungsangebots der Schule unter Berücksichtigung der regionalen Wirtschaftsstruktur die höchste berufliche Flexibilität vermitteln und welche der in der Region vorhandenen Wirtschaftsbereiche die höchsten Expansionserwartungen aufweisen. Die in diesen Branchen vornehmlich vertretenen Berufe bzw. die betreffenden Berufsfelder sind hinsichtlich der beruflichen Verbleibmöglichkeiten als vorrangig geeignet für die Aufnahme des Überschusses anzusehen. Voraussetzung bleibt jedoch die Möglichkeit der Kapazitätsausweitung im BGJ und in der anschließenden Ausbildungsstufe, wobei die

Ausbildungsintensitäten, d. h. das Verhältnis der Auszubildendenzahlen zu den Beschäftigten eines Berufsfeldes, Anhaltswerte über mögliche Fachstufenreserven liefern können. Die hierfür benötigten Informationen werden bei der Ermittlung des vorläufigen Ausbildungsvorschlags mit errechnet (2h).

Eine zweite prinzipielle Möglichkeit zur Aufstellung des BGJ-Ausbildungsangebots besteht darin, daß statt der absoluten Zahlen die Berufsfeldstruktur der Ausbildungsempfehlung auf den zu deckenden Nachfrageumfang übertragen wird. Dieses Verfahren bietet sich vor allem bei größeren Abweichungen in den Gesamtsummen der Ausbildungsempfehlung und der Ausbildungsnachfrage an. Auch in diesem Falle ist anschließend eine Überprüfung der geplanten Berufsfeldeinschulungen mit den Fachstufenkapazitäten erforderlich (2k).

Das BGJ-Angebot trifft dann bei der Einschulung mit der tatsächlichen Nachfrage zusammen (4 l, m). Hierbei sind trotz der anhand der Ausbildungsempfehlung vorgenommenen Beratung der Jugendlichen und der Berückschtigung ihrer erstrangigen Berufswünsche bei der Aufstellung des BGJ-Angebots abermals Ungleichgewichte zwischen dem Angebot und der Nachfrage in den Berufsfeldern zu erwarten. Um zum Ausgleich dieser Disparitäten Abstimmungsspielraum auf der Nachfrageseite zu schaffen, sind bei der Anmeldung zum BGJ von den Bewerbern mindestens zwei Berufswünsche als gleichrangig oder nach Rangplätzen zu erheben. Die BGJ-Anwärter, die Berufswünsche aus verschiedenen Berufsfeldern nennen, bilden die Möglichkeit zur mengenmäßigen Abstimmung zwischen den Berufsfeldern.

Aus dem dann folgenden Einschulungsvorgang resultieren die tatsächlichen Berufsfeldbesetzungen im BGJ (4m), die abschließend noch einmal mit den zugrundegelegten Planungszahlen der Wirtschaft und der Schule zu vergleichen sind (2m), um Abweichungen gegenüber der Anzahl der Fachstufenplätze in den Betrieben und den Berufsfachschulplätzen rechtzeitig aufzudecken.

3. Ergebnisse

a) Probleme der Berufsfeldklassifikation

Die nachfolgenden Berechnungen wurden für das gesamte Bundesland Niedersachsen durchgeführt. Besondere Probleme ergaben sich dabei infolge unterschiedlicher Berufssystematiken, die für die Gegenüberstellung von Ausbildungs- und Beschäftigungsstrukturen zusammenzuführen waren[1].

Grundlage der Ermittlung des erwarteten Aufnahmevermögens des Beschäftigungssystems an ausgebildeten Arbeitskräften ist die Auswertung der Beschäftigtenstatistik des integrierten Meldeverfahrens zur Sozial- und Arbeitslosenversicherung. Diese wird vierteljährlich erhoben und erfaßt alle abhängig beschäftigten Arbeitnehmer in der hier geforderten regionalen Gliederung[2]. Berufssystematisch basiert sie auf den 328 Berufsordnungen der Klassifikation der amtlichen Statistik[3].

Ausbildungsberufe sind hingegen auf der darunterliegenden Klassifikationsebene der Berufsklassen unterschieden[4], von denen pro Berufsordnung bis zu 9 vorhanden sind. Dies ist solange unerheblich, wie alle Ausbildungsberufe einer Berufsordnung einem Berufsfeld angehören. Aufgrund der heterogenen Klassifikationskriterien der Berufsfeldschneidung und der unterschiedlichen Berufszuordnung der Statistik und der Berufsfeldsystematik der Anrechnungsverordnung ergibt es sich aber, daß einzelne Ausbildungsberufe (Berufsklassen) der gleichen Berufsordnung verschiedenen Berufsfeldern zugeordnet sind.

Die Berufsordnung 635 'Technische Zeichner' z. B. umfaßt die Berufsklassen 6350 Technische Zeichner allgemein, 6351 Konstruktionszeichner, 6352 Bauzeichner, 6353 Teilzeichner, 6354 Kartographen (nicht Wissenschaftler), 6355 Vermessungszeichner und 6359 andere technische Zeichner. Von diesen Berufsklassen sind die Technischen Zeichner, allgemein (6350) dem

---

[1] In der Bundesrepublik Deutschland existieren mindestens drei häufig benutzte nicht deckungsgleiche Berufsklassifikationen nebeneinander. Dies sind 1. die Klassifizierung der Berufe durch das Statistische Bundesamt und die Statistischen Landesämter (vgl. Statistisches Bundesamt Wiesbaden (Hrsg.): Systematische Verzeichnisse, Klassifizierung der Berufe, a.a.O., Ausgaben 1970 und 1975), 2. die Berufsfeldsystematik der Anrechnungsverordnung und dem angenähert die der länderweisen Berufsschulstatistik sowie die Berufssystematik der Kammerstatistiken (Verordnung über die Anrechnung ..., a.a.O. und Niedersächsisches Landesverwaltungsamt - Statistik - (Hrsg.): Statistische Berichte, Berufsbildende Schulen am ... lfd. Jg., a.a.O.) und 3. eine funktionale Berufsklassifikation der Arbeitsverwaltung (vgl. z.B. H. Hofbauer, F. Stooß: Defizite ..., a.a.O., S. 104).

[2] Nicht erfaßt sind nach der statistischen Definition dabei Beamte, Selbständige und mithelfende Familienangehörige sowie nicht sozialversicherungspflichtige Nebenbeschäftigte. Vgl. hierzu Niedersächsisches Landesverwaltungsamt - Statistik - (Hrsg.): Statistische Berichte, Versicherungspflichtig beschäftigte Arbeitnehmer im 1. und 2. Quartal 1978, Hannover 1979, S. 6 ff.

[3] Vgl. hierzu Statistisches Bundesamt Wiesbaden (Hrsg.): Systematische Verzeichnisse, Klassifizierung der Berufe, Ausgabe 1975, a.a.O.

[4] Vgl. Bundesinstitut für Berufsbildung (Hrsg.): Verzeichnis der anerkannten Ausbildungsberufe, Stand: 1. Juli 1978, Berlin 1978, S. 59 ff.

Berufsfeld II, Metalltechnik, die Bauzeichner (6352) dem Berufsfeld IV, Bautechnik und die Kartographen (6354) dem Berufsfeld VIII, Drucktechnik, zugeordnet[5].

Da die Beschäftigtenstatistik diese Feingliederung aber nicht mehr zuläßt, können hier Berufsfelder nur auf der Grundlage von Berufsordnungen für den Beschäftigungsbereich definiert werden. Das bedeutet, daß alle Ausbildungsberufe einer Berufsordnung auch nur einem Berufsfeld zugerechnet werden können, was in einzelnen Fällen Schwerpunktentscheidungen z. B. nach dem Berufsbesatz erfordert. Dies kann im Falle der oben angeführten Zeichner, wenn z. B. an einer Schule nur eine Bauzeichnerausbildung im Rahmen von Bezirksklassen angeboten wird und keine anderen Berufe der Ordnung 635 vorhanden sind, die Zuordnung zum Berufsfeld IV bedeuten, während an einer anderen Schule, in der nur Technische Zeichner, allgemein ausgebildet werden, die Berufsordnung 635 dem Berufsfeld II im Abstimmungsverfahren zuzurechnen wäre.

Da diese Entscheidung wegen der aus Vergleichbarkeitsgründen für alle Regionen Niedersachsens berufsstrukturell einheitlich durchzuführenden Beschäftigungsanalyse hier nicht in die Modellrechnung einbezogen werden kann, wurde ein XIV. Berufsfeld geschaffen, dem neben den gestaltenden Berufen insbesondere die der Berufsordnung 305, Musikinstrumentenbauer zugehörigen Ausbildungs- und Ausübungsberufe zugeteilt sind. Je nach der fachlichen Struktur des Ausbildungsangebots der betreffenden Schule sind die Ausbildungsempfehlungen des Berufsfeldes XIV dann einem der an der Schule vorhandenen Berufsfelder zuzuschlagen oder auch auf mehrere Berufsfelder aufzuteilen.

Für einen ersten Rechnerlauf[6] wurden 187 Berufsordnungen nach XIV Berufsfeldern auf der Grundlage der Systematik der Anrechnungsverordnung und der Niedersächsischen Berufsschulstatistik, die sich von der amtli-

---

[5] Vgl. ebd. Die Konstruktionszeichner (6351), die Teilzeichner (6353) und die Vermessungszeichner (6355) enthalten entweder keinen anerkannten Ausbildungsberuf oder es ist bisher keine Berufsfeldzuordnung erfolgt, wobei länderweise noch wieder Unterschiede vorhanden sein können. Z. B. sind der Vermessungszeichner (6355) nur in Bayern unter der Bezeichnung Flurbereinigungstechniker und der der Klasse 6359 zugeordnete Beruf Zeichner in der Wasserwirtschaftsverwaltung nur in den Ländern Rheinland-Pfalz und Schleswig-Holstein anerkannte Ausbildungsberufe.

[6] Mein besonderer Dank gilt in diesem Zusammenhang den Herren Dipl. Math. R. Kringel und Dipl. Math. Dr. W. Oest für die EDV im Regionalen Rechenzentrum für Niedersachsen sowie den Mitarbeitern des Niedersächsischen Landesverwaltungsamtes - Statistik - für ihre freundliche Unterstützung und die Bereitstellung des Bandmaterials der VBZ 1970 und der Beschäftigtenstatistik.

chen Klassifikation und der Berufsfeldschneidung der Anrechnungsverordnung abermals unterscheidet, aggregiert. Diese 187 Berufsordnungen ergaben sich aus der Berufsklassenzuordnung aller anerkannten oder als anerkannt geltenden Ausbildungsberufe des systematischen Verzeichnisses von 1978[7]. Mit den 187 Berufsordnungen wurden von insgesamt 2 051 601 abhängig Beschäftigten des Quartals 1/78 in Niedersachsen jedoch 616 588, das entspricht 30 v. H., nicht erfaßt[8].

Aus diesem Grunde wurde zur Überprüfung und Ergänzung der Aggregation das Urmaterial der 10 % - Stichprobe der Volks- und Berufszählung 1970 und der Beschäftigtenstatistik der Quartale 3/77, 4/77 und 1/78 für Niedersachsen noch einmal nach den Merkmalen ausgeübter Beruf/erlernter Beruf und Anteil der Erwerbstätigen mit betrieblicher Berufsausbildung nach Berufsordnungen (ausgeübter Beruf) analysiert[9]. Daraufhin wurden weitere 56 Berufsordnungen den Berufsfeldern zugeordnet.

---

[7] Vgl. ebd. Dabei besteht das Problem, daß die einzelnen Berufsordnungen neben den durch Ausbildungsberufe abgedeckten Berufsklassen auch solche enthalten, denen keine Ausbildungsberufe entsprechen. Dies ist jedoch in der Beschäftigtenstatistik nicht trennbar, so daß die in den 'Nichtausbildungs-Berufsklassen' Beschäftigten mitgezählt werden. Das bedeutet, daß die Berechnungsbasis für den Ersatzausbildungsbedarf der Facharbeiterbestände z. T. quantitativ erweitert ist, was zu ebenfalls erhöhten Ergebnissen bei der Ersatzbedarfsberechnung führt.

Niveauunterschiede zwischen den Berufsklassen einer Berufsordnung bleiben dabei ebenso wie fachliche Abweichungen unberücksichtigt. Ein herausragendes Beispiel ist die Berufsordnung 876 Sportlehrer, der u.a. der Ausbildungsberuf Schwimmeistergehilfe angehört. Ein Beruf, der mit den anderen Berufen der Ordnung nicht gleichzusetzen ist. Im genannten Beispiel ist der Schwimmeistergehilfe fachlich nicht auf Tanzlehrer, Skilehrer und Fußballtrainer, -lehrer und wegen des Qualifikationsunterschieds auf Sportlehrer übertragbar. Diese Fehler treten jedoch nur in einzelnen Berufsordnungen in der Berechnungsversion I des Ausbildungsvorschlags auf, in der alle Beschäftigten der zugeordneten Berufsordnungen ohne Unterscheidung nach Ausbildungsniveau und Stellung im Beruf die Basis bilden. Bei dem hohen Aggregationsgrad von nur XIV Berufsfeldern sowie der Erfassung von ca. 80 v. H. aller abhängig Beschäftigten bei einem Hochqualifiziertenanteil von lediglich 4,1 v.H. der Erwerbstätigen (vgl. für 1970 K. Frey: Arbeitsmarktchancen für . . ., a.a.O., S. 212) führt dieser systematische Fehler allerdings nur zu marginal überhöhten Berufsfeldbesetzungsvorschlägen.

[8] Zusammen mit 12 374 Beschäftigten über 65 Jahre und 38 927 Bandfehlern ergibt sich eine Gesamtsumme von 2 102 902 Personen, die der Berechnung zugrunde liegen.

Bei der Verwendung von Quartalswerten wie im vorliegenden Falle, können jedoch saisonale Einflüsse nicht ausgeschlossen werden.

[9] Hierbei traten technische Probleme in der Form auf, daß nur noch 3 der 5 Magnetbänder lesbar waren. D. h. statt 10 v. H. konnten nur 5,7 v. H. der niedersächsischen Bevölkerung vom Mai 1970 berücksichtigt werden.

Im Ergebnis sind damit 243 der 328 Berufsordnungen der amtlichen Klassifikation einbezogen, wie sie in der Tab. I im Anhang aufgeführt sind[10]. Auf dieser Aggregationsbasis konnten dann 1 655 523 Beschäftigte von 2 051 601 der Beschäftigtenstatistik 1/78, das entspricht 80,7 v. H., erfaßt werden. Von den 1 148 358 abhängig Beschäftigten mit einer abgeschlossenen Berufsausbildung des gleichen Quartals gehen sogar 85,8 v. H., entsprechend 984 906 Personen, in die nun folgende Berechnung ein.

b) Die Berechnung des Ausbildungsvorschlags

Die Ermittlung der quantitativen Ausbildungsanforderungen des Bildungs- und Beschäftigungssystems (1g in Abb. 11) wird im weiteren in zwei Versionen durchgeführt, die sich nur in der Datenbasis unterscheiden.

Version I geht von allen Beschäftigten in den Berufsordnungen, die hier in die Berufsfeldsystematik aufgenommen wurden, aus, ohne nach Ausbildungsart und -niveau und nach der Stellung im Beruf zu unterscheiden. Basis der Version II sind hingegen nur die Beschäftigten in den einbezogenen Berufsordnungen mit einer abgeschlossenen Berufsausbildung ohne Absolventen von Hochschulen und höheren Fachschulen.

Zur Ableitung der Berechnungsformel für den Ausbildungsvorschlag nach Berufsfeldern werden folgende Zeichen festgelegt:

$V_{I \ldots XIV}$: Ausbildungsvorschlag in absoluten Zahlen nach Berufsfeldern I bis XIV (3h in Abb. 11)
Index B : Basis 'Beschäftigte'; Version I
Index F : Basis 'Facharbeiter'; Version II
B_B : Beschäftigte in den Berufsfeldern
B_F : Beschäftigte mit abgeschlossener Berufsausbildung in den Berufsfeldern
K_N : Nachwuchsquote (2e in Abb. 11)
K_V : Verbleibquote (2f in Abb. 11)
$A_{I \ldots XIV}$: Aufnahmekapazität des Bildungs- und Beschäftigungssystems an Ausgebildeten nach Berufsfeldern (1g in Abb. 11)

---

[10] Bei den nicht zugeordneten Berufsordnungen handelt es sich um Hochqualifiziertenberufe, um Berufe, die im Anforderungsniveau keiner anerkannten Berufsausbildung vergleichbar sind und um solche, bei denen aufgrund der amtlichen Systematik keine Ausbildungsschwerpunkte im Bereich der betrieblichen Berufsausbildung zu vermuten ist. Das schließt nicht aus, daß solche Berufe Ausgebildete in z.T. erheblichem Umfang aufnehmen.

Ohnehin lassen sich infolge der heterogenen Kriterien der Berufsfeldschneidung und der Vielfalt der Berufsklassen innerhalb der Berufsordnungen keine eindeutigen Zuordnungsentscheidungen treffen.

Index n : Anzahl der neuabgeschlossenen Ausbildungsverträge des Vorjahres
$D_{I \ldots XIV}$: Differenz der erwarteten Aufnahmekapazitäten zu den vorjährigen neuabgeschlossenen Ausbildungsverträgen nach Berufsfeldern (2h in Abb. 11)
K_D : Durchfallerquote (2e in Abb. 11)

Gemäß dem Modellschema ergibt sich folgender Rechengang:

$$(1)\ A_{B\,I \ldots XIV} = B_{B\,I \ldots XIV} \cdot K_N \cdot K_V \cdot K_D$$
$$= B_{B\,I \ldots XIV} \cdot \frac{1}{35} \cdot 1{,}2 \cdot 1{,}1$$
$$= B_{B\,I \ldots XIV} \cdot 0{,}0377$$
$$(2)\ A_{F\,I \ldots XIV} = B_{F\,I \ldots XIV} \cdot 0{,}0377$$
$$(3)\ D_{B\,I \ldots XIV} = A_{n\,I \ldots XIV} - A_{B\,I \ldots XIV}$$
$$(4)\ D_{F\,I \ldots XIV} = A_{n\,I \ldots XIV} - A_{F\,I \ldots XIV}$$
$$(5)\ V_{B\,I \ldots XIV} = A_{B\,I \ldots XIV} + 0{,}5\, D_{B\,I \ldots XIV}$$
$$(6)\ V_{F\,I \ldots XIV} = A_{F\,I \ldots XIV} + 0{,}5\, D_{F\,I \ldots XIV}$$

mit Gleichung (3) in (5) und (4) in (6) ergibt sich:

$$V_{B\,I \ldots XIV} = A_{B\,I \ldots XIV} + 0{,}5\,(A_{n\,I \ldots XIV} - A_{B\,I \ldots XIV})$$
$$= A_{B\,I \ldots XIV} + 0{,}5\, A_{n\,I \ldots XIV} - 0{,}5\, A_{B\,I \ldots XIV}$$
$$(7)\ = 0{,}5\, A_{B\,I \ldots XIV} + 0{,}5\, A_{n\,I \ldots XIV}$$
$$(8)\ V_{F\,I \ldots XIV} = 0{,}5\, A_{F\,I \ldots XIV} + 0{,}5\, A_{n\,I \ldots XIV}$$

Gleichung (1) bzw. (2) eingesetzt ergibt dann:

$$V_{B\,I \ldots XIV} = 0{,}5 \cdot 0{,}0377\, B_{B\,I \ldots XIV} + 0{,}5\, A_{n\,I \ldots XIV}$$

Als Anwendungsformeln ergeben sich für den Ausbildungsvorschlag:

$$(9)\ \underline{V_{B\,I \ldots XIV} = 0{,}0189\, B_{B\,I \ldots XIV} + 0{,}5\, A_{n\,I \ldots XIV}}$$

(Basis: Beschäftigte allgemein; Version I)

bzw.

$$(10)\ \underline{V_{F\,I \ldots XIV} = 0{,}0189\, B_{F\,I \ldots XIV} + 0{,}5\, A_{n\,I \ldots XIV}}$$

(Basis: Beschäftigte mit abgeschlossener Berufsausbildung; Version II)

und mit gerundetem Faktor für die Beschäftigungsbesetzungen:

$$(11)\ \underline{V_{B\,I \ldots XIV} = 0{,}02\, B_{B\,I \ldots XIV} + 0{,}5\, A_{n\,I \ldots XIV}}$$
$$(12)\ \underline{V_{F\,I \ldots XIV} = 0{,}02\, B_{F\,I \ldots XIV} + 0{,}5\, A_{n\,I \ldots XIV}}$$

Damit erhält man für die Berechnung des Ausbildungsvorschlags eine einfache, überschaubare Formel, in deren Summanden zum einen die Beschäftigungssituation und zum anderen die Ausbildungsgegebenheiten Berücksichtigung finden.

c) Ergebnisse der Beispielrechnungen

Für die folgenden Berechnungen wurden die offiziellen Kennziffern der niedersächsischen Regionen, wie sie in der Tab. 1 aufgeführt sind, verwendet.

Tab. 2 enthält für alle Landkreise und kreisfreien Städte Niedersachsens die Ausbildungsanforderungen des Bildungs- und Beschäftigungssystems (1g in Abb. 11) berechnet nach der Formel (1), auf der Basis der Beschäftigten allgemein in den Berufsfeldern. In der Tab. 3 sind die Ergebnisse der gleichen Berechnung auf der Grundlage der Beschäftigten mit einer abgeschlossenen Berufsausbildung dargestellt.

Die Ergebnisse der Tab. 2 für den Gesamtraum Niedersachsen zeigen eine überraschend hohe Übereinstimmung der errechneten freiwerdenden Beschäftigungskapazität insgesamt mit der Gesamtzahl der tatsächlichen Ausbildungsanfänger, die lediglich um ca. 5 v. H. abweicht.

Dagegen wird das Ergebnis der Berechnungsversion II, d. h. die Beschäftigungskapazität errechnet als Facharbeiterersatz, von dem Ausbildungsjahrgang um gut die Hälfte übertroffen, wie Tab. 4 zeigt. Dies ist vor allem auf die gegenüber den abgehenden Beschäftigungsjahrgängen heute erhöhten Ausgebildetenanteile der nachrückenden Jahrgänge in Verbindung mit den zahlenmäßig starken Geburtsjahrgängen zurückzuführen.

Betrachtet man die absoluten Zahlen und die Anteile des errechneten Ausbildungsbedarfs nach Berufsfeldern, so sind bei grundsätzlicher Vergleichbarkeit des strukturellen Aufbaus der Bestände an Beschäftigten allg. und den Auszubildenden (vgl. Tab. 4 und Abb. 14) z. T. erhebliche Ausbildungsdefizite und -überschüsse sowohl auf der Basis Beschäftigte und erst recht in Bezug auf die vorhandenen Facharbeiter festzustellen.

Ausbildungsdefizite von mehr als 50 v. H. gegenüber den erwarteten Beschäftigtenabgängen weisen in Niedersachsen die Berufsfelder VI 'Textiltechnik und Bekleidung', VII 'Chemie, Physik und Biologie', VIII 'Drucktechnik' und die dem Berufsfeld XIV zugerechneten Berufsordnungen auf. Hingegen werden in den Berufsfeldern X 'Gesundheit', XI 'Körperpflege' und XIII 'Agrarwirtschaft' mehr als doppelt soviel Nachwuchskräfte ausgebildet, wie fachlich entsprechende Arbeitsplätze voraussichtlich freigemacht werden.

Tab. 1: Kennziffern der Regionen

Kenn-ziff.	Region
101	Braunschweig, Stadt
102	Salzgitter, Stadt
103	Wolfsburg, Stadt
151	Gifhorn
152	Göttingen
153	Goslar
154	Helmstedt
155	Northeim
156	Osterode am Harz
157	Peine
158	Wolfenbüttel
1	Reg.-Bez. Braunschweig
201	Hannover, Stadt
251	Diepholz
252	Hameln-Pyrmont
253	Hannover
254	Hildesheim
255	Holzminden
256	Nienburg (Weser)
257	Schaumburg
2	Reg.-Bez. Hannover

Kenn-ziff.	Region
351	Celle
352	Cuxhaven
353	Harburg
354	Lüchow-Dannenberg
355	Lüneburg
356	Osterholz
357	Rotenburg (Wümme)
358	Soltau-Fallingbostel
359	Stade
360	Uelzen
361	Verden
3	Reb.-Bez. Lüneburg
401	Delmenhorst, Stadt
402	Emden, Stadt
403	Oldenburg (Oldenburg), Stadt
404	Osnabrück, Stadt
405	Wilhelmshaven, Stadt
451	Ammerland
452	Aurich
453	Cloppenburg
454	Emsland
455	Friesland
456	Grafschaft Bentheim
457	Leer
458	Oldenburg (Oldenburg)
459	Osnabrück
460	Vechta
461	Wesermarsch
4	Reg.-Bez. Weser-Ems

Tab. 2: Quantitative Ausbildungsanforderungen des Bildungs- und Beschäftigungssystems (1g) in den Landkreisen/kreisfreien Städten Niedersachsens nach Berufsfeldern auf der Basis der Beschäftigten des Quartals 1/78 in 243 Berufsordnungen

Region[1]	Berufsfeld I	II	III	IV	V	VI	VII
101	1245	848	227	192	46	43	51
102	360	692	158	68	24	33	34
103	443	870	62	46	24	40	10
151	225	181	34	70	19	10	7
152	841	504	116	184	53	43	55
153	470	369	49	96	26	55	79
154	189	182	30	53	10	19	8
155	382	340	46	108	62	70	21
156	238	277	62	65	42	22	17
157	273	352	46	91	22	10	28
158	209	161	33	68	10	17	22
201	3897	2073	462	377	67	121	190
251	399	299	42	129	43	69	14
252	613	320	77	115	87	84	18
253	1157	756	186	307	80	75	71
254	775	715	286	179	57	38	33
255	220	158	43	77	42	27	36
256	270	202	29	90	27	41	31
257	364	286	34	110	44	59	10
351	465	329	110	133	35	40	63
352	322	228	45	117	28	20	14
353	284	162	32	97	37	12	8
354	95	79	9	34	7	13	3
355	387	208	28	92	21	63	17
356	158	95	19	40	14	11	6
357	298	202	47	105	34	19	14
358	362	217	43	102	26	31	67
359	397	243	44	129	27	28	60
360	251	142	33	76	22	18	5
361	270	194	39	72	30	12	7
401	210	125	13	59	8	84	6
402	198	259	35	46	11	9	11
403	747	280	103	119	20	27	42
404	899	625	100	136	33	87	34
405	378	220	57	61	14	81	12
451	261	238	25	130	28	53	9
452	333	183	47	146	20	19	7
453	209	213	29	105	24	49	12
454	505	533	63	219	74	113	59
455	222	271	22	57	20	11	5
456	261	194	33	84	24	234	8
457	288	210	43	99	22	16	10
458	130	144	22	63	18	17	4
459	507	583	70	184	94	92	34
460	207	216	25	70	29	37	5
461	217	267	51	56	21	10	26
SUMME	21431	16245	3209	5056	1526	2082	1283

Fortsetzung Tab. 2 v. Vorseite

Region[1]	Berufsfeld VIII	IX	X	XI	XII	XIII	XIV
101	67	56	47	32	129	31	160
102	3	29	20	10	41	13	72
103	5	66	27	16	51	23	150
151	6	16	14	8	34	20	33
152	55	44	45	24	97	50	104
153	14	32	31	20	140	32	71
154	1	10	13	8	41	16	25
155	20	27	25	13	60	47	70
156	23	12	19	9	43	21	33
157	5	14	15	11	42	11	33
158	7	13	14	9	47	16	17
201	121	163	133	70	434	94	414
251	12	24	19	14	64	27	40
252	17	45	32	18	78	29	51
253	43	68	66	39	224	57	136
254	48	46	43	29	112	48	94
255	8	17	11	7	29	17	87
256	7	16	14	9	45	23	47
257	14	31	25	14	63	18	57
351	13	33	26	14	79	42	50
352	4	22	25	12	203	41	42
353	4	20	19	13	60	16	32
354	2	4	6	3	17	9	16
355	9	27	20	12	63	42	22
356	2	8	8	5	25	8	18
357	10	19	17	11	60	44	18
358	16	20	17	11	86	36	27
359	9	22	21	12	57	25	60
360	6	19	16	8	64	29	22
361	8	17	12	7	51	15	34
401	8	12	12	7	36	13	25
402	1	27	7	4	26	5	43
403	34	27	28	17	90	19	54
404	40	59	39	19	83	25	115
405	9	25	17	9	38	11	29
451	6	20	16	9	88	57	48
452	8	16	17	11	63	36	24
453	3	14	9	6	73	21	19
454	8	44	28	14	74	49	58
455	4	9	12	7	46	14	20
456	11	14	14	9	46	14	30
457	6	23	15	9	49	25	31
458	0	14	8	5	38	14	12
459	41	41	33	20	170	48	67
460	8	13	10	7	61	22	36
461	4	16	10	6	29	14	44
Summe	750	1314	1075	627	3549	1287	2690

Quelle zu Tab. 2: Beschäftigtenstatistik Niedersachsen, Quartal 1/78; eigene Berechnung.

[1] Kennziffern der Regionen s. S. 127.

Tab. 3: Quantitative Ausbildungsanforderungen des Bildungs- und Beschäftigungssystems (1g) in den Landkreisen/kreisfreien Städten Niedersachsens nach Berufsfeldern auf der Basis der Facharbeiter in 243 Berufsordnungen im Quartal 1/78

Region 1)	Berufsfeld						
	I	II	III	IV	V	VI	VII
101	880	551	150	111	36	22	35
102	241	400	81	42	17	11	20
103	270	473	44	30	16	10	7
151	134	82	22	40	8	3	3
152	589	332	74	132	33	14	41
153	334	214	35	72	18	23	41
154	133	116	20	35	6	7	5
155	266	208	24	78	33	15	12
156	172	184	30	46	18	7	10
157	192	215	29	60	9	6	13
158	150	92	19	40	6	8	9
201	2653	1293	291	230	51	61	105
251	238	166	28	77	25	17	6
252	420	212	40	81	42	27	11
253	770	466	114	187	51	20	32
254	542	441	106	117	38	16	18
255	148	97	22	53	15	9	23
256	164	107	19	48	13	12	13
257	253	170	22	66	25	23	6
351	315	203	52	81	20	17	22
352	220	129	24	75	18	8	6
353	184	100	21	66	20	4	5
354	57	44	5	21	3	3	1
355	267	121	19	59	11	23	10
356	92	61	12	23	11	4	3
357	175	107	19	59	16	5	6
358	211	137	27	57	16	8	38
359	257	147	29	89	16	7	36
360	169	83	21	51	13	8	4
361	167	122	21	45	17	4	2
401	138	79	8	31	5	24	4
402	139	163	27	30	9	3	6
403	518	172	53	72	14	13	22
404	615	352	72	84	26	34	22
405	235	159	39	39	10	22	9
451	170	138	17	67	16	5	6
452	218	106	23	88	14	7	5
453	123	109	15	62	12	10	5
454	317	304	39	132	35	20	36
455	139	139	14	34	13	4	3
456	178	122	19	47	16	143	4
457	185	108	25	67	14	4	6
458	83	87	12	37	9	4	3
459	328	295	48	117	56	28	19
460	126	105	13	39	16	6	3
461	142	161	31	38	16	2	13
SUMME	14317	9672	1875	3155	902	731	709

Fortsetzung Tab. 3 von Vorseite

Region[1]	Berufsfeld VIII	IX	X	XI	XII	XIII	XIV
101	43	41	32	18	51	12	97
102	1	17	13	5	12	4	38
103	2	32	18	6	18	7	80
151	3	10	8	4	11	6	11
152	25	33	30	13	41	26	56
153	9	23	22	11	59	17	32
154	0	7	9	4	13	5	9
155	6	18	16	7	24	18	33
156	11	9	11	5	21	11	19
157	3	10	10	6	15	4	19
158	4	9	9	4	12	7	11
201	76	105	93	34	146	40	273
251	7	15	12	7	23	8	22
252	10	31	24	10	32	12	31
253	23	47	43	21	73	23	82
254	26	33	29	15	47	19	59
255	3	10	6	4	11	9	32
256	3	10	9	4	15	7	18
257	8	20	18	8	27	8	26
351	8	24	17	8	29	13	30
352	3	17	17	6	30	10	14
353	2	14	11	7	25	6	16
354	0	3	4	1	5	3	7
355	6	15	13	6	25	11	13
356	1	6	5	2	10	3	7
357	6	12	11	5	21	10	10
358	9	15	12	6	26	13	14
359	5	16	14	6	21	9	17
360	4	12	10	4	22	14	13
361	5	13	7	3	17	6	17
401	3	8	8	3	12	5	13
402	1	16	5	2	8	1	30
403	21	20	19	8	32	9	35
404	25	34	27	9	33	11	74
405	4	15	11	5	14	3	21
451	3	13	10	4	28	17	23
452	5	13	11	4	29	11	15
453	2	8	6	1	21	7	13
454	5	28	17	5	25	14	33
455	3	7	8	3	20	4	13
456	6	10	9	3	13	4	20
457	4	12	10	4	15	7	16
458	0	9	5	2	13	4	6
459	14	25	22	10	46	19	34
460	3	8	6	3	18	5	14
461	2	11	6	2	10	4	16
Summe	413	864	713	308	1219	466	1482

Quelle zu Tab. 3: Beschäftigtenstatistik Niedersachsen, Quartal 1/78, eigene Berechnung.

[1] Kennziffern der Regionen s. S. 127.

Tab. 4: Ausbildungssituation, Ausbildungsbedarf sowie Überschüsse und Defizite an Auszubildenden im Jahre 1978 in Niedersachsen nach Berufsfeldern

Berufsfeld	Einschulungen[1] A_n (3g)	Ausbildungsbedarf (1g)[2] A_B	A_F	A_n	A_B	A_F
1	2	3	4	5	6	7
	abs.	abs.	abs.	v.H.	v.H.	v.H.
I	18369	21431	14423	31,0	34,5	39,3
II	13425	16245	9677	22,7	26,1	26,3
III	4227	3209	1887	7,1	5,2	5,1
IV	4466	5056	3055	7,5	8,1	8,3
V	1839	1526	897	3,1	2,5	2,4
VI	658	2082	734	1,1	3,4	2,0
VII	330	1283	718	0,6	2,1	2,0
VIII	251	750	418	0,4	1,2	1,1
IX	1819	1314	773	3,1	2,1	2,1
X	2175	1075	716	3,7	1,7	1,9
XI	2621	627	305	4,4	1,0	0,8
XII	5218	3549	1176	8,8	5,7	3,2
XIII	2774	1287	459	4,7	2,1	1,2
XIV	1090	2690	1491	1,8	4,3	4,1
Summe	59262	62124	36729	100	100	100

	Ausbildungsdefizite (-) -überschüsse (+) nach: $A_n - A_B$	$A_n - A_F$
	8	9
	abs.	abs.
I	- 3062	+ 3946
II	- 2820	+ 3748
III	+ 1018	+ 2340
IV	- 590	+ 1411
V	+ 313	+ 942
VI	- 1424	- 76
VII	- 953	- 388
VIII	- 499	- 167
IX	+ 505	+ 1046
X	+ 1100	+ 1459
XI	+ 1994	+ 2316
XII	+ 1669	+ 4042
XIII	+ 1487	+ 2315
XIV	- 1600	- 401
ges.	- 2862	+22533

Quelle und Fußnoten zu Tab. 4: Niedersächsisches Landesverwaltungsamt — Statistik —: Berufsschulstatistik Niedersachsen vom 15. Nov. 1978, Kreiszusammenstellung und Beschäftigtenstatistik Niedersachsen, Quartal 1/78; eigene Berechnung.

[1] Ausbildungsanfänger errechnet als Durchschnitt des 2. u. 3. Ausbildungsjahres des Stichtages 15. Nov. 1978. D. h. Mittel der Anfängerzahlen von 1976 u. 1977. Diese Jahre wurden gewählt um Einflüsse des teilweise eingeführten BGJ auszuschalten.

[2] A_B: Berechnungsbasis Beschäftigte allg. und A_F: Basis Facharbeiter.

Abb. 14: Ausbildungsbedarf (A_B), Ausbildungsvorschlag (V_B) und tatsächliche Ausbildungsanfänger (A_n) nach Berufsfeldern in v.H. im Jahre 1978 in Niedersachsen

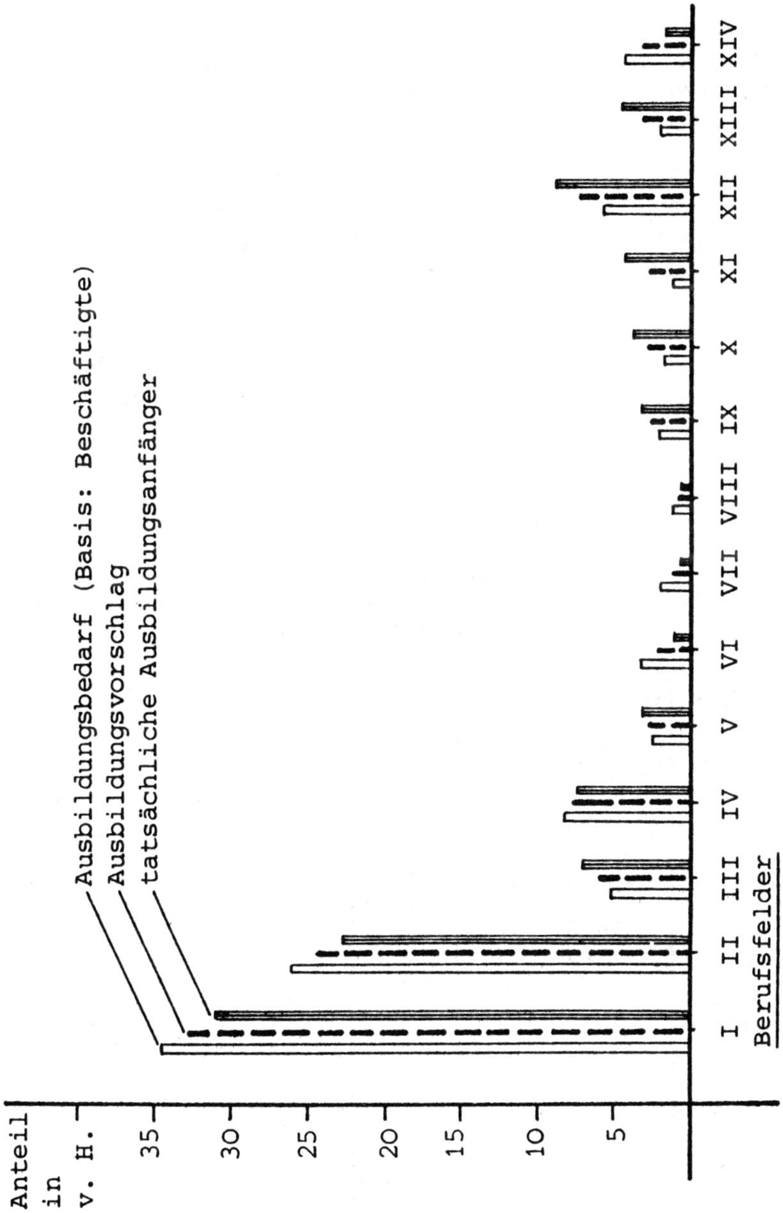

Quelle und Anmerkungen: vgl. Tab. 4 und 5.

Ein Vergleich der Berufsfeldzahlen von Ausbildungsbedarf und Auszubildenden auf der Basis der Beschäftigten mit abgeschlossener Berufsausbildung verdeutlicht wie auch in der Version I Ausbildungslücken in den Berufsfeldern VI 'Textiltechnik und Bekleidung', VII 'Chemie, Physik und Biologie', VIII 'Drucktechnik' und XIV 'Sonstige'. Alle übrigen Berufsfelder bilden wie erwartet wesentlich über das Vergleichsmaß der freiwerdenden Facharbeiterplätze hinaus aus.

Aufgrund der relativ hohen Annäherung der in Abb. 13 dargestellten Strukturen von Beschäftigtenbeständen und Auszubildenden nach Berufsfeldern und der verhältnismäßig geringen absoluten Differenzen ergeben sich unter den Modellannahmen der Berechnungsversion I realistische Zahlen für einen Ausbildungsvorschlag, sowohl quantitativ wie strukturell. Auch unter dem Gesichtspunkt, daß in jüngster Zeit in vielen Branchen Facharbeiterengpässe auftreten und unter dem bildungspolitischen Grundsatz, jedem geeigneten Jugendlichen eine Berufsausbildung zu ermöglichen, ist der Berechnungsbasis Beschäftigte allgemein der Vorzug zu geben.

Tab. 5: Ausbildungsvorschlag 1978 für Niedersachsen nach Berufsfeldern auf der Grundlage der Beschäftigten in 243 Berufsordnungen und der Einschulungszahlen der Jahre 1976 und 1977

Berufsfeld	Ausbildungsvorschlag V_B		Vorjahreseinschulungen A_n		Abweichung von Vorschlag u. Einschulung	
1	2	3	4	5	6	7
	abs.	in v.H.	abs.	in v.H.	abs.	v.H.-Pkt.
I	19901	32,8	18369	31,0	+ 1532	+ 1,8
II	14836	24,4	13425	22,7	+ 1411	+ 1,7
III	3719	6,1	4227	7,1	- 508	- 1,0
IV	4761	7,8	4466	7,5	+ 295	+ 0,3
V	1683	2,8	1839	3,1	- 165	- 0,3
VI	1370	2,3	658	1,1	+ 712	+ 1,2
VII	807	1,3	330	0,6	+ 477	+ 0,7
VIII	501	0,8	251	0,4	+ 250	+ 0,4
IX	1567	2,6	1819	3,1	- 252	- 0,5
X	1625	2,7	2175	3,7	- 550	- 1,0
XI	1624	2,7	2621	4,4	- 997	- 1,7
XII	4384	7,2	5218	8,8	- 834	- 1,6
XIII	2031	3,3	2774	4,7	- 743	- 1,4
XIV	1890	3,1	1090	1,8	+ 800	+ 1,3
Summe	60699	100	59262	100	+ 1437	---

Quelle: Eigene Berechnung und Berufsschulstatistik des Landes Niedersachsen vom 15. Nov. 1978, Kreiszusammenstellung.

Für Niedersachsen insgesamt errechnet sich auf dieser Grundlage für das Beispieljahr 1978 folgender Ausbildungsvorschlag, der in der nachstehenden Tab. 5 den tatsächlichen Ausbildungsgegebenheiten des Jahres gegenübergestellt ist. Dieser Ausbildungsvorschlag wäre nun als Diskussionsbasis der politischen Entscheidungsfindung im weiteren Ablauf des Abstimmungsverfahrens vorzusehen.

Die hohe quantitative und strukturelle Übereinstimmung des modellmäßig abgeleiteten Ausbildungsvorschlags mit den bisherigen Ausbildungsgegebenheiten bestätigt sich im Prinzip, wie die folgenden Tab. 6 bis 8 verdeutlichen, auch auf regionaler Ebene, hier in den als Beispiele gewählten Landkreisen Lüneburg, Vechta und Gifhorn.

Tab. 6: Ausbildungsanforderungen A_B, Ausbildungsgegebenheiten A_n und Ausbildungsvorschlag V_B nach Berufsfeldern für das Jahr 1978 im Landkreis Lüneburg

Berufs-feld	A_n	A_B	V_B	A_n	A_B	A_n-V_B
1	2	3	4	5	6	7
	abs.	abs.	abs.	v.H.	v.H.	v.H.Pkt.
I	497	387	442	35,1	38,3	- 1,2
II	238	208	223	16,8	20,6	- 1,5
III	93	28	61	6,6	2,8	+ 1,6
IV	149	92	121	10,5	9,1	+ 0,6
V	21	21	21	1,5	2,1	- 0,2
VI	78	63	71	5,5	6,2	- 0,3
VII	--	17	9	0,0	1,7	- 0,7
VIII	--	9	5	0,0	0,9	- 0,4
IX	36	27	32	2,5	2,7	- 0,1
X	111	20	66	7,9	2,0	+ 2,5
XI	40	12	26	2,8	1,2	+ 0,7
XII	126	63	95	8,9	6,2	+ 1,1
XIII	23	42	33	1,6	4,2	- 1,1
XIV	2	22	12	0,1	2,2	- 0,9
Summe	1414	1011	1217	100	100	---

Quelle: eigene Berechnung auf der Basis der Beschäftigtenstatistik Niedersachsen, Quartal 1/78 und der Berufsschulstatistik des Landes vom 15. Nov. 1978, Kreiszusammenstellung.

Tab. 7: Ausbildungsanforderungen A_B, Ausbildungsgegebenheiten A_n und Ausbildungsvorschlag V_B nach Berufsfeldern für das Jahr 1978 im Landkreis Vechta

Berufsfeld	A_n	A_B	V_B	A_n	A_B	$A_n - V_B$
1	2	3	4	5	6	7
	abs.	abs.	abs.	v.H.	v.H.	v.H.Pkt.
I	321	207	264	32,4	28,2	+ 1,9
II	234	216	225	23,6	29,4	- 2,4
III	47	25	36	4,7	3,4	+ 0,5
IV	125	70	98	12,6	9,5	+ 1,3
V	57	23	40	5,8	3,1	+ 1,2
VI	--	37	19	0,0	5,0	- 2,2
VII	--	5	3	0,0	0,7	- 0,3
VIII	--	3	2	0,0	0,4	- 0,2
IX	24	13	19	2,4	1,8	+ 0,2
X	--	10	5	0,0	1,4	- 0,6
XI	43	7	25	4,3	1,0	+ 1,4
XII	85	61	73	8,6	8,3	+ 0,2
XIII	46	22	34	4,6	3,0	+ 0,7
XIV	8	36	22	0,8	4,9	- 1,7
Summe	990	735	865	100	100	---

Tab. 8: wie Tab. 7, für den Landkreis Gifhorn

I	258	225	242	29,3	33,3	- 1,6
II	203	181	192	23,1	26,8	- 1,5
III	85	34	60	9,7	5,0	+ 2,0
IV	82	70	76	9,3	10,4	- 0,4
V	27	19	23	3,1	2,8	+ 0,2
VI	--	10	5	0,0	1,5	- 0,6
VII	--	7	4	0,0	1,0	- 0,5
VIII	--	5	3	0,0	0,7	- 0,4
IX	37	16	27	4,2	2,4	+ 0,7
X	--	14	7	0,0	2,1	- 0,9
XI	45	8	27	5,1	1,2	+ 1,6
XII	85	34	60	9,7	5,0	+ 2,0
XIII	58	20	39	6,6	3,0	+ 1,6
XIV	--	33	17	0,0	4,9	+ 2,2
Summe	880	676	782	100	100	---

Quellen zu Tab. 7 und 8 wie zu Tab. 6.

4. Das Abstimmungsmodell in der Schulpraxis

a) Projektbeschreibung und Methodisches der praktischen Erprobung

Zentrales Anliegen der Praxiserprobung war es, den modellmäßig errechneten Ausbildungsvorschlag hinsichtlich seiner Aussagekraft, Verwendungsfähigkeit und Nutzungsmöglichkeiten in der praktischen Anwendung zu überprüfen[1]. Als Erprobungsregionen wurden die Landkreise Emsland und Grafschaft Bentheim aufgrund der dort verhältnismäßig weit fortgeschrittenen BGJ-Einführung, die ca. vier Fünftel der Entlaßschüler erfaßt, ausgewählt. Diese beiden Landkreise gehören zur Modellregion Ostfriesland-Emsland des Pädagogischen Modellvorhabens zur Einführung des BGJ. Dadurch ergaben sich besonders vorteilhafte und sichere Überprüfungsmöglichkeiten des errechneten Ausbildungsvorschlags. Insbesondere verfügt das Pädagogische Modellvorhaben über intensive praktische Erfahrungen mit der Abstimmungsproblematik, über eingehende Regionalkenntnisse und eine Vielzahl schulstatistischer Informationen, die weit über das Regelmaß hinausgehen, so daß die Ergebnisse der praktischen Anwendung auf eine fundierte Basis gestellt werden konnten[2].

Die methodische Anlage der Erprobung ist der Übersichtlichkeit wegen in tabellarischer Form aufgestellt und im Anschluß an dieses Kapitel wiedergegeben[3].

---

[1] Auftraggeber der Praxiserprobung war ebenfalls das Niedersächsische Kultusministerium, das sich aufgrund der guten Ergebnisse in den vorausgegangenen ex post-Berechnungen für diesen schulpraktischen Versuch entschied.

[2] Die Durchführung der Untersuchung geschah in Zusammenarbeit mit dem Pädagogischen Modellvorhaben, Modellregion Ostfriesland-Emsland, dessen Mitarbeitern besonderer Dank für die freundliche und stets kooperative Unterstützung gilt. Ihre fundierte Sachkenntnis hat zur Aussagekraft des Ergebnisses der Praxiserprobung einen wesentlichen Beitrag geleistet.

Dank gilt auch dem Landesverwaltungsamt - Statistik - für die Bereitstellung der Beschäftigtenstatistik Niedersachsen und den Herren W. Oest und S. Tiron für die gewissenhaft durchgeführte EDV und nicht zuletzt dem Landesarbeitsamt Niedersachsen-Bremen für die Zustimmung zu dem Erprobungsprojekt.

[3] Chronologischer Untersuchungsaufbau in Grobgliederung:

Juni 1981: Projektplanung und Vorarbeiten, Datenbeschaffung, Gespräche mit dem Kultusministerium und dem Landesarbeitsamt.

Juli bis Ende 1981: EDV-Arbeiten und Sekundärauswertung von Daten der Niedersächsischen Schul- und Arbeitsstatistik. Erstellung des Ausbildungsvorschlags 1982/83 und ex post-Berechnungen für 1977. Einführungsveranstaltung in der Region.

Januar bis April 1982: Totalerhebung und Auswertung der Ausbildungswünsche der Sek- I-Entlaßschüler in der Region, Erfassung der Anmeldungen an den berufsbil-

b) Ergebnisse der praktischen Erprobung des Abstimmungsmodells und Zusammenfassung

Als erstes Teilergebnis wurde der Ausbildungsvorschlag für das Schuljahr 1982/83 nach dem vorn aufgeführten Rechengang auf der Datenbasis der Niedersächsischen Beschäftigtenstatistik des Quartals II/1980 und der Niedersächsischen Schulstatistik vom 15. Nov. 1980 ermittelt. Um zusätzliche Beurteilungsmöglichkeiten für die Aussagefähigkeit des Ausbildungsvorschlags zu gewinnen, wurde über das eigentliche Untersuchungsjahr 1982 hinaus, die Ausbildungsvorschläge im Nachhinein auch für das Jahr 1977 errechnet und den damaligen tatsächlichen Ausbildungsstrukturen gegenübergestellt.

In den folgenden Abbildungen und Tabellen sind die entsprechenden Ergebnisse aus den beiden Jahren für die Landkreise Emsland und Grafschaft Bentheim wiedergegeben.

Wie schon in den Berechnungen der theoretischen Modellentwicklung zeigen sich auch hier beim Vergleich der Berufsfeldstrukturen der modellmäßigen Ausbildungsvorschläge und der tatsächlichen Ausbildungsanfänger durchweg gute bis sehr gute Übereinstimmungen. Die arithmetischen Mittelwerte der Abweichungen in der Spanne von lediglich 0,97 bis 1,31 v.H.-Punkte belegen dies.

Die Ausbildungswunschstruktur

Im Verlauf des Frühjahr 1982 wurde dann eine umfassende Ausbildungswunscherhebung aller in den Landkreisen Emsland und Grafschaft Bentheim zum Ausbildungsbeginn August 1982 anstehenden Sek. I-Schülerinnen und Schüler durchgeführt, die einen Rücklauf von 5810 Fragebogen erbrachte. Die Verteilung der Ausbildungswünsche nach Ausbildungsarten bzw. -gängen gibt Tab. 13 wieder.

Etwa drei Viertel der Befragten äußerten den Wunsch nach einer Ausbildung im BGJ bzw. in einer BFS, die hier unter dem Gesichtspunkt der Beschäftigungsorientierung zusammengesehen werden sollten. Nimmt man den Ausbildungswunsch BVJ noch hinzu, so sind es sogar vier Fünftel, die in diese Formen beruflicher Erstausbildung eintreten möchten, wobei zwischen den beiden Kreisen nur geringe Unterschiede bestehen.

---

denden Schulen zum 20. Febr. und 30. Apr. 1982, Gegenüberstellung der Ergebnisse mit dem Ausbildungsvorschlag.

August 1982: Einschulung bzw. Ausbildungsbeginn in den Betrieben.

bis Ende 1982: Auswertung der tatsächlichen Ausbildungsanfängerzahlen vom 15. Aug. und vom 15. Nov.

Abb. 15 u. Tab. 9: Ausbildungsbedarf (A_B), Ausbildungsvorschlag (V_B) und die tatsächliche Ausbildungssituation nach Berufsfeldern in v. H. im Jahre 1980 im Landkreis Emsland

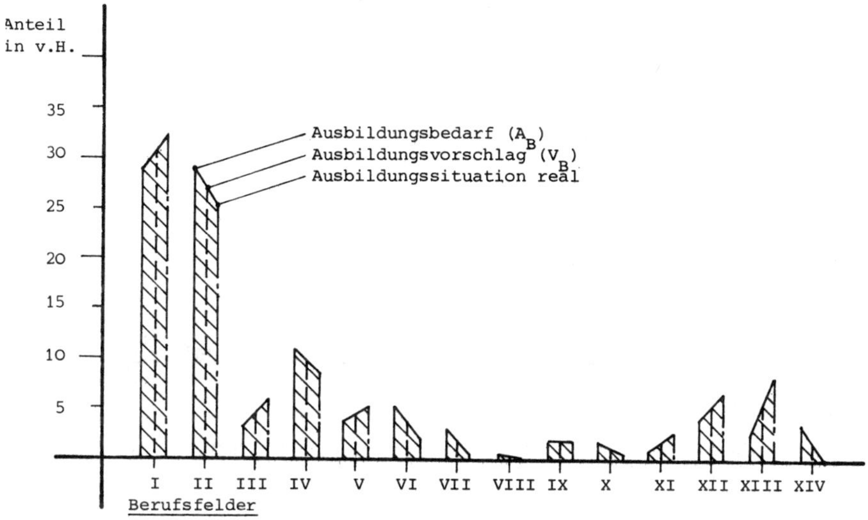

Quellen: Niedersächsische Schulstatistik, Niedersächsische Beschäftigtenstatistik, eigene Berechnungen.

Berufsfeld	(Ersatz-)Ausbildungsbedarf (A_B)		Ausbildungsvorschlag (V_B)		Tatsächl. Ausbildungsstruktur (A_n)		A_n - V_B
	abs.	v.H.	abs.	v.H.	abs.[1]	v.H.	v.H.-Pkt.
1	2	3	4	5	6	7	8
I	570	28,7	830	31,1	1090	32,5	+ 1,4
II	576	29,0	711	26,6	846	25,2	- 1,4
III	68	3,4	135	5,1	201	6,0	+ 0,9
IV	221	11,1	255	9,5	288	8,6	- 0,9
V	74	3,7	124	4,6	174	5,2	+ 0,6
VI	114	5,7	89	3,3	64	1,9	- 1,4
VII	63	3,2	40	1,5	17	0,5	- 1,0
VIII	10	0,5	5	0,2	--	---	- 0,2
IX	40	2,0	49	1,8	57[2]	1,7	- 0,1
X	34	1,7	29	1,1	24[2]	0,7	- 0,4
XI	15	0,8	52	1,9	89	2,7	+ 0,8
XII	80	4,0	151	5,6	222	6,6	+ 1,0
XIII	50	2,5	166	6,2	282	8,4	+ 2,2
XIV	71	3,6	37	1,4	2	0,1	- 1,3
Summe	1986		2673		3356		∅ 0,97

[1] 2. Ausbildungsjahr am 15. Nov. 1980, um BGJ-Einfluß auszuschalten.

[2] 1. Ausbildungsjahr, da wesentliche Veränderung gegenüber den bisherigen Ausbildungsstärken.

Abb. 16: Ausbildungsvorschlag (V_B) und tatsächliche Ausbildungssituation nach Berufsfeldern in v. H. im Jahre 1980 im Landkreis Emsland

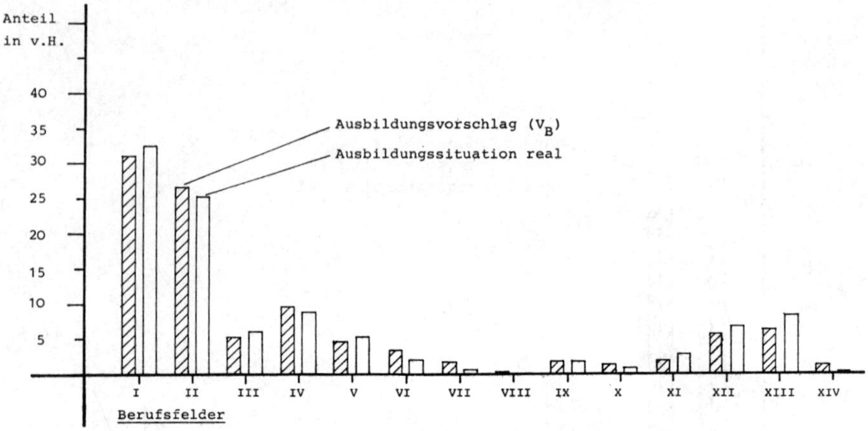

Quellen: Niedersächsische Schulstatistik, Niedersächsische Beschäftigtenstatistik, eigene Berechnungen.

Abb. 17 und Tab. 10: Ausbildungsbedarf (A_B), Ausbildungsvorschlag (V_B) und die tatsächliche Ausbildungssituation nach Berufsfeldern in v. H. im Jahre 1977 im Landkreis Emsland

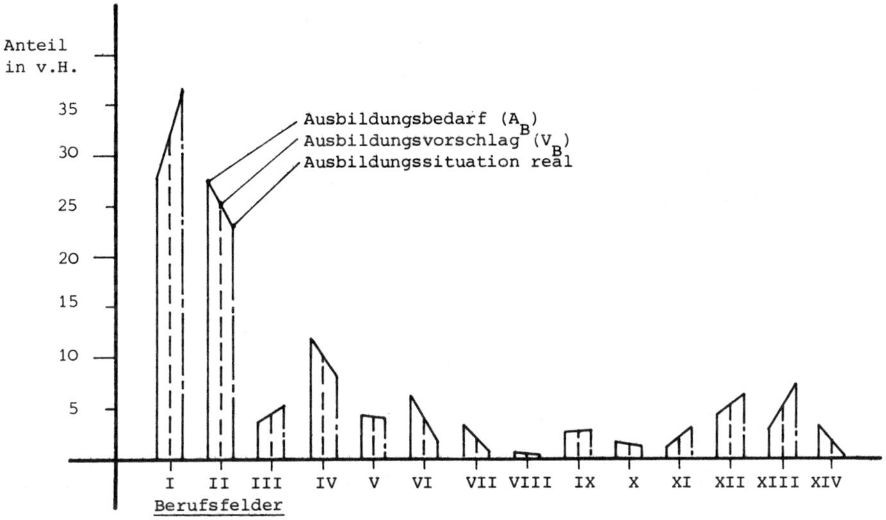

Quellen: Niedersächsische Schulstatistik, Niedersächsische Beschäftigtenstatistik, eigene Berechnungen.

Berufsfeld	(Ersatz-)Ausbildungsbedarf (A_B)		Ausbildungsvorschlag (V_B)		Tatsächl. Ausbildungsstruktur (A_n)		$A_n - V_B$
	abs.	v.H.	abs.	v.H.	abs.[1]	v.H.	v.H.-Pkt.
1	2	3	4	5	6	7	8
I	505	27,9	764	33,2	1023	36,8	+ 3,6
II	503	27,8	573	24,9	642	23,1	- 1,8
III	63	3,5	103	4,5	142	5,1	+ 0,6
IV	219	12,1	220	9,6	220	7,9	- 1,7
V	74	4,1	91	4,0	107	3,9	- 0,1
VI	113	6,2	77	3,4	41[2]	1,5	- 1,9
VII	59	3,3	39	1,7	19[2]	0,7	- 1,0
VIII	8	0,4	4	0,2	--	---	- 0,2
IX	44	2,4	60	2,6	75	2,7	+ 0,1
X	28	1,5	32	1,4	35	1,3	- 0,1
XI	14	0,8	47	2,0	79	2,8	+ 0,8
XII	74	4,1	130	5,7	186	6,7	+ 1,0
XIII	49	2,7	128	5,6	206	7,4	+ 1,8
XIV	58	3,2	30	1,3	2	0,1	- 1,2
Summe	1811		2298		2777		∅1,14

[1] 2. Ausbildungsjahr am 15. Nov. 1977, um BGJ-Einfluß auszuschalten.

[2] 1. Ausbildungsjahr, da wesentliche Veränderungen gegenüber den bisherigen Ausbildungsstärken.

Abb. 18 und Tab. 11: Ausbildungsbedarf (A_B), Ausbildungsvorschlag (V_B) und die tatsächliche Ausbildungssituation nach Berufsfeldern in v. H. im Jahre 1980 im Kreis Grafschaft Bentheim

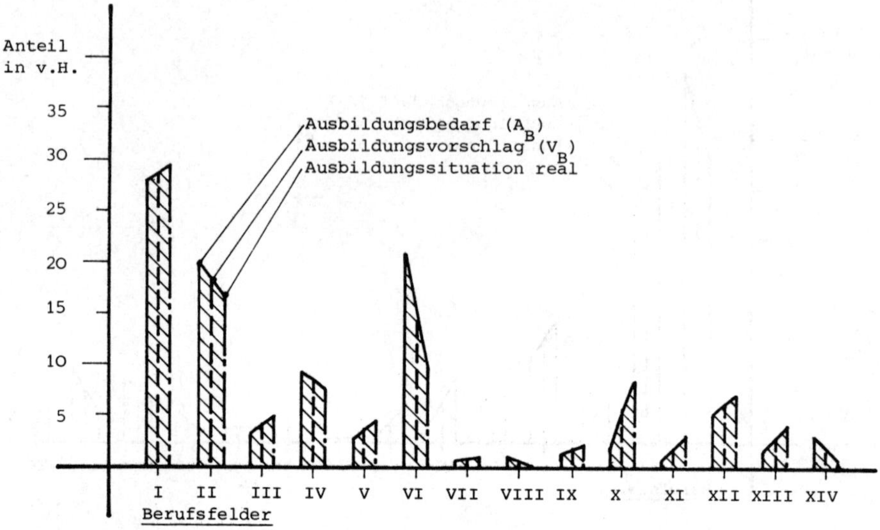

Quellen: Niedersächsische Schulstatistik, Niedersächsische Beschäftigtenstatistik, eigene Berechnungen.

Berufsfeld	(Ersatz-)Ausbildungsbedarf (A_B)		Ausbildungsvorschlag (V_B)		Tatsächl. Ausbildungsstruktur (A_n) [1]		$A_n - V_B$
	abs.	v.H.	abs.	v.H.	abs.	v.H.	v.H.-Pkt.
1	2	3	4	5	6	7	8
I	286	27,9	364	28,9	442	29,7	+ 0,8
II	207	20,2	229	18,2	251	16,9	- 1,3
III	33	3,2	54	4,3	74	5,0	+ 0,7
IV	97	9,5	108	8,6	118	7,9	- 0,7
V	27	2,6	49	3,9	71	4,8	+ 0,9
VI	215	21,0	180	14,3	144	9,7	- 4,6
VII	8	0,8	9	0,7	9	0,6	- 0,1
VIII	11	1,1	6	0,5	--	---	- 0,5
IX	14	1,4	25	2,0	35	2,4	+ 0,4
X	17	1,7	73	5,8	128	8,6	+ 2,8
XI	8	0,8	27	2,1	46	3,1	+ 1,6
XII	52	5,1	80	6,3	108	7,3	+ 1,0
XIII	17	1,7	40	3,2	62	4,2	+ 1,0
Summe	1024		1260		1488		∅1,26

[1] 2. Ausbildungsjahr am 15. Nov. 1980, um BGJ-Einfluß ausczuschalten.

Abb. 19: Ausbildungsvorschlag (V_B) und tatsächliche Ausbildungssituation nach Berufsfeldern in v. H. im Jahre 1980 im Kreis Grafschaft Bentheim

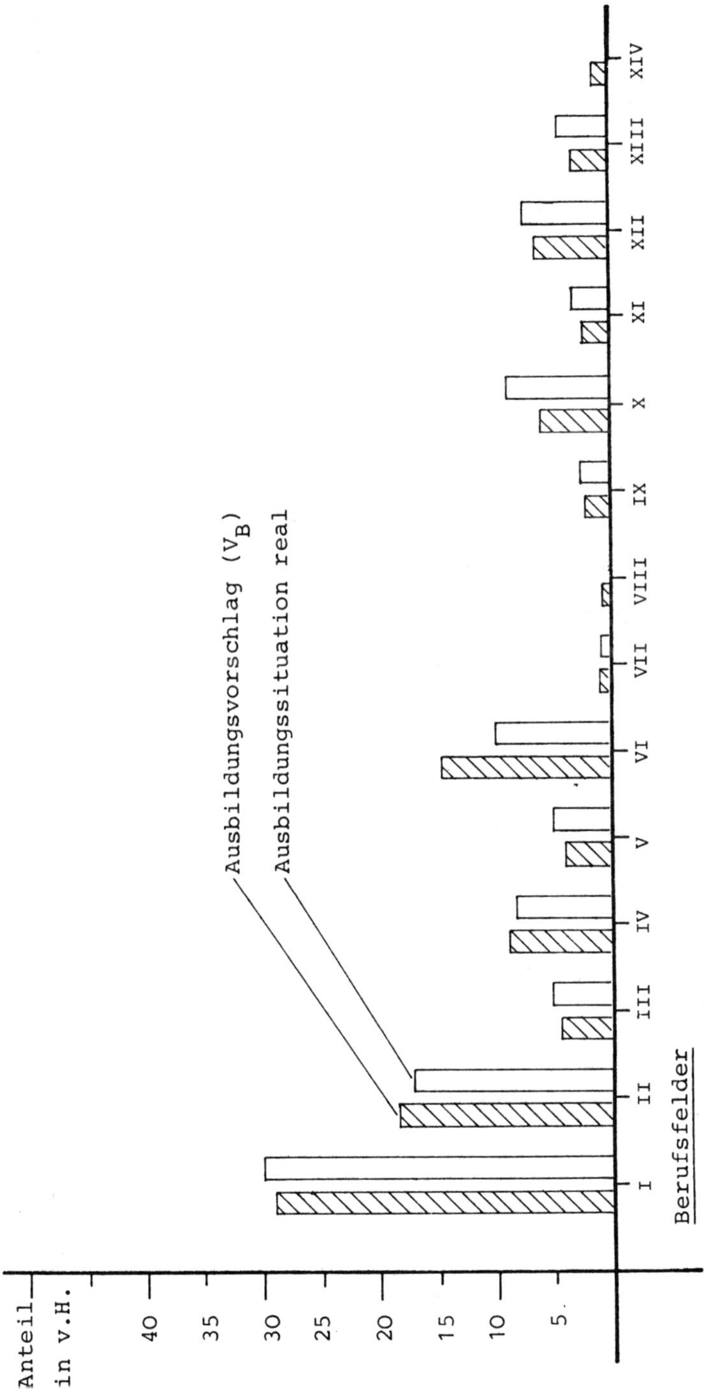

Quellen: Niedersächsische Schulstatistik, Niedersächsische Beschäftigtenstatistik, eigene Berechnungen.

Abb. 20 und Tab. 12: Ausbildungsbedarf (A_B), Ausbildungsvorschlag (V_B) und die tatsächliche Ausbildungssituation nach Berufsfeldern in v. H. im Jahre 1977 im Kreis Grafschaft Bentheim

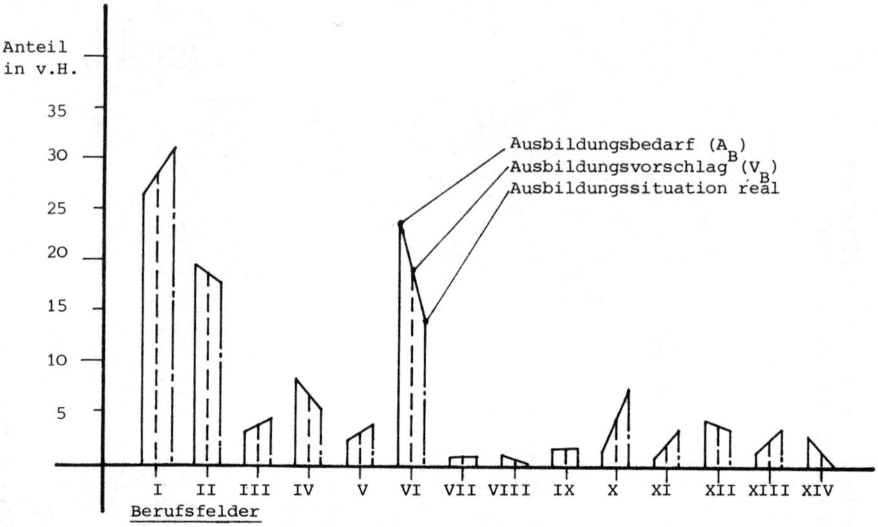

Quellen: Niedersächsische Schulstatistik, Niedersächsische Beschäftigtenstatistik, eigene Berechnungen.

Berufsfeld	(Ersatz-)Ausbildungsbedarf (A_B)		Ausbildungsvorschlag (V_B)		Tatsächliche Ausb.-Struktur (A_n)		$A_n - V_B$
	abs.	v.H.	abs.	v.H.	abs.[1]	v.H.	v.H.-Pkt.
1	2	3	4	5	6	7	8
I	261	26,7	306	29,1	350	31,3	+ 2,2
II	194	19,9	197	18,8	200	17,9	- 0,9
III	33	3,4	42	4,0	51	4,6	+ 0,6
IV	84	8,6	72	6,9	61	5,5	- 1,4
V	24	2,5	36	3,4	47	4,2	+ 0,8
VI	234	24,0	196	18,7	158	14,1	- 4,6
VII	8	0,8	9	0,9	10	0,9	0,0
VIII	11	1,1	6	0,6	1	0,1	- 0,5
IX	14	1,4	18	1,7	21	1,9	+ 0,2
X	14	1,4	52	5,0	89	8,0	+ 3,0
XI	9	0,9	25	2,4	41	3,7	+ 1,3
XII	46	4,7	45	4,3	43	3,8	- 0,5
XIII	14	1,4	28	2,7	42	3,8	+ 1,1
XIV	30	3,1	18	1,7	5	0,4	- 1,3
Summe	976		1050		1119		ø 1,31

[1] 2. Ausbildungsjahr am 15. Nov. 1977, um BGJ-Einfluß auszuschalten.

Tab. 13: Ausbildungswunschstruktur in den Landkreisen Emsland und Grafschaft Bentheim im März 1982

		Verbleib in allg. bild. Schul.	BVJ	BGJ	BFS/ FS	FOS/ FG	Ausb.-Platz im Betrieb	Sonst.	Gesamt
1		2	3	4	5	6	7	8	9
Emsland	abs.	427	175	2511	733	49	312	26	4233
	v.H.	10,1	4,1	59,3	17,3	1,2	7,4	0,6	100
Grafsch. Bentheim	abs.	183	55	873	270	24	160	12	1577
	v.H.	11,6	3,5	55,4	17,1	1,5	10,1	0,8	100
Gesamt	abs.	610	230	3384	1003	73	472	38	5810
	v.H.	10,5	4,0	58,2	17,3	1,3	8,1	0,7	100

Quelle: Erhebung zusammen mit Pädagogischem Modellvorhaben, eigene Auswertung und Berechnung.

Bei der Gegenüberstellung der Ausbildungswünsche mit den tatsächlichen Anmeldungszahlen wurde deutlich, daß Mehrfachbewerber in verschiedenen Berufsfeldern, verschiedenen Schulformen sowie auf betriebliche Ausbildungsplätze und gleichzeitig in berufsbildenden Schulen in den Anmeldungen enthalten waren. Darauf deuten auch die anfangs eher zurückhaltenden Anmeldungen in den Berufsfeldern Metall-, Bau- und Holztechnik sowie Farb- und Raumgestaltung hin. Im Gegensatz dazu lag die Zahl der Anmeldungen von Beginn an in den Berufsfeldern Wirtschaft und Verwaltung und in Elektrotechnik hoch. Wesentliche Ursachen für Mehrfachbewerbungen können in der relativ ungünstigen Ausbildungs- und Arbeitsmarktsituation dieser Region, im Sicherheitsdenken und in dem Bemühen um Ausbildung in einem der als attraktiv geltenden Berufsfelder gesehen werden.

Hier bestätigt sich die bekannte Erfahrung, daß die Anmeldungszahlen keine endgültigen und nur eingeschränkt aussagefähige Planungsgrößen sind. Vielmehr muß noch bis über den Einschulungstermin hinaus mit z.T. erheblichen Veränderungen gerechnet werden. Eine zentral durchgeführte Ausbildungswunscherfassung für eine bestimmte Region wie im vorliegenden Fall, die von jedem in Frage kommenden Entlaßschüler in den Abschlußklassen die Ausbildungswünsche erfragt, kann hingegen die Verfälschungen durch Mehrfachbewerbungen weitestgehend vermeiden. Dies würde wie im Abstimmungsverfahren vorgesehen, die Planungsgrundlage für die berufsbildenden Schulen verbessern. Ein weiterer Vorteil der Berufswunscherfassung ist in der dabei für alle Beteiligten zwangsläufig erforderlich werdenden vertieften Information über Ausbildungs- und Berufsmöglichkeiten gegeben.

Sowohl bei den Ausbildungswünschen wie auch bei den Anmeldezahlen ist eine andere Unsicherheit dadurch unvermeidlich, daß Übergänge im allgemeinbildenden Schulwesen und Zutrittsmöglichkeiten zu beruflichen Ausbildungsgängen z. T. von noch ausstehenden Zeugnissen und Schulabschlüssen abhängen. Je frühzeitiger Bewerbungen, um z. B. ungünstigen Marktsituationen vorzubeugen, eingereicht werden, um so größer ist deshalb der Verlust an Aussagekraft insbesondere in den Pflichtausbildungsformen BGJ und BVJ.

Ausbildungsvorschlag, Ausbildungswünsche, Anmeldungen und tatsächliche Einschulung

Nach der Ausbildungswunscherhebung wurden die BGJ-Anmeldungen an den berufsbildenden Schulen zweimal mit zeitlichem Abstand zueinander erfaßt. Die tatsächlichen Einschulungszahlen wurden ebenfalls an zwei Zeitpunkten aufgenommen. In der folgenden Tab. 14 sind die Ergebnisse der Gegenüberstellung dieser Strukturen mit den ein Jahr zuvor erstellten Vorschlägen zusammengefaßt.

Da zum Einschulungstermin August noch keine Angaben über die sonstigen Ausbildungsanfänger, die ohne BGJ unmittelbar in eine betriebliche Ausbildungsstelle eingetreten sind, verfügbar waren, enthält der Augustvergleich noch einen datenbedingten Fehler. Erst die zum 15. Nov. erhobenen Schülerzahlen erlauben einen vollständigen und abschließenden Vergleich, da nunmehr sowohl die BGJ-Schüler als auch die betrieblichen Ausbildungsanfänger erfaßt sind[4]. Diese Zahlen geben daher den Grad der tatsächlichen Übereinstimmung zwischen dem 1981 modellmäßig errechneten Ausbildungsvorschlag und der real vollzogenen Berufsfeldstruktur aller Ausbildungsanfänger wieder. Als Vergleichszahl für die Höhe der strukturellen Abweichung über alle Berufsfelder zu den einzelnen Zeitpunkten wird der arithmetische Mittelwert benutzt.

[4] Über Ausbildungsanfänger aus den beiden Landkreisen, die in auswärtigen berufsbildenden Schulen und in solchen in freier Trägerschaft unterrichtet werden, liegen keine Daten vor. Der Einbezug dieser Schülerinnen und Schüler würde die strukturelle Übereinstimmung insbesondere für den Landkreis Grafschaft Bentheim wahrscheinlich weiter verbessern.

Tab. 14: Abweichungen der Berufsfeldstruktur vom Ausbildungsvorschlag für die Landkreise Emsland und Grafschaft Bentheim in v.H.-Punkten — Gesamtübersicht

(+ : betreffender Anteil liegt über dem Vorschlag)
(- betreffender Anteil liegt unter dem Vorschlag)

Berufs-feld	Landkreis Emsland: Ausbildungswünsche Februar/März 82	Landkreis Emsland: BGJ-Anmeldungen bzw. Einschulungen 20.2.82	30.4.82	15.8. nur BGJ	15.11. 1982	Landkreis Grafschaft Bentheim: Ausbildungswünsche Februar/März 82	Landkreis Grafschaft Bentheim: BGJ-Anmeldungen bzw. Einschulungen 20.2.82	30.4.82	15.8.82 nur BGJ	15.11. 1982
1	2	3	4	5	6	7	8	9	10	11
I	+ 3,8	+ 9,9	+ 8,9	+ 6,7	+ 5,6	+ 13,5	+ 14,6	+ 17,1	+ 12,8	+ 8,3
II	- 3,1	- 4,2	- 3,4	- 1,3	- 4,1	+ 0,8	+ 0,8	+ 1,5	+ 4,7	+ 0,1
III	+ 4,5	+ 5,0	+ 4,5	+ 2,8	+ 2,0	+ 4,2	+ 4,1	+ 3,1	+ 2,1	+ 0,9
IV	- 1,9	- 2,2	- 1,2	- 0,4	- 1,3	- 1,4	- 1,6	- 2,0	- 0,7	- 2,1
V	+ 2,9	+ 1,9	+ 3,1	+ 2,4	+ 1,5	+ 1,3	+ 1,9	+ 1,4	+ 2,4	+ 1,0
VI	- 3,2	- 3,3	- 3,3	- 3,3	- 1,2	- 13,8	- 14,3	- 14,3	- 14,3	- 4,9
VII	- 1,3	- 1,5	- 1,5	- 1,5	- 1,5	- 0,7	- 0,7	- 0,7	- 0,7	- 0,7
VIII	- 0,2	- 0,2	- 0,2	- 0,2	- 0,2	- 0,5	- 0,5	- 0,5	- 0,5	- 0,5
IX	- 0,9	- 1,0	- 0,8	- 0,2	+ 0,9	+ 1,0	+ 1,2	+ 1,8	+ 2,1	+ 1,2
X	- 0,8	- 1,1	- 1,1	- 1,1	- 1,1	- 5,2	- 5,8	- 5,8	- 5,8	- 5,8
XI	- 0,9	- 1,0	- 1,0	- 0,6	+ 1,0	+ 0,2	+ 2,5	+ 1,2	+ 0,8	+ 2,6
XII	+ 0,2	- 3,1	- 4,2	- 4,2	- 1,5	- 4,4	- 6,3	- 6,3	- 6,3	- 1,9
XIII	+ 2,0	+ 2,3	+ 1,7	+ 2,2	+ 1,0	+ 5,3	+ 5,8	+ 4,8	+ 4,7	+ 3,1
XIV	- 0,9	- 1,4	- 1,4	- 1,4	- 1,4	- 0,3	- 1,3	- 1,3	- 1,3	- 1,3
Mittelwert (arithm.)	1,90	2,72	2,59	2,02	1,74	3,76	4,39	4,41	4,23	2,46

Zur näheren Interpretation der Tab. 14 sei angemerkt, daß ein + die Überschreitung des vorgeschlagenen Berufsfeldanteils um die angegebenen v.H.-Punkte angibt, ein — entsprechend aussagt, daß der Berufsfeldanteil nicht erreicht wurde. Berufsfelder mit einem + sollten im Verlaufe des BGJ unter Beachtung der zugehörigen absoluten Werte im Hinblick auf die Übergangsmöglichkeiten in betriebliche Ausbildungsplätze besonders beobachtet werden. Berufsfelder mit einem Minuszeichen zeigen dagegen eine relative Minderauslastung an. Gemessen am Ausbildungsvorschlag, d.h. an der Struktur der Beschäftigten und den bisherigen Ausbildungsgegebenheiten der Region ist im vorliegenden Fall in beiden Landkreisen ein deutlich überhöhter Ausbildungsanteil vor allem im Berufsfeld Wirtschaft und Verwaltung auffällig. Vornehmlich hier sind Quantitätsprobleme beim Übergang in die Fachstufe und auch später im Erwerbssektor zu erwarten. Die Verlagerung des Nachfrageüberhangs zu den als zukunftsorientiert geltenden Berufsfeldern Wirtschaft und Verwaltung sowie Elektrotechnik wäre ohne die positive Kapazitätswirkung des weitgehend eingeführten BGJ in dieser Situation zwangsläufig noch ungünstiger ausgefallen.

Engpässe für die Fachstufenausbildung zeichnen sich bereits zum 20.2.1982 vornehmlich in den Berufsfeldern Wirtschaft und Verwaltung, Elektrotechnik, Holztechnik und Agrarwirtschaft ab. Diese früh erkennbaren Tendenzen bestätigen sich in der endgültigen Ausbildungsstruktur im Nov. d. J. Um späterhin zum Zeitpunkt des Eintritts in die Fachstufe die Übergangsprobleme möglichst gering zu halten, sollten solche Abweichungen schon bei der Einschulung als Orientierungsgrößen Beachtung finden.

Es fällt weiterhin auf, daß die Struktur der Ausbildungswünsche dem Ausbildungsvorschlag in beiden Landkreisen deutlich näher kommt, als die zeitlich später erhobenen Anmeldungen, wobei die Ausbildungswünsche eine gute Annäherung an den Strukturvorschlag aufweisen. Die etwas höheren Differenzen in den BGJ-Anmeldungen verringerten sich im zeitlichen Ablauf des Einschulungs- bzw. Ausbildungswahlprozesses stetig. Im Mittel betrugen die Abweichungen vom Vorschlag im Nov. dann lediglich noch 1,74 v. H.-Punkte im Landkreis Emsland und 2,46 v. H.-Punkte im Landkreis Grafschaft Bentheim. Die laufende Annäherung an den Ausbildungsvorschlag ist zum einen auf die eigenständige Strukturveränderung der Nachfrageseite im Verlauf der Ausbildungswahl und vor allem auf die aus eingehender und unmittelbarer Kenntnis der örtlichen Belange erfolgte bildungsberaterische Einflußnahme durch die Schulen, die Arbeitsämter und sonstigen Stellen zurückzuführen. Wie auch die Diskussion der Zwischenergebnisse mit dem Pädagogischen Modellvorhaben ergab, stimmten die auf den errechneten Ausbildungsvorschlag bezogenen Abweichungen mit der auf Erfahrung beruhenden Einschätzung der realen Ausbildungs- und Beschäftigungssituation in den Landkreisen prinzipiell überein. Aus diesem Grunde waren auch die vom Pädagogischen Modellvorhaben und an den Schulen angestellten Beratungsbemühungen in Ansatz und Zielrichtung identisch mit den aus den Berechnungen abzuleitenden Empfehlungen. Auf diese Weise wurde in der Praxis wenn auch mit anderer Informationsbasis ständig auf die Struktur des Ausbildungsvorschlags hingewirkt, was letztlich zu der hohen Annäherung geführt hat. In welchem Maße die Nachfrageseite an dieser positiven Entwicklung unmittelbaren Anteil hat, kann nicht analysiert werden, da die Berufswunschstruktur nur für einen Zeitpunkt vorliegt. Dennoch ist als Hinweis auf eine solche Wirkung bemerkenswert, daß die Ausbildungswunschstruktur zum Ende April immer noch eindeutig geringer abweicht, als die tatsächlichen Anmeldungen.

Zusammenfassung

Im vorliegenden Praxisversuch haben sich auch in den als verhältnismäßig problematisch einzustufenden Wirtschaftsräumen wiederum gute bis sehr gute Übereinstimmungen zwischen der Realität und den Modellberechnungen ergeben. Zusammen mit der bereits dargelegten Möglichkeit zur frühzeitigen Erkennung von auseinanderlaufenden Ausbildungsnachfrage- und -angebotsquantitäten haben sich damit die Aussagekraft und Einsatzfähigkeit des Abstimmungsmodells für die berufliche Erstausbildung als angewandtes Instrument regionaler Bildungsplanung voll bestätigt. Aufgrund dieses Gesamtresultats werden die vorn im einzelnen angeführten bildungsplanerischen Anwendungsmöglichkeiten des Abstimmungsmodells ebenfalls gestützt. Zusammengenommen hat die praktische Erprobung gezeigt, daß das Abstimmungsmodell für die Praxis wirklichkeitsgerechte Planungszahlen als Orientierungswerte liefert. Der rechnerisch ermittelte Ausbildungsvorschlag sollte dabei wie im Verfahren vorgesehen in der Region durch unmittelbare Ortskenntnisse ergänzt und relativiert werden.

Neben den wirtschaftlichen und individuellen Vorteilen einer stärker beschäftigungsorientierten Berufsfeldstruktur in der Ausbildung kann mit dem bereits gut ein Jahr vor dem eigentlichen Einschulungs- bzw. Einstellungstermin vorliegenden Ausbildungsvorschlag Unstimmigkeiten beim Übergang vom BGJ in die Fachstufe schon im Entscheidungsvorfeld der Ausbildungsnachfrage vorgebeugt werden. Dies ist von hoher Bedeutung, weil ein unabgestimmtes Verhältnis von BGJ und Fachstufe leicht zur Folge hätte, daß wegen der Nichtanerkennung bei berufsfeldfremder Ausbildung in den Betrieben und damit auch an den berufsbildenden Schulen trotz BGJ ein 1. Ausbildungsjahr geführt wird. Eine solche Entwicklung wäre geeignet, das BGJ im Sinne in Frage zu stellen. Das vorliegende Abstimmungsmodell kann dem entgegenwirken.

III. Anhang

1. Tabellen

Tab. I: Zuordnung der in die Beschäftigtenanalyse einbezogenen Berufsordnungen nach Berufsfeldern

Tab. II: Abhängig Beschäftigte in 243 Berufsordnungen (ausgeübte Berufe) nach Berufsfeldern im Quartal 1/78 in den Landkreisen/kreisfreien Städten Niedersachsens

Tab. III: Facharbeiter in 243 Berufsordnungen (ausgeübte Berufe) nach Berufsfeldern im Quartal 1/78 in den Landkreisen/kreisfreien Städten Niedersachsens

Tab. I: Zuordnung der in die Beschäftigtenanalyse einbezogenen Berufsordnungen nach Berufsfeldern[1]

Berufsordnung	Berufsbezeichnung	Berufsordnung	Berufsbezeichnung
Berufsfeld I 'Wirtschaft und Verwaltung'			
522	Warenaufmacher, Versandfertigmacher	706	Geldeinnehmer, -auszahler, Kartenverkäufer, -kontrolleure
681	Groß- und Einzelhandelskaufleute, Einkäufer	712	Eisenbahnbetriebsregler, -schaffner
682	Verkäufer	724	Binnenschiffer
683	Verlagskaufleute Buchhändler	732	Postverteiler
684	Drogisten	741	Lagerverwalter, Magaziner
686	Tankwarte	753	Wirtschaftsprüfer, Steuerberater
691	Bankfachleute	772	Buchhalter
692	Bausparkassenfachleute	774	Datenverarbeitungsfachleute
693	Krankenversicherungsfachleute (nicht Sozialvers.)	781	Bürofachkräfte
694	Lebens-, Sachversicherungsfachleute	782	Stenographen, Stenotypisten, Maschinenschreiber
701	Speditionskaufleute	783	Datentypisten
702	Fremdenverkehrsfachleute	823	Bibliothekare, Archivare, Museumsfachleute
703	Werbefachleute	911	Gastwirte, Hoteliers, Gaststättenkaufleute
704	Makler, Grundstücksverwalter		
705	Vermieter, Vermittler, Versteigerer		
Berufsfeld II 'Metalltechnik'			
071	Bergleute	192	Walzer
083	Erdöl-, Erdgasgewinner	193	Metallzieher
091	Mineralaufbereiter, Mineralbrenner	201	Former, Kernmacher
143	Gummihersteller, -verarbeiter	202	Formgießer
144	Vulkaniseure	203	Halbzeugputzer und sonstige Formgießerberufe
162	Verpackungsmittelhersteller	211	Blechpresser, -zieher, -stanzer
191	Eisen-, Metallerzeuger, Schmelzer	212	Drahtverformer,-verarbeiter
		213	Sonstige Metallverformer, (spanlose Verformung)

Berufs-ordnung	Berufsbezeichnung	Berufs-ordnung	Berufsbezeichnung

Forts. Berufsfeld II 'Metalltechnik'

Berufs-ordnung	Berufsbezeichnung	Berufs-ordnung	Berufsbezeichnung
221	Dreher	286	Uhrmacher
222	Fräser	291	Werkzeugmacher
223	Hobler	301	Metallfeinbauer, a.n.g.
224	Bohrer	302	Edelmetallschmiede
225	Metallschleifer	303	Zahntechniker
226	Übrige spanende Berufe	322	Sonstige Montierer
231	Metallpolierer	323	Metallarbeiter o.n.A.
232	Graveure, Ziseleure	541	Energiemaschinisten
233	Metallvergüter	543	Sonstige Maschinisten
241	Schweißer, Brennschneider	544	Kranführer
242	Löter	545	Erdbewegungsmaschinenführer
243	Nieter	546	Baumaschinenführer
244	Metallkleber und übrige Metallverbinder	547	Maschinenwärter, Maschinistenhelfer
251	Stahlschmiede	548	Heizer
252	Behälterbauer, Kupferschmiede und verwandte Berufe	549	Maschineneinrichter o.n.A.
261	Feinblechner	621	Maschinenbautechniker
262	Rohrinstallateure	625	Bergbau-, Hütten-, Gießereitechniker
263	Rohrnetzbauer, Rohrschlosser	627	Übrige Fertigungstechniker
270	Schlosser	628	Sonstige Techniker
271	Bauschlosser	629	Industriemeister, Werkmeister
272	Blech- und Kunststoffschlosser	714	Kraftfahrzeugführer
273	Maschinenschlosser		
274	Betriebsschlosser, Reparaturschlosser		
275	Stahlbauschlosser		
281	Kraftfahrzeuginstandsetzer		
282	Landmaschineninstandsetzer		
283	Flugzeugmechaniker		
284	Feinmechaniker		
285	Sonstige Mechaniker		

Berufsfeld III 'Elektrotechnik'

Berufsordnung	Berufsbezeichnung	Berufsordnung	Berufsbezeichnung
311	Elektroinstallateure, -monteure	315	Funk-, Tongerätemechaniker
312	Fernmeldemonteure, -handwerker	321	Elektrogeräte-, Elektroteilemontierer
313	Elektromotoren-, Transformatorenbauer	622	Techniker des Elektrofaches
314	Elektrogerätebauer		

Berufsfeld IV 'Bautechnik'

Berufsordnung	Berufsbezeichnung	Berufsordnung	Berufsbezeichnung
101	Steinbearbeiter	466	Sonstige Tiefbauer
111	Branntsteinhersteller	481	Stukkateure, Gipser, Verputzer
112	Formstein-, Betonhersteller	482	Isolierer, Abdichter
441	Maurer	483	Fliesenleger
442	Betonbauer	484	Ofensetzer, Luftheizungsbauer
451	Zimmerer	485	Glaser
452	Dachdecker	486	Estrich-, Terrazzoleger
453	Gerüstbauer	623	Bautechniker
461	Pflasterer, Steinsetzer	624	Vermessungstechniker
462	Straßenbauer	716	Straßenwarte
463	Gleisbauer		
464	Sprengmeister (außer Schießhauer)		
465	Kultur-, Wasserbauwerker		

Berufsfeld V 'Holztechnik'

Berufsordnung	Berufsbezeichnung	Berufsordnung	Berufsbezeichnung
181	Holzaufbereiter	502	Modelltischler, Formentischler
182	Holzverformer und zugehörige Berufe	503	Stellmacher, Böttcher
183	Holzwarenmacher	504	Sonstige Holz-, Sportgerätebauer
184	Korb-, Flechtwarenmacher		
501	Tischler		

Berufs-ordnung	Berufsbezeichnung	Berufs-ordnung	Berufsbezeichnung

Berufsfeld VI 'Textiltechnik und Bekleidung'

331	Spinner, Spinnvorbereiter	361	Textilfärber
332	Spuler, Zwirner, Seiler	362	Textilausrüster
341	Webvorbereiter	371	Lederhersteller, Darmsaitenmacher
342	Weber	372	Schuhmacher
343	Tuftingwarenmacher	373	Schuhwarenhersteller
344	Maschenwarenmacher	374	Groblederhersteller, Bandagisten
345	Filzmacher, Hutstumpenmacher	375	Feinlederwarenhersteller
346	Textilverflechter	376	Lederbekleidungshersteller u. sonstige Lederverarbeiter
351	Schneider	377	Handschuhmacher
352	Oberbekleidungsnäher	378	Fellverarbeiter
353	Wäscheschneider, Wäschenäher	931	Wäscher, Plätter
354	Sticker	932	Textilreiniger, Färber und Chemischreiniger
355	Hut-, Mützenmacher		
356	Näher, a.n.g.		
357	Sonstige Textilverarbeiter		

Berufsfeld VII 'Chemie, Physik und Biologie'

141	Chemiebetriebswerker	632	Physikalisch- u. mathe.-techn. Sonderfachkräfte
142	Chemielaborwerker	633	Chemielaboranten
234	Galvaniseure, Metallfärber	634	Photolaboranten
306	Puppenmacher, Modellbauer, Präparatoren	857	Medizinallaboranten
626	Chemietechniker, Physikotechniker		
631	Biologisch-techn. Sonderfachkfäfte		

Berufsfeld VIII 'Drucktechnik'

163	Buchbinderberufe	171	Schriftsetzer
164	Sonstige Papierverarbeiter	172	Druckstockhersteller

Berufsordnung	Berufsbezeichnung	Berufsordnung	Berufsbezeichnung

Forts. Berufsfeld VIII 'Drucktechnik'

173	Buchdrucker (Hochdruck)	176	Vervielfältiger
174	Flach-, Tiefdrucker	177	Druckerhelfer
175	Spezialdrucker, Siebdrucker		

Berufsfeld IX 'Farbtechnik und Raumgestaltung'

235	Emaillierer, Feuerverzinker und andere Metalloberflächenveredler	513	Holzoberflächenveredler, Furnierer
491	Raumausstatter	514	Kerammaler, Glasmaler
492	Polsterer, Matratzenhersteller	834	Dekorationen-, Schildermaler
511	Maler, Lackierer (Ausbau)	836	Raum-, Schauwerbegestalter
512	Warenmaler, -lackierer		

Berufsfeld X 'Gesundheit

685	Apothekenhelferinnen	856	Sprechstundenhelfer
852	Masseure, Krankengymnasten und verwandte Berufe		

Berufsfeld XI 'Körperpflege'

901	Friseure

Berufsfeld XII 'Ernährung und Hauswirtschaft'

391	Backwarenhersteller	403	Fischverarbeiter
392	Konditoren	411	Köche
401	Fleischer	412	Fertiggerichte-, Obst-, Gemüsekonservierer, -zubereiter
402	Fleisch-, Wurstwarenhersteller		

Berufsordnung	Berufsbezeichnung	Berufsordnung	Berufsbezeichnung

Forts. Berufsfeld XII 'Ernährung und Hauswirtschaft'

421	Weinküfer	433	Zucker-, Süßwaren-, Speiseeishersteller
422	Brauer, Mälzer	912	Kellner, Stewards
423	Sonstige Getränkehersteller, Koster	913	Übrige Gästebetreuer
432	Mehl-, Nährmittelhersteller	921	Hauswirtschaftsverwalter

Berufsfeld XIII 'Agrarwirtschaft'

011	Landwirte	051	Gärtner, Gartenarbeiter
012	Weinbauern	052	Gartenarchitekten, Gartenverwalter
021	Tierzüchter	053	Floristen
022	Fischer	061	Forstverwalter, Förster, Jäger
031	Verwalter in der Landwirtschaft und Tierzucht	062	Waldarbeiter, Waldnutzer
032	Agraringenieure, Landwirtschaftsberater	431	Milch-, Fettverarbeiter
042	Melker		
044	Tierpfleger u. verwandte Berufe		

Berufsfeld XIV 'Sonstige ausbildungsrelevante Berufe'

102	Edelsteinbearbeiter	635	Technische Zeichner
121	Keramiker	687	Handelsvertreter, Reisende
131	Glasmassehersteller	688	Ambulante Händler
132	Hohlglasmacher	723	Decksleute in der Seeschiffahrt
133	Flachglasmacher	803	Sicherheitskontrolleure
134	Glasbläser (vor der Lampe)	804	Schornsteinfeger
135	Glasbearbeiter, Glasveredler	833	Bildende Künstler, Graphiker
151	Kunststoffverarbeiter	837	Photographen
161	Papier-, Zellstoffhersteller	838	Artisten, Berufssportler, künstl. Hilfsberufe
304	Augenoptiker	876	Sportlehrer
305	Musikinstrumentenbauer	934	Glas-, Gebäudereiniger
424	Tabakwarenmacher		
521	Warenprüfer, -sortierer, a.n.g.		

[1] Kennziffern u. Berufsbezeichnungen nach Statistisches Bundesamt Wiesbaden: Klassifizierung der Berufe, a.a.O.

Tab. II: Abhängig Beschäftigte in 243 Berufsordnungen (ausgeübte Berufe) nach Berufsfeldern im Quartal 1/78 in den Landkreisen/kreisfreien Städten Niedersachsens

Region[1]	Berufsfeld I	II	III	IV	V	VI	VII
101	33014	22490	6036	5099	1234	1165	1377
102	9571	18349	4199	1829	638	878	928
103	11771	23093	1658	1222	646	1079	284
151	5980	4821	921	1857	511	286	192
152	22306	13373	3092	4905	1431	1159	1474
153	12472	9803	1316	2549	694	1466	2100
154	5030	4837	812	1425	278	530	216
155	10131	9039	1230	2875	1660	1871	557
156	6329	7357	1668	1735	1129	588	460
157	7242	9338	1220	2413	587	288	750
158	5563	4294	876	1824	284	474	598
201	103344	54975	12271	10007	1787	3232	5046
251	10599	7937	1136	3441	1157	1843	382
252	16260	8493	2043	3074	2321	2235	479
253	30687	20056	4953	8159	2132	2001	1887
254	20551	18963	7595	4767	1516	1023	882
255	5835	4190	1159	2057	1116	724	973
256	7161	5380	793	2406	734	1096	840
257	9669	7608	909	2933	1179	1576	277
351	12349	8738	2931	3528	937	1071	1693
352	8542	6070	1197	3109	762	550	374
353	7543	4318	855	2582	986	342	218
354	2537	2115	247	908	206	351	91
355	10280	5528	750	2456	558	1685	457
356	4203	2543	513	1071	385	307	174
357	7918	5363	1253	2792	904	516	376
358	9615	5773	1165	2728	693	836	1803
359	10533	6460	1189	3438	724	752	1595
360	6673	3789	892	2023	587	481	159
361	7178	5149	1051	1929	803	342	203
401	5573	3336	352	1577	236	2228	185
402	5275	6876	934	1232	301	251	293
403	19808	7439	2751	3169	552	740	1136
404	23844	16598	2671	3632	895	2319	927
405	10032	5834	1527	1632	393	2156	331
451	6932	6330	680	3469	753	1424	263
452	8836	4872	1260	3891	536	510	205
453	5550	5663	787	2792	641	1317	342
454	13408	14145	1689	5828	1983	3022	1569
455	5900	7206	591	1522	536	292	146
456	6921	5167	885	2241	658	6205	233
457	7654	5594	1142	2649	590	445	284
458	3471	3828	584	1680	490	476	130
459	13457	15459	1869	4898	2498	2456	925
460	5504	5739	678	1877	780	984	137
461	5759	7081	1365	1489	564	276	695
SUMME	568810	431409	85695	134719	40985	55848	34646

Forts. umseitig

Fortsetzung Tab. II von Vorseite

Region[1]	Berufsfeld						
	VIII	IX	X	XI	XII	XIII	XIV
101	1796	1511	1247	850	3441	835	4246
102	99	785	545	290	1109	367	1913
103	137	1767	716	441	1359	618	3994
151	168	437	388	235	905	540	895
152	1479	1178	1202	640	2589	1327	2769
153	373	860	826	552	3730	849	1887
154	43	267	364	222	1110	429	678
155	534	732	673	364	1594	1256	1876
156	630	335	509	247	1159	570	894
157	133	394	421	298	1117	316	894
158	209	368	373	239	1268	439	465
201	3223	4333	3545	1859	11533	2506	10984
251	333	642	520	388	1716	730	1067
252	464	1194	849	494	2085	782	1363
253	1158	1817	1752	1055	5944	1514	3625
254	1291	1225	1144	775	2982	1285	2513
255	218	456	293	196	792	458	2323
256	188	449	381	265	1194	635	1251
257	377	831	681	383	1680	494	1520
351	366	897	699	386	2106	1121	1350
352	120	596	666	337	5384	1094	1129
353	110	554	505	362	1597	442	855
354	59	112	173	88	459	240	428
355	242	718	535	332	1674	1123	599
356	70	230	227	153	670	222	493
357	279	509	468	300	1604	1184	496
358	439	538	474	313	2291	967	730
359	256	602	577	329	1536	687	1616
360	171	530	445	232	1708	770	591
361	215	466	335	194	1358	404	912
401	216	330	323	192	965	347	674
402	47	719	192	128	714	145	1143
403	926	719	749	453	2405	529	1446
404	1084	1572	1035	525	2218	676	3056
405	245	663	457	257	1018	312	795
451	169	548	441	239	2347	1514	1287
452	218	444	477	314	1692	957	644
453	100	382	244	174	1941	565	521
454	238	1186	743	397	1964	1302	1558
455	115	252	344	209	1245	389	554
456	292	377	383	250	1221	381	796
457	185	623	407	244	1325	666	847
458	23	384	224	138	1014	379	324
459	1098	1109	878	536	4529	1276	1779
460	226	364	279	196	1632	594	980
461	107	446	290	171	773	384	1173
Summe	20469	35451	28999	17242	94697	34620	71933

Quelle zu Tab. II: Beschäftigtenstatistik Niedersachsen, Quartal 1/78; eigene Berechnung.

[1] Kennziffern der Regionen s. S.

Tab. III: Facharbeiter in 243 Berufsordnungen (ausgeübte Berufe) nach Berufsfeldern im Quartal 1/78 in den Landkreisen/ kreisfreien Städten Niedersachsens

Region[1)]	Berufsfelder I	II	III	IV	V	VI	VII
101	23349	14634	3985	2952	966	590	946
102	6396	10618	2154	1139	474	312	532
103	7169	12542	1187	813	442	279	208
151	3565	2177	604	1062	229	94	101
152	15634	8808	1981	3519	890	397	1101
153	8879	5695	954	1910	479	626	1088
154	3541	3093	531	931	180	187	147
155	7076	5518	642	2091	898	411	343
156	4570	4885	806	1225	499	191	275
157	5107	5708	770	1617	265	175	346
158	3983	2455	510	1081	169	214	262
201	70357	34286	7722	6100	1372	1630	2805
251	6336	4421	763	2066	675	455	184
252	11142	5647	1064	2156	1119	737	294
253	20419	12365	3037	4978	1375	548	873
254	14395	11717	2811	3119	1011	442	484
255	3949	2597	584	1415	422	256	624
256	4368	2860	504	1299	356	325	366
257	6727	4516	597	1774	664	624	184
351	8369	5389	1383	2150	536	452	601
352	5857	3425	653	1996	496	220	185
353	4879	2655	578	1772	545	120	137
354	1526	1176	157	583	90	89	50
355	7082	3210	516	1567	295	626	283
356	2459	1625	336	612	307	125	86
357	4647	2861	517	1575	426	154	177
358	5606	3654	732	1516	427	237	1023
359	6824	3922	790	2393	444	201	467
360	4500	2219	558	1368	345	222	123
361	4441	3243	573	1198	463	112	79
401	3665	2107	237	823	139	647	107
402	3689	4328	720	819	244	98	165
403	13761	4564	1419	1911	391	366	591
404	16321	9339	1912	2244	699	920	588
405	6240	4232	1060	1036	285	606	265
451	4533	3667	458	1796	448	153	179
452	5781	2823	612	2358	380	188	144
453	3277	2894	409	1670	343	283	149
454	8409	8064	1035	3516	935	538	966
455	3702	3699	392	912	352	108	99
456	4726	3239	525	1261	444	3796	124
457	4930	2873	683	1783	378	118	165
458	2210	2333	334	1007	254	128	88
459	8709	7833	1284	3127	1507	764	518
460	3355	2791	364	1060	436	164	84
461	3768	4291	835	1010	435	79	346
SUMME	380228	256998	50283	84301	24529	20007	19454

Forts. umseitig

Fortsetzung Tab. III von Vorseite

Region[1]	Berufsfeld VIII	IX	X	XI	XII	XIII	XIV
101	1156	1110	869	490	1364	325	2598
102	51	476	362	135	335	124	1012
103	61	858	488	179	497	187	2122
151	95	287	223	111	293	173	296
152	665	884	806	353	1106	706	1501
153	247	618	592	315	1577	476	870
154	23	191	251	122	361	154	258
155	180	479	443	192	643	502	890
156	301	255	318	146	577	296	512
157	91	282	284	160	417	115	509
158	126	239	246	130	344	192	305
201	2032	2799	2476	924	3885	1076	7259
251	206	422	338	190	610	221	593
252	272	825	651	272	863	334	828
253	620	1262	1148	578	1936	635	2195
254	706	879	771	411	1269	523	1574
255	96	282	180	110	317	260	853
256	98	289	248	126	417	210	494
257	222	542	491	231	735	213	693
351	231	662	463	215	773	349	809
352	95	453	453	177	814	270	384
353	62	386	292	194	665	179	439
354	25	81	114	41	146	102	208
355	161	406	368	179	676	307	364
356	52	166	145	70	273	87	207
357	164	335	296	157	579	289	267
358	251	398	333	163	710	351	376
359	145	431	386	185	575	255	458
360	127	338	291	128	585	392	346
361	150	367	191	95	458	162	457
401	93	232	218	96	322	153	367
402	32	429	137	57	224	43	814
403	579	544	507	224	861	249	941
404	665	912	733	262	894	303	1984
405	121	408	316	138	376	104	558
451	102	348	275	108	756	457	625
452	143	348	316	128	770	292	411
453	68	230	166	49	568	189	370
454	149	743	474	137	687	375	890
455	83	188	237	99	532	116	345
456	180	280	262	101	355	114	532
457	122	326	269	108	399	207	434
458	8	253	138	58	367	120	169
459	393	686	601	270	1229	519	925
460	96	220	179	86	487	148	383
461	55	316	184	79	283	115	429
Summe	11600	23465	19529	8779	32910	12969	39854

Quelle zu Tab. III: Beschäftigtenstatistik Niedersachsen, Quartal 1/78; eigene Berechnung.

[1] Kennziffern der Regionen s. S.

2. Literatur- und Quellenverzeichnis

Adler, S., T. *Adler:* Überlegungen zur Neuschneidung der Berufsfelder, in: Die Deutche Berufs- und Fachschule (1975), Heft 1, S. 72-77

Arbeitsamt Braunschweig (Hrsg.): Verhaltensaspekte von Schulabgängern bei der Berufswahl (Ergebnisse einer Befragung von Schülern in Braunschweig und im Raum Wolfenbüttel im April 1978), Braunschweig 1978

Back, H. J., P. *Böhle,* J. *Löser,* R. *Pieper:* Regionale Planung berufsbezogener Bildungseinrichtungen, Kommission für wirtschaftlichen und sozialen Wandel, Bd. 57, Göttingen 1975

Baethge, M., E. *Brumlop,* H. *Faulstich-Wieland,* F. *Gerlach:* Ausbildungs- und Berufsstartprobleme von Jugendlichen unter den Bedingungen verschärfter Situationen auf dem Arbeits- und Ausbildungsstellenmarkt, Forschungsberichte des Soziologischen Forschungsinstituts Göttingen (SOFi), Zwischenbericht zur ersten Untersuchungsphase: Definition und Typologie von Problemkonstellationen in der beruflichen Sozialisation von Jugendlichen, die durch Ausbildungsplatzmangel und Arbeitslosigkeit hervorgerufen werden, Göttingen 1978

Becker, G. S.: Investment in Human Capital, in: Journal of Political Economy, Vol. 70, 1962, S. 9-49

Biermann-Berlin, B., H. *Biermann,* H. *Schild,* K. D. *Wernecke:* 'Behinderte' in Schule und Berufsbildung, in: Sonderdienst 6/78, Hrsg.: Gewerkschaft Erziehung und Wissenschaft (GEW), Landesverband Niedersachsen in Zusammenarbeit mit dem Deutschen Gewerkschaftsbund (DGB), Landesbezirk Niedersachsen

Bund-Länder-Kommission für Bildungsplanung (Hrsg.): Bildungsgesamtplan, 2 Bände, Stuttgart 1973

— Stufenplan zu Schwerpunkten der beruflichen Bildung, Stuttgart 1975

Bund-Länderkomission für Bildungsplanung und Forschungsförderung und Bundesanstalt für Arbeit (Hrsg.): Studien- und Berufswahl 1979/80, Bad Honnef 1979

Bundesinstitut für Berufsbildung (Hrsg.): Die anerkannten Ausbildungsberufe, Ausgabe 1979, Bielefeld 1979

— Verzeichnis der anerkannten Ausbildungsberufe, Stand: 1. Juli 1978, Berlin 1978

Bundesinstitut für Berufsbildungsforschung (Hrsg.): Berufliche Ausbildung im interregionalen Vergleich, — Eine Auswertung nach Arbeitsamtsbezirken —, Vervielfältigtes Manuskript o.O. u. Jg.

Bundesminister für Bildung und Wissenschaft (Hrsg.): Berufsbildungsbericht 1977, Bonn 1977

— Berufsbildungsbericht 1978, Bonn 1978

— Berufsbildungsbericht 1979, Bonn 1979

Bundesministerium für Wirtschaft (Hrsg.): Leistung in Zahlen '77, Bonn 1978

Bundesregierung: Bildungspolitik, Antwort der Bundesregierung auf die Große Anfrage der Fraktionen von SPD und FDP im Deutschen Bundestag zur Bildungspolitik, Reihe: Berichte und Dokumentationen, Bundestagsdrucksacke 8/1703 vom 13.4.1978

— Markierungspunkte für die berufliche Bildung, von der Bundesregierung verabschiedet am 15. November 1973, in: W. D. Winterhager: Reform der Berufsausbildung, Berlin 1974, S. 11-45

Bunk, G. P., R. *Zedler:* Das Berufsgrundbildungsjahr, Konzepte, Versuche, Ergebnisse, in: Institut der Deutschen Wirtschaft (Hrsg.): Beiträge zur Gesellschafts- und Bildungspolitik, 10 (1976)

Crusius, R., W. *Lempert* und M. *Wilke:* Berufsausbildung — Reformpolitik in der Sackgasse?, Reinbek bei Hamburg 1974

Dams, T.: Berufliche Bildung — Reform in der Sackgasse, Freiburg im Breisgau 1973

Daviter, J.: Der Lehrling im Betrieb, Hamburger Lehrlingsstudie, Bd. II, München 1973

Derenbach, R.: Berufliche Ausbildung in Behördenstandorten, Bonn 1979, Manuskript

— Zur Abgrenzung von Problemregionen der betrieblichen Berufsausbildung, in: Bundesforschungsanstalt für Landeskunde und Raumordnung (Hrsg.): Informationen zur Raumentwicklung, Heft 11 (1977), S. 835-853

Deutscher Bildungsrat (Hrsg.): Empfehlungen der Bildungskommission, Zur Neuordnung der Sekundarstufe II, Konzept für eine Verbindung von allgemeinem und beruflichem Lernen, Bonn 1974

— Empfehlungen der Bildungskommission, Strukturplan für das Bildungswesen, Stuttgart 1971

DIHT (Hrsg.): Markierungspunkte zur beruflichen Bildung, in: Wirtschafts- und Berufserziehung, Heft 12 (1973), S. 358-365

Eckhardt, W.: Bildungsökonomie, Bad Homburg v.d.H., Berlin, Zürich 1978

Engelen-Kefer, U., P. *Klemmer:* Abgrenzung regionaler Aktionsräume der Arbeitskräftepolitik, Kommission für wirtschaftlichen und sozialen Wandel (Hrsg.), Bd. 78, Göttingen 1976

Fischer, U: Bildungssystemplanung als Arbeitsmarktpolitik, in: M. Bolle (Hrsg.): Arbeitsmarkttheorie und Arbeitsmarktpolitik, Opladen 1976, S. 117-132

Frey, K.: Arbeitsmarktchancen für Hochschulabsolventen in Niedersachsen bis 1990, Die ökonomisch begründbare Nachfrage nach Absolventen von wissenschaftlichen Hochschulen in Niedersachsen in der Zeit von 1970 bis 1990 ohne Lehrer, erschienen als Bd. 2 der Reihe 'Beiträge zur angewandten Wirtschaftsforschung', Hrsg. L. Hübl, Berlin 1976

Frey, K., H. *Heller,* L. *Hübl,* W. *Meyer:* Zur Ausbildungssituation in Ostfriesland: Untersuchung der realisierten Ausbildungsnachfrage Jugendlicher, Diskussionspapier Wirts.-Wiss., Uni Hannover, Serie C, VWL Nr. 34, 1979

Frey, K., H. *Heller:* Ausbildungs- und Umschulungsentscheidungen im Bereich der anerkannten Ausbildungsberufe und deren Bedeutung für den Arbeitsmarkt, wie vor, Serie C, VWL Nr. 51, Hannover 1982

Frey, K., G. *Wiemann:* Einführung des Berufsgrundbildungsjahres in den Regionen in Niedersachsen, in: Bundesforschungsanstalt für Landeskunde und Raumordnung (Hrsg.): Informationen zur Raumentwicklung, Heft 8.79, Bonn 1979, S. 497-504

Friedrich, W.: Ausbildungsplätze in Industrie, Bauhauptgewerbe und Handel, in: Berichte und Analysen, ifo-Schnelldienst 14/79, S. 5-11

Fröhlich, D.: Arbeit, Beruf und Bildungsverhalten, in MittAB 7 (1974), Heft 4, S. 315-329

Fürstenberg, F.: Die Freiheit der Berufswahl und das Problem ihrer Verwirklichung, in: E. Menzel und F. Fürstenberg: Die Freiheit der Berufswahl, Schriftenreihe der Niedersächsischen Landeszentrale für Politische Bildung, Hannover 1967 (S. 101-136)

Ganser, K.: Regionalisierung von Maßnahmen der beruflichen Bildung, in: Bundesforschungsanstalt für Landeskunde und Raumordnung (Hrsg.): Informationen zur Raumentwicklung, Heft 11 (1977), S. 807-822

Gaulke, K.-P.: Berufswunsch und Berufswahl, Analyse einiger Determinanten und Interdependenzen, in: Deutsches Institut für Wirtschaftsforschung (Hrsg.): Beiträge zur Strukturforschung, Heft 40 (1976), Berlin 1976

— Bestimmungsgründe für Berufswünsche und Berufswahlentscheidungen, in: MittAB 9 (1976), Heft 4, S. 525-537

Gerling, U.: Der Einfluß des Schülerpraktikums auf Berufswahlverhalten und -bewußtsein bei Hauptschülern, in: Die Arbeitslehre, 6 (1975), Heft 3, S. 123-134

Greinert, W.-D.: Das Berufsgrundbildungsjahr — Ansatzpunkt für ein realistisches bildungspolitisches Konzept, in: Die berufsbildende Schule 28. Jg. (1976), Heft 6, S. 360-374

— Das Berufsgrundbildungsjahr, Weiterentwicklung oder Ablösung des 'dualen' Systems der Berufsausbildung?, Frankfurt/Main, New York 1984

Grüner, G.: Das Berufsgrundbildungsjahr ... in: 'Die berufsbildende Schule', 6 (1975), S. 343-346

Hegelheimer, A.: Reformtendenzen des beruflichen Bildungswesens in der Bundesrepublik und der DDR, in: MittAB 4 (1971), Heft 1, S. 60-80

Heller, H.: Wirtschaftspolitische Entscheidungsprozesse und Verwaltungshandeln bei der Einführung des Berufsgrundbildungsjahres, erschienen als Bd. 7 in der Reihe 'Beiträge zur angewandten Wirtschaftsforschung', Hrsg. L. Hübl, Berlin 1979

von Henninges, H.: Bestimmungsgründe für die Veränderung des Umfangs der Facharbeiternachwuchsausbildung in der Industrie, in MittAB 8 (1975), Heft 4, S. 345-353

von Henninges, H., A. *Chaberny,* R. *Jelitto:* Neue Daten zum Wandel der beruflichen Aufgabenstruktur in der Bundesrepublik Deutschland, in: MittAB 10 (1977), Heft 1, S. 89-110

von Henninges, H., U. *Schwarz:* Zur Ausbildungsintensität von Industriebetrieben, in: MittAB 8 (1975), Heft 2, S. 117-135

Herkommer, L.: Doppelt profilierte und doppelt qualifizierende Bidungsgänge unter Einbeziehung des derzeitigen Dualen Systems?, in: Die Deutsche Berufs- und Fachschule, 3 (1975), S. 229 ff.

Hessischer Kultusminister (Hrsg.): Zum Verhältnis vom Bildungs- und Beschäftigungssystem, Bildungspolitische Informationen Nr. 1/78

Hofbauer, H.: Strukturdiskrepanzen zwischen Bildungs- und Beschäftigungssystem im der betrieblichen Berufsausbildung für Facharbeiterberufe, in: MittAB 10. Jg. (1977), Heft 2, S. 252-257

Hofbauer, H., P. *König:* Substitutionspotentiale bei Ausbildungsberufen (Lehrberufen) nach dem Urteil von Vorgesetzten, in: MittAB 5 (1972), Heft 2, S. 77-94

— Berufswechsel bei männlichen Erwerbspersonen in der Bundesrepublik Deutschland, in: MittAB 6. Jg. (1973), Heft 1, S. 37-66

Hofbauer, H., H. *Kraft:* Betriebliche Berufsausbildung und Erwerbstätigkeit, in: MittAB, 7. Jg. (1974), Heft 1, S. 44-66

Hofbauer, H., F. *Stooß:* Defizite und Überschüsse an betrieblichen Ausbildungsplätzen nach Wirtschafts- und Berufsgruppen, in: MittAB 8. Jg. (1975), Heft 2, S. 101-116

Hoffmann, B.: Schülerpraktikum und Berufsorientierung — Intentionen und Realität —, in: Die Arbeitslehre, 5 (1974), Heft 4, S. 173-180

Hübl, L., K. *Frey,* H. *Heller,* W. *Meyer,* W. *Schepers:* Ausbildungsverhalten Jugendlicher, Gründe für die Nichtaufnahme einer Berufsausbildung, Niedersächsischer Kultusminister (Hrsg.), Hannover 1978

Isfort, H.: Das Berufsvorbereitungsjahr als Maßnahme gegen die Jugendarbeitslosigkeit, in: Die berufsbildende Schule, 31. Jg. (1979), Heft 2, S. 72-81

Kell, A./A. *Lipsmeier:* Berufsbildung in der Bundesrepublik Deutschland, Analyse und Kritik, erschienen als Band 38 der Reihe 'Schriften zur Berufsbildungsforschung' des Bundesinstituts für Berufsbildungsforschung, Hannover 1976

Kleine, D.: Ausbildung und Beschäftigung in ausgewählten Dienstleistungsgewerben, in: MittAB 10. Jg. (1977), Heft 3, S. 370-380

Krafft, A., H. *Sanders,* P. R. *Straumann:* Neuere Ansätze der Bildungsplanung und ihre Interpretation, in: P. R. Straumann: Neue Konzepte der Bildungsplanung, Reinbek 1974, S. 269-288

Kühlewind, G., M. *Tessaring:* Argumente für und gegen eine beschäftigungsorientierte Bildungspolitik, Literaturanalyse, Göttingen 1975

Lampert, H.: Arbeitslosigkeit, in: ders. (Hrsg.): Arbeitsmarktpolitik, Stuttgart, New York 1979, S. 39-51

Lange, E.: Einige Zusammenhänge zwischen beruflichen Entscheidungen, individuellen Entscheidungsprämissen und sozio-ökonomischen Bedingungen, in: MittAB 7. Jg. (1974), Heft 4, S. 330-341

Leipert, C.: Soziale Indikatoren, in: Konjunkturpolitik 14/1973, S. 204-256

Lemke, H.: Berufsausbildung zwischen Individualanspruch und Bedarfsdeckung, in: Berufliche Bildung, Stellungnahmen, Analysen, Informationen, DGB, Heft 10 (1972), S. 210-214

Lenhardt, G.: Berufliche Qualifikation und Arbeitslosigkeit, in: Leviathan 3/75, S. 370-391

— Jugendarbeitslosigkeit und Berufsbildungspolitik, in: Leviathan 3/75, S. 594-607

Lenhardt, G., K. *Schober:* Jugendarbeitslosigkeit, in: Max-Planck-Institut für Bildungsforschung, Projektgruppe Bildungsbericht (Hrsg.): Bildung in der Bundesrepublik Deutschland, Daten und Analysen Bd. 2, Stuttgart 1980, S. 961

Lutz, B.: Prognosen der Berufsstruktur, Methoden und Resultate (Internationale Übersicht im Rahmen vergleichbarer Gesellschaften), in: Deutscher Bildungsrat (Hrsg.): Gutachten und Studien der Bildungskommission, Band 11, Zur Situation der Lehrlingsausbildung, Stuttgart 1969

Meisel, H.: Bildungssystem und Beschäftigungssystem, in: Wirtschafts- und Berufserziehung (1977), Nr. 29, S. 70-73

Mertens, D.: Beziehungen zwischen Qualifikation und Arbeitsmarkt, in: W. Schlaffke (Hrsg.): Jugendarbeitslosigkeit, Köln 1976, S. 68-118

Mertens, D., J. *Kühl:* Dimensionen, Aktionsfelder und Instrumente der Arbeitsmarktpolitik, in: H. Lampert (Hrsg.): Arbeitsmarktpolitik, Stuttgart - New York 1979, S. 133-144

Mertens, D.: Retrospektive und prospektive Beschäftigungsorientierung in der Bildungsplanung. Einige Anmerkungen zum Strukturfatalismus in der Bedarfsdiskussion und zu den Möglichkeiten, ihn zu überwinden. Ein Diskussionsbeitrag, in: Arbeitsgruppen des Instituts für Arbeitsmarkt- und Berufsforschung und des Max-Planck-Instituts für Bildungsforschung (Hrsg.): Bedarfsprognostische Forschung in der Diskussion, Frankfurt am Main 1976, S. 237-249

Meyer, W.: Ursachen des Lehrstellenrückgangs, Untersuchung zur quantitativen Entwicklung der Ausbildung in anerkannten Ausbildungsberufen in Niedersachsen 1964 - 1974, erschienen als Bd. 4 der Reihe 'Beiträge zur angewandten Wirtschaftsforschung', Hrsg.: L. Hübl, Berlin 1977

Ministerium für Arbeit, Gesundheit und Soziales des Landes Nordrhein-Westfalen (Hrsg.): Jugendliche ohne Ausbildungsvertrag, Bericht der wissenschaftlichen Kommission, Düsseldorf 1979

Möbes, H.-J.: Die Filterfunktion des Bildungswesens, in: M. Bolle (Hrsg.): Arbeitsmarkttheorie und Arbeitsmarktpolitik, Opladen 1976, S. 148-161

von *Münch,* I. (Hrsg.): Aktuelle Dokumente, Reform der Berufsbildung, Aktuelle Programme und Initiativen von Bundesregierung, Parteien, Sozialpartnern und Wissenschaftlern, zusammengestellt von W. D. Winterhager, Berlin und New York 1974

Niedersächsischer Kultusminister: Verordnung über die vorläufige Ordnung der Abschlüsse der berufsbildenden Schulen nach § 12 des Niedersächsischen Schulgesetzes. Vom 25. Juli 1977, Nieders. GVBl. Nr. 27/1977, S. 278 ff.

— (Hrsg.): Schulentwicklungsplanung, Hannover 1977

— Vorläufige Richtlinien für den AWT-Unterricht in der Hauptschule in Niedersachsen vom Juli 1979

— Verordnung zur Schulentwicklungsplanung vom 18. März 1975, veröffentlicht im Nieders. GVBl. Nr. 8/1975, in: ders. (Hrsg.): Niedersächsisches Schulgesetz, Durchführungsvorschriften, Hannover o. J.

— Berufliche Bildung in Niedersachsen, Antwort der Landesregierung auf eine Große Anfrage der Fraktion der SPD im Niedersächsischen Landtag, betr.: Bereitstellung von schulischen und betrieblichen Ausbildungsstätten für die geburtenstarken Jahrgänge, Hannover 1977

Niedersächsische Landesregierung: Landesentwicklungsprogramm Niedersachsen 1985 — Stand Sommer 1973 —, Hannover 1973 (und Fortschreibungen)

Niedersächsisches Landesverwaltungsamt — Statistik — (Hrsg.): Statistische Berichte, Versicherungspflichtig beschäftigte Arbeitnehmer im 1. und 2. Quartal 1978, Hannover 1979

— (Hrsg.): Statistische Berichte, Allgemeinbildende Schulen am 1. September 1977, Teil 1: Schulen, Klassen, Schüler, Hannover 1978

— (Hrsg.): Statistische Berichte, Berufsbildende Schulen am 15. November (versch. Jg.), Hannover versch. Jg.

— (Hrsg.): Statistisches Jahrbuch für Niedersachsen 1973, Hannover 1973

Offe, C.: Berufsbildungsreform, Eine Fallstudie über Reformpolitik, Frankfurt a. M. 1975

Pohl, H. unter Mitarbeit von H. *Kallsen*: Regionale Qualifikationschancen und berufliche Mobilität, — Empirische Problemstudie zum Bildungs- und Beschäftigungssystem in Niedersachsen —, Institut für Regionale Bildungsforschung (Hrsg.): Materialien zur Regionalen Bildungs- und Entwicklungsplanung, Bd. 103, Braunschweig 1977

Schober-Gottwald, K.: Der Weg in die Arbeitslosigkeit: Berufliche und soziale Herkunft von jugendlichen Arbeitslosen, in: T. Kutsch und G. Wiswede (Hrsg.): Arbeitslosigkeit I, Sozialstrukturelle Probleme, Hain 1978, S. 138 ff.

Schönwitz, D.: Der Wandel der sektoralen und beruflichen Beschäftigungsstruktur in der Bundesrepublik Deutschland, in: H. Lampert (Hrsg.): Arbeitsmarktpolitik, Stuttgart, New York 1979, S. 52-68

Schröder, B.: Regionale und sektorale Einführung des Berufsgrundbildungsjahres — Voraussetzungen und Konsequenzen eines obligatorischen Berufsgrundschuljahres, in: Berufsbildung in Wissenschaft und Praxis, 5. Jg. (1976), Nr. 2, S. 8-11

Schwarz, U., F. *Stooß*: Zur regionalen Ungleichheit der beruflichen Bildungschancen und Vorschläge zum Abbau des Gefälles, Einzelergebnisse nach 60 Gruppen von Ausbildungsberufen in der Bundesrepublik Deutschland, in: MittAB 6 (1973), Heft 2, S. 121-176

Statistisches Bundesamt Wiesbaden (Hrsg.): Bildung im Zahlenspiegel 1978

— Systematische Verzeichnisse, Klassifizierung der Berufe, Ausgabe 1970, Stuttgart und Mainz 1970

— dto. .... Ausgabe 1975, Stuttgart und Mainz 1975

— Statistisches Jahrbuch 1979 für die Bundesrepublik Deutschland, Wiesbaden 1979

Stegmann, H. und I. *Holzbauer*: Die Nachfrage nach Ausbildungsplätzen und ihre Realisierung bei Absolventen und Abgängern allgemeinbildender Schulen, in: MittAB, 11. Jg. (1978), S. 151 ff.

Steinbach, S.: Analysen der Konjunkturabhängigkeit der betrieblichen Berufsausbildung in der Bundesrepublik Deutschland, Studien und Materialien der Sachverständigenkommission, Kosten und Finanzierung der beruflichen Bildung Bd. 2, Bielefeld 1974

Steinmann, B.: Das Prinzip der Systemkonformität, in WISU 9/72, S. 417-422

Straumann, P. R.: Neue Konzepte der Bildungsplanung, Reinbek 1974

Streit, M.: Ökonomische Modelle für Ausbildung und Arbeitsmarkt, Wien und New York 1978

Tessaring, M.: Probleme der Bedarfsprognostik und Forschungsnotwendigkeiten aus der Sicht der Arbeitsmarktforschung, in: Arbeitsgruppen des Instituts für Arbeitsmarkt- und Berufsforschung (Hrsg.): Bedarfsprognostische Forschung in der Diskussion, Frankfurt a. M. 1976, S. 13-22

Weete, H.: Zur Entstehung der 'Anrechnungsverordnung' und der KMK-Rahmenvereinbarung zum Berufsgrundbildungsjahr, in: Die berufsbildende Schule, 29. Jg. (1977), Heft 4, S. 228-232

Widmaier, H. P., B. *Frey,* M. *Altwegg,* A. *Krafft,* P. *Lardi:* Das Angebotsmodell, Untersuchung der Faktoren, welche das Angebot an Absolventen des Bildungs- und Ausbildungssystems bestimmen, in: P. R. Straumann: Neue Konzepte der Bildungsplanung, Reinbek 1974, S. 176-211

Widmaier, H. P., B. *Frey:* Wachstumstheorie und Bildungsökonomik, in: Konjunkturpolitik, 13. Jg. (1967), S. 129 ff.

Widmaier, H. P. in Zusammenarbeit mit K. *Bahr:* Bildungsplanung, Ansätze zu einer rationalen Bildungspolitik, Stuttgart 1966

Wiemann, G.: Ansätze zur Lösung des Jungarbeiterproblems, Göttingen 1975

— Berufliche Bildung in Niedersachsen, in: Die berufsbildende Schule, 29. Jg. (1977), Heft 4, S. 210-217

Zentralverband des Kraftfahrzeughandwerks (Hrsg.): Informationen für Ausbilder, Offizielles Organ des Zentralverbandes des Kraftfahrzeughandwerks in Verbindung mit dem 'autofachmann', lfd. Jg.

Sonstige Quellen

Arbeitsförderungsgesetz vom 25.6.1969, BGBl. I, S. 582

Berufsbildungsgesetz vom 14. August 1969, BGBl. I, S. 1112

Betriebsverfassungsgesetz vom 15. Januar 1972, (BGBl. I s. 13)

Gesetz zur Förderung des Angebots an Ausbildungsplätzen in der Berufsausbildung (Ausbildungsplatzförderungsgesetz) vom 7. September 1976, BGBl. I, S. 2658

Gesetz zur Ordnung des Handwerks (Handwerksordnung) vom 28. Dezember 1965, BGBl. 1966 I, S. 1; zuletzt geändert am 24. August 1976, BGBl. I, S. 2525

Gesetz zum Schutze der arbeitenden Jugend (Jugendarbeitsschutzgesetz — JArbSchG) vom 12. April 1976 (BGBl. I, S. 965)

Grundgesetz für die Bundesrepublik Deutschland vom 23. Mai 1949

Kultusministerkonferenz: Rahmenvereinbarung über das Berufsgrundbildungsjahr, Beschluß der Kultusministerkonferenz vom 6.9.1973

dto. . . . . Beschluß der Kultusministerkonferenz vom 19.5.1978

Durchführung des Berufsgrundbildungsjahres (BGJ), Erl. d. MK vom 8.8.1978 — 402 — 32 171/100/a — 9/78

Erfüllung der Schulpflicht durch den Besuch berufsbildender Schulen, Erlaß des Niedersächsischen Kultusministers vom 2.5.1975 — 401 — 241/75 veröffentlicht in SVBl 6/75, S. 141

Erlaß des Niedersächsischen Kultusministers vom 27.2.1980 — 402 — 31 035/10 — 4/80; Einführung einjähriger vollzeitschulischer Bildungsgänge für Jugendliche ohne Ausbildungsvertrag ab 1.8.1980

Erlaß des Niedersächsischen Kultusministers vom 25.4.1978 zur Fortschreibung der Schulentwicklungspläne

Verordnung des Niedersächsischen Kultusministers über die vorläufige Ordnung der Abschlüsse der berufsbildenden Schulen nach § 12 des Niedersächsischen Schulgesetzes vom 25. Juli 1977, Nds. GVBl. S. 278; SVBl. 8/77, S. 217

Niedersächsisches Schulgesetz (NSchG) in der Fassung vom 18. August 1975 (Nds. GVBl. S. 255 ff.)

Niedersächsisches Schulgesetz in der Fassung des zweiten Gesetzes zur Änderung des Niedersächsischen Schulgesetzes vom 21. Juli 1980, Nds. GVBl. S. 261 ff.

Verordnung über die Anrechnung auf die Ausbildungszeit der gewerblichen Wirtschaft — Anrechnung des Besuchs eines schulischen Berufsgrundbildungsjahres und einer einjährigen Berufsfachschule (Berufsgrundbildungsjahr-Anrechnungsverordnung), vom 17.7.1978, BGBl., Jg. 1978, Teil I, S. 1061 ff.

22. Verordnung über die berufs- und arbeitspädagogische Eignung für die Berufsausbildung in der gewerblichen Wirtschaft (Ausbilder-Eignungsverordnung), vom 20. April 1972 (BGBl. I S. 707), geändert durch Verordnung vom 25. Juli 1974 (BGBl. I S. 1571)